读客® 公务员读史丛书

读历史，更懂政治，修身治国平天下

# 血腥的盛唐

让中国历史上最著名的主角们，为您讲述中华民族历史上最辉煌、最璀璨也最黑暗、最血腥的朝代

一部289年的唐史，就是一部中国5000年历史的缩影。

## 5

盛极而衰
安史之乱

王觉仁　著

凤凰出版社

图书在版编目（CIP）数据

血腥的盛唐 . 5 / 王觉仁著 . -- 南京 : 凤凰出版社, 2012.12

ISBN 978-7-5506-1603-5

Ⅰ . ①血… Ⅱ . ①王… Ⅲ . ①中国历史－唐代－通俗读物 Ⅳ . ① K242.09

中国版本图书馆 CIP 数据核字（2012）第 238501 号

---

书　　名　血腥的盛唐 . 5
著　　者　王觉仁
责任编辑　陈　欣
特约编辑　唐正申　赵晨风
策　　划　读客图书
版　　权　读客图书
封面设计　读客图书　021-33608311
出版发行　凤凰出版传媒股份有限公司
　　　　　凤凰出版社
　　　　　北京凤凰天下文化发展有限公司
出版社地址　南京市中央路 165 号，邮编：210009
公司网址　北京凤凰天下网　http://www.bookfh.cn
印　　刷　北京盛兰兄弟印刷装订有限公司
　　　　　北京市大兴区黄村镇西芦城黄鹅路
开　　本　680mm x 990mm 1/16
印　　张　19.5
字　　数　297 千
版　　次　2012 年 12 月第 1 版　2014 年 4 月第 4 次印刷
标准书号　ISBN 978-7-5506-1603-5
定　　价　29.90 元

如有印刷、装订质量问题，请致电 010-85866447（免费更换，邮寄到付）

# 目录

# 第一章
# 开元盛世背后

## 都是封禅惹的祸：张说下台

泰山封禅这桩盛事，不仅让唐玄宗李隆基登上了历史的巅峰，同时也让宰相张说走上了人生的最高处，企及了仕宦生涯中最辉煌的顶点。在当时的满朝文武中，借封禅之举而极尽荣耀、备享尊宠的，几乎只有张说一人。因为他不仅全程策划了这场盛典，而且自始至终陪同在皇帝身边，抢尽了所有人的风头，俨然成了整个封禅活动中仅次于玄宗的二号人物。玄宗这个领衔主演有多风光，张说这个总策划人就有多炫！

然而，月盈则亏，水满则溢，顶点的到来就是下降走势的开始，从灿烂再往前迈一小步就是腐烂。这既是自然界的客观规律，也是人世间的普遍法则，任何人都概莫能外，张说当然也不能幸免。

开元十四年（公元726年）四月，玄宗君臣从泰山回到东都还不到半年，山呼万岁的余音还在人们的耳旁萦绕，令人震惊的一幕便发生了——封禅大典的总策划人张说，突然从风光无限的首席宰相，变成了披枷带锁的阶下之囚。

到底出了什么事？

冰冻三尺非一日之寒。一切都要从头说起。

张说这个人有才，可有才的人通常会犯一个毛病——恃才傲物。自从他就任首席宰相以来，凡是百官向他禀报事情不合他意的，轻则被他讽刺挖苦，重则遭他厉声叱骂，总之在他手底下当差，简直是一种精神折磨。那些被他“面折”过的官员，没有人不在背后诅咒他。

假如张说只是让一般官员讨厌，那问题倒也不大，可关键是他太过专横霸道了，一心打压冒尖的人，结果跟皇帝新近宠任的一个大红人也成了死对头。

这个人，就是开元中期著名的财政专家——宇文融。

宇文融，长安万年县人，高门显宦出身，曾祖父官至隋朝礼部尚书，祖父宇文节是唐高宗永徽年间宰相，父亲也官任莱州刺史。有这样的家世背景，注定了宇文融在官场上绝不会无所作为。史称他“明辩有吏干”，入仕没多久，就受到了前后两任京兆尹的赏识（其中一个就是后来的宰相源乾曜）。

宇文融的发迹始于开元九年。当时，民间的逃户现象非常严重，朝廷深以为患，时任监察御史的宇文融就向玄宗上奏，建议对各地的逃亡、迁移和虚假不实的户口进行彻底清查。一向对其才干甚为欣赏的侍中源乾曜也极力赞成此事。玄宗遂任命宇文融为特使，专门负责逃户和“籍外田”（不在当地政府登记注册的农田）的清查工作。

宇文融没有让玄宗失望，很快就查获了大量逃亡人口和私自开垦的农田。玄宗非常满意，立刻擢升宇文融为兵部员外郎兼侍御史，让他进一步开展大规模的清理整顿工作。为了在最短时间内获取最大政绩，宇文融又奏请玄宗，专门设置了十个“劝农判官”，让他们以朝廷特使的身份分赴全国各地，负责监督括户[①]政策的执行。

特使们邀功心切，遂不顾地方上的实际情况，以严厉的督责手段逼迫州县官吏加大括户力度。由于宇文融圣眷正隆，连朝廷公卿都惧他三分，所以各州县的地方官就更是不敢抗命，为了交差，只好弄虚作假，把当地的原住户也当成逃户报了上去，“于是诸道括得客户凡八十余万，田亦称是”。

逃亡人口被查出这么多，所谓的无照农田也查出这么多，各地上缴朝廷的赋税自然就大幅增长了。当年年底，朝廷就额外“征得客户钱数百万”。（《旧唐书·宇文融传》）

对此，玄宗自然是满心欢喜。

---

① 通过检查户口，将隐漏不报和逃亡人口搜括出来，遣送还乡或就地入籍。

即便民间颇受其弊，很多老百姓也被搞得苦不堪言，可玄宗看不见这一切，只看见了宇文融的显著政绩。当时有个地方官曾上疏朝廷，力陈括户政策导致的各种弊端，却旋即遭到贬谪。不久，又有一个户部侍郎据实上奏，称此次括户使“百姓困弊，所得不补所失”，但奏章一上，又被玄宗贬出了朝廷。此后，满朝文武再也没人敢对此多说一个字，而宇文融也自然而然地成为玄宗最倚重的财政专家。

开元十二年（公元724年）八月，宇文融荣升御史中丞，并以“劝农使”的身份前往全国各地考察工作。面对这个天子宠臣，各州县官吏拼命巴结，不管政务大小，一律先禀告宇文融，然后再上奏中书省；朝廷有关部司也都不敢随意批复，总是眼巴巴地等到宇文融拿出处理意见后，才敢作出裁决。

一时间，宇文融俨然成了无冕宰相。

眼看宇文融权势日隆，张说当然是极度不爽，于是处处给宇文融小鞋穿。此后，凡是宇文融提出的议案和建言，无一例外地遭到了张说的推翻和否决。

正在春风得意的宇文融，当然受不了张说的打压，遂将其视为头号政敌，处心积虑想把他搞垮。

就这样，张说和宇文融结下了梁子。

不过，假如张说只是得罪了一个宇文融，恐怕也不至于落到锒铛入狱的下场。他毕竟是首席宰相，无论是资历、威望、贡献，还是天子宠信，哪一点都胜过宇文融。所以，导致张说败落的主要原因，其实也还不是出在宇文融身上。尽管最后出面扳倒张说的人是宇文融，可如果不是张说自己身上出了非常大的纰漏，不管宇文融再怎么使劲，也不可能一夜之间就把他送进监狱。

那么，张说到底出了什么纰漏呢?

说到底，还是封禅惹的祸。

虽然策划封禅是张说仕宦生涯中最辉煌的一件事，但是，世间万事总是利弊相生。张说虽然通过封禅成就了不世之功，但也恰恰是因为封禅酿成了不虞之祸。

准确地说，是张说在此次封禅中犯了众怒，把不该得罪的人全都得罪光了。

从封禅动议刚一提出来，张说就和另一个宰相源乾曜干上了。

源乾曜本来是很低调的一个人，不管是以前的姚崇，后来的张嘉贞，还是现在的张说，源乾曜都心甘情愿给他们当绿叶，老老实实无怨无悔，什么事都顺着他们，从没和他们急过眼。可这次不一样，这是封禅！事情太大了，他不能不发表自己的意见。

源乾曜的看法是：封禅活动需要耗费大量的人、物、财力，既劳民伤财又没有多大的实际意义，所以能不搞就不要搞。

然而，一贯目中无人的张说根本不把源乾曜当一回事，自己想怎么干就怎么干，甚至在劝请的奏章中，每一次都把源乾曜的名字强行署了上去，简直有点绑架的意味。源乾曜虽然对此无可奈何，但从此对张说极为不满。所以，当后来源乾曜成为张说一案的主审官时，就公事公办，据实上奏，一点情面也不讲，该怎么判就怎么判。

除了触怒源乾曜之外，张说也触怒了朝中的文武百官。

由于封禅是件普天同庆的大事，所以相关的制度规定，凡是陪同天子上泰山的礼官，不管之前的官阶多高，一旦参与了盛典，天子就予以“推恩”，一律超拔为五品官。而满朝文武那么多人，当然不可能都以礼官的身份上去。所以，谁能上谁不能上，就要有一个取舍的标准。

这个标准谁来定?

当然是张说。

如果你是张说的亲信、朋友、亲戚，或是中书门下的官员，平时又很会巴结老大，那么恭喜你，你可以用礼官的身份上去了。就算你原来是九品，爬一回泰山你就“通贵”①了，胜过你奋斗大半辈子。

假如你完全不符合上述条件，是不是就没戏了?

不，你还可以临时抱佛脚，揣上一些黄白之物或者贵重珍玩去拜访一趟张老大。倘若分量不是太轻的话，那也要恭喜你，你也可以“通贵”了。

这就是封禅背后的猫腻。

然而，也正因为如此光鲜亮丽的事情背后藏有如许见不得人的猫腻，满朝文武的眼睛自然就会像探照灯一样，牢牢锁定在张说身上。所以，当随同天子登山的人员名单一公布，百官立刻炸开了锅，纷纷指责

① 唐代官制，三品以上称为“贵”，五品以上称为“通贵”，所以五品是一道重大的分水岭。

张说滥用职权，营私舞弊。

其实，早在张说公布这份名单之前，就已经有一个下属提醒过他了，说这么干太过招摇，恐怕会惹来众怒，力劝张说三思后行。

这个下属就是后来的著名宰相张九龄，其时官任中书舍人，因富有文学才华而深受张说赏识。

可是，一贯专横的张说并没有听从张九龄的劝谏，还是一意孤行地把名单公布了，于是就把满朝文武全给得罪了。

在得罪文武百官的同时，张说还得罪了另外一大拨人。从人数上看，这拨人的数量最大，所以他们形成的舆论力量自然也不可小觑。

这拨人就是护卫天子出行的数万士卒。

整个封禅行动，最辛苦的莫过于这些当兵的。朝廷官员乘车骑马，他们中的大多数只能步行；夜里当官的都睡了，他们还要站岗放哨、巡逻值夜。所以，几乎每个士兵都认为，封禅结束后，他们肯定会得到一笔丰厚的赏赐。

可结果却让他们大失所望。

由于封禅活动耗费甚巨，张说为了节省经费，就只给士兵们“加勋”，而没有发放任何物质上的赏赐。这些当兵的眼巴巴地盼着赏钱，结果只盼来了没有任何鸟用的荣誉称号，一个个肺都气炸了，拼命在心里问候张说的祖宗十八代。

“由是，中外怨之。”（《资治通鉴》卷二一二）

就这样，张说把参与封禅的人几乎都得罪光了。

可纵然如此，也还不是张说败落的最主要原因。

假如张说因策划封禅而进一步受到玄宗宠信的话，那么就算天下人都在背后戳他的脊梁骨，最后也还是奈何不了他。换句话说，只要哄得皇帝开心，把天下人全得罪了又有何妨？就算天塌下来也有皇帝顶着！

然而，张说的不幸在于——就连他竭尽全力要讨好的天子，最后也对他产生了不满。

这才是最要命的。

玄宗之所以对张说不满，就是因为他在拟定登山名单的事情上太过独断专行了。

就在封禅礼毕的几天后，玄宗大宴群臣，席间有一个穿五品大红官服的年轻官员引起了玄宗的注意。

这个年轻人是张说的女婿，名叫郑镒。

玄宗记得很清楚，郑镒本来只是一个九品官，印象中好像也没什么特别突出的政绩，为何短短几天就连升四品了呢?

玄宗随即把郑镒叫到跟前，问他突然升官的原因。郑镒面红耳赤，支支吾吾，半天说不出一句话来。最后，还是玄宗身边一个叫黄幡绰的优伶帮他作了回答。

黄幡绰不无讥讽地笑着说："此泰山之力也！"（段成式《酉阳杂俎》）

这句话既是在提醒玄宗，这个郑镒就是前几天在泰山顶上被"推恩"授官的人之一，同时也是在暗讽郑镒，说他纯粹是靠岳父的关系才得以连升四级的。后人之所以称岳父为泰山，其典故正出于此。

玄宗闻言，心里大为不快。

敢情那天跟自己同登泰山的所谓"礼官"，都是张说的亲党啊？这不是明目张胆地以权谋私吗?!

由此，玄宗对张说的倚重和信任之情大打折扣。

自从封禅归来，张说表面上还是那个风光无限的首席宰相，其实明眼人不难发现——张说已经失去天子的信任了。

开元十四年二月发生的一件事，足以证明张说的失宠。

当时，玄宗征召河南尹崔隐甫入朝，准备授予他御史大夫的要职。张说认为此人粗鄙无文，便奏请玄宗改任其为金吾大将军，同时推荐了另一个人选。

这个人就是几年前因贪赃受贿而遭贬谪的崔日知，据说与张说私交甚笃。

张说的奏章呈上后，玄宗愤怒了。

好你个张说！朕看中的人你认为粗鄙，可你自己推荐的又是什么货色？一个品行不端的腐败官员！就因为和你张说是好友，你就敢公然推荐他担任御史大夫。御史大夫是什么官？是监察百官的官！一个连自己品行都有问题的官，又如何监察百官？朕把中书令的大权交到你张说手上，难道就是让你这么干的?!

玄宗断然否决了张说的提议，还是依照原计划把崔隐甫调到了中央，担任御史大夫。

崔隐甫走马上任之后，听说自己差一点被张说搞掉，当然对他恨之入骨。

就这样，张说又多了一个仇敌。

事情发展到这一步，张说基本上是自绝于人民了——除了跟他爬上泰山的那一小撮亲党外，他在朝中已经彻底变成了孤家寡人。

眼看张说自己一步步走到了悬崖边上，他的宿敌宇文融心里顿时乐开了花。

此时不出手，更待何时！

宇文融马上去找了两个人。一个是他的新上司、御史大夫崔隐甫，还有一个就是日后大名鼎鼎、权倾朝野的李林甫，不久前因宇文融援引，与他同任御史中丞。

三个人一拍即合，随即分头行动，大力搜集张说违法乱纪的证据。

这一次，张说注定是在劫难逃了。

搜集罪证、弹劾高官历来是御史台的看家本领，何况现在又是纪检部门的三个主要领导联手，加上张说自己的屁股又不干净，皇帝也已不再信任他，如果这样还不能把他扳倒，那简直是没天理了。

敏锐的张九龄觉察出了宇文融的异动，忧心忡忡地告诫张说："宇文融受皇上宠信，正吃得开，而且头脑精明，工于权术，您不可不防。"

可是，一贯自负的张说根本没有意识到危险的来临。他从鼻孔里发出一声冷哼："鼠辈何能为！"（《资治通鉴》卷二一三）

开元十四年四月四日，张说眼中的"鼠辈"便正式向他发难了。崔隐甫、宇文融、李林甫联名上疏，以三项罪名弹劾张说：一、私交术士，占卜星象；二、结党营私，腐败奢侈；三、滥用职权，收受贿赂。这三大罪名，随便哪一条都够张说喝一壶的。

此案引起了玄宗的高度重视。他立刻将张说逮捕下狱，随后指定侍中源乾曜、刑部尚书韦抗、大理少卿胡珪，会同御史大夫崔隐甫，组成一个特别法庭审理此案。

由于张说早把朝中的官员都得罪光了，大伙都盼着他早点完蛋，所以审讯结果可想而知。源乾曜等人会审后一致认为：此案证据确凿，张说罪无可赦。

直到此刻，张说才猛然意识到——自己已经成了公卿百官的众矢之的，成了朝野上下人人喊打的过街老鼠！

在暗无天日、肮脏潮湿的牢房中呆了几天后，张说仿佛一下子就苍老了。当宦官高力士受玄宗之托前来探监时，看到的不再是那个飞扬跋扈、盛气凌人的首席宰相，而是一个披头散发、目光呆滞的干巴老头。

高力士叹了叹气，回宫向玄宗奏报："说（张说）蓬首垢面，席藁，食以瓦器，惶惧待罪。"（《资治通鉴》卷二一三）

玄宗闻言，也不禁有些怅惘。回想往日种种，张说还是为国家作了不少贡献，其文学才华也是当世少有，如果就此埋没，实在是可惜。

一向善于揣摩人主之意的高力士见状，赶紧对玄宗说，张说曾在东宫担任侍读，跟随陛下多年，且于国有功，理应从宽发落。

玄宗深以为然，数日后下令，罢免了张说的中书令之职，其余一切如旧。

随着张说的下台，宇文融与张说的斗法总算告一段落。然而，政坛高层的矛盾纷争并没有就此结束。在整个开元中后期，乃至整个天宝年间，帝国的高层政争还将越演越烈。目前的这场对决，只不过刚刚露出冰山一角而已。

就在外朝大臣相互倾轧的同时，玄宗的后宫也打响了一场争位夺宠的战争。

交战双方，一个是皇后，一个是嫔妃。

这个皇后姓王，这个嫔妃姓武。

这一幕看上去似乎有些眼熟。

许多年前，帝国的后宫也曾有一位姓王的皇后，因无子而失宠，最后被废黜了皇后之位；还有一个姓武的昭仪，深受宠幸，咄咄逼人，"阴怀倾夺之志"，最后终于如愿以偿地戴上了凤冠。

如今的这位王皇后，一样是无子、失宠、色衰爱弛，后位岌岌可危；而如今这位姓武的妃子，正是当年那个武昭仪的侄孙女，并且跟她一样深受宠幸，咄咄逼人，也跟她一样"阴怀倾夺之志"……

一切似乎都与七十年前"废王立武"的那一幕如出一辙。

历史会重演吗？

## 后宫的战争

不管从哪个角度来看，唐玄宗和王皇后都应该算是一对患难夫妻。

早在玄宗还是临淄王的时候，王皇后就是她的王妃了。当时韦后专权，李旦遭到排挤，整个李唐皇族的命运都有些前途叵测，至于小小的临淄王李隆基，更谈不上有什么远大前程。正常来说，就算后来李旦有了出头之日，李隆基作为庶出的第三子，充其量也就是做一个逍遥王爷，根本不可能有入主东宫的机会，更不用说登基当皇帝了。

所以说，在当时的情势下，王氏嫁给李隆基，就意味着要和他一起面对未知的命运，一起承担难以预料的祸福。换言之，要想有一个美好的未来，王氏就必须和李隆基共同创业，打出一片属于自己的天下。

后来，当李隆基开始策划唐隆政变的时候，王氏就成了他不可或缺的重要助手。“上（玄宗）将起事，（王氏）颇预其谋，赞成大业。”（《旧唐书·后妃传》）由此可见，王氏并不是一个坐享其成的少奶奶，而是一个能和李隆基同甘苦、共命运的贤内助。

然而，就是这样一个曾经共患难的贤内助，只和玄宗一起享受了几年荣华富贵，就被彻底冷落了。

表面的原因，是她没有生育能力。

如果是在今天，女人不能生育根本不是什么大不了的缺点，甚至很多女性不愿意生育孩子，也不会遭到丈夫的歧视或社会舆论的谴责。然而在古代，这可是非常要命的一种过失。因为古圣贤规定，女人只要犯了“七出”（丈夫休妻的七条理由）中的任何一条，她老公就可以堂而皇之地把她休掉。而“无子”就是“七出”中的第二条，仅位列“不顺父母”之后，比“淫”“妒”“恶疾”“窃盗”什么的还要严重。

更何况，王氏还是母仪天下的皇后，“无子”就更是一种不可饶恕的缺点，足以使她在皇帝和天下人面前抬不起头来。

可是，导致王皇后被冷落的原因还不仅仅是无子。

还有一个更重要的原因是——玄宗爱上了别的女人。

这个女人就是武氏。

武氏是女皇武曌的侄孙女、恒安王武攸止的幼女，算起来还是玄宗的表妹。武攸止早亡，所以武氏很小就被接到了宫中抚养。开元元年，武氏差不多十五岁左右时，被李隆基纳入了后宫。

也许是因为武氏多少继承了武曌的基因，或者是从小生长在宫中，受到了较好的文化教育，所以不仅美丽温婉、举止优雅，而且熟悉古籍经史，言谈之间总是引经据典，颇有才女风范，因而很快就博得了玄宗的宠爱。自开元元年进入后宫，短短几年间，武氏就连续为玄宗生下了二子一女，而且一个个长得端正美丽、活泼可爱，让玄宗喜不自胜、爱不释手，同时也让不能生育的王皇后嫉妒得眼冒绿光、几欲抓狂。

可让玄宗万万没有想到的是，这几个可爱的小皇子和小公主出生没多久，就一个接一个地相继夭折了，没有人知道是什么原因。

玄宗为此伤心不已，但对武氏的宠幸却有增无减。

不久，武氏又生下了寿王李瑁（初名李清）。出于女人特有的直觉，武氏相信，把孩子留在宫中抚养实在是一件很危险的事情，搞不好又会像前几个一样无疾而终。于是武氏就想了一个办法，在征得玄宗的同意后，把孩子送出了皇宫，寄养在孩子的大伯——宁王李宪的家中，连哺乳都是由李宪的妻子元氏代劳的。

后来，李瑁果然平平安安地长大了，在宁王府一直长到了十余岁，才被玄宗接进了宫中。

随着李瑁的健康成长，武氏的野心也开始逐渐膨胀。她深知，一个女人仅凭容貌，是不可能长久留住男人的心的。要想长保眼前的荣华富贵，唯一的办法就是像当年的武昭仪一样，不择手段地夺取皇后之位，然后再设法让自己的儿子入主东宫。

对于武氏的夺位野心，王皇后当然比任何人都更清楚。

她为此陷入了深深的忧愁和恐惧之中。

每当想起武氏那张妖艳的面孔，王皇后就会气得浑身哆嗦。可除了在心里一遍遍地诅咒之外，她实在不知道该怎么对付这个情敌，更不知道该怎样避免被废黜的命运。出于本能，王皇后不止一次地在玄宗面前表现出了对武氏的痛恨，经常恶语相加，有时候说到伤心处或激愤处，还会出言不逊，把玄宗也给数落进去。

可想而知，王皇后这种“泼妇骂街”的行为只能导致玄宗对她更深的反感。

有人说，憎恨别人就像是为了逮住一只耗子而不惜烧毁你自己的房子，但耗子还不一定逮到了。

如今，王皇后用这种本能的方式发泄她的憎恨，的确既无助于逮到耗子，又面临着烧毁自己房子的危险。

本来玄宗对她只是冷落；现在玄宗对她几乎就是鄙夷和厌恶了。

于是玄宗开始把废黜皇后的事情提上了议事日程。

当然，玄宗不会在大庭广众之下讨论这件事情。废后毕竟是一桩大事，在没有很成熟的考虑之前，他不想轻易暴露自己的意图。所以，他只是暗中和一个比较亲近的侍臣开始了相关的谋划。

这个侍臣就是先天政变的功臣之一，时任秘书监的姜皎。

姜皎跟随玄宗多年，早在临淄王时代，他就是玄宗的好友。玄宗即位后，表面上和他君臣相称，实际上友情依然如故，还是拿他当哥们，时常召他进入寝殿，“与后妃同榻”，一起击毬斗鸡、宴饮作乐，而且前后赏赐给他的“宫女、名马及诸珍物不可胜数”。（《旧唐书·姜皎传》）先天二年，在铲除太平一党的过程中，姜皎积极参与谋划，事后因功拜殿中监，封楚国公，实封四百户。

开元初年，玄宗开始罢黜功臣，姜皎也因“权宠太盛”被“放归田园”，但是几年后便被重新起用，初为宗正卿，后任秘书监。

对于这样一个鞍前马后追随多年，既是功臣又是哥们的人，玄宗自然是非常放心的。而且姜皎对后宫的情况知根知底，玄宗老早就不把他当外人了，所以此刻要找人商量，没有谁比姜皎更合适。

然而，玄宗绝对没有料到，就是这个让人放心的哥们，得知他想废黜皇后，不仅没帮他拿什么主意，反而一出宫就把事情给泄露了。

史书没有记载姜皎泄露此事是有心还是无意，但是从他泄露的对象来看，似乎是有意为之的。因为对方是滕王李峤，身份比较特殊，既是宗室亲王，又是王皇后的妹夫，相当于跟玄宗既是堂兄弟又是连襟。所以姜皎很可能是对玄宗废黜皇后的事情不太赞同，但又不敢当面劝谏，只好跟李峤通气，希望他能劝玄宗回心转意。

事实是否如此，我们今天已经不得而知，但是有一点可以确定——姜皎完了。

从玄宗得知他把事情泄露出去后，就已经在心里宣判了他的死刑。

玄宗没想到，姜皎居然是这么一个成事不足败事有余的人，废后的事情八字还没一撇，这小子就把风声传了出去，这不是撕破他李隆基的天子颜面，并且陷他于十足被动的境地吗?!

玄宗也懒得去深究姜皎这么干的动机了，就算他是出于善意，也同样是不可原谅的。

盛怒之下，玄宗即刻命人逮捕了姜皎。几十年的兄弟和主从之情，就此恩断义绝、一笔勾销！数日后，玄宗以“妄谈宫掖”的罪名，把姜皎杖打六十，流放岭南；同时被株连的还有姜皎的弟弟姜晦，从吏部侍郎任上一下子被贬为远地司马，此外还有亲党数人，或流放或赐死，一同遭受了一场无妄之灾。

姜皎带着浑身杖伤走上了流放之途，但是没走多远就含恨而终了。

由于闹出这场意想不到的风波，所以玄宗只好暂时搁置废后之事。

但是，这只是暂时的。一旦时机成熟，玄宗还是会义无反顾地废掉这个黄脸婆!

都说男人一旦变心，九头牛也拉不回来。李隆基很快就将用他的实际行动，再次向我们证明这个亘古不变的真理。

姜皎之死，为“伴君如伴虎”这句古训作了生动的注脚。这件事告诉我们，在皇帝身边讨生活，是一件多么艰难又多么危险的事情。而对于王皇后来说，姜皎事件更是让她惶惶不可终日。通过这场意外风波，王皇后强烈感觉到了天子的决绝、冷酷和无情，同时也更强烈地预感到——姜皎的今天，很可能就是她的明天!

好在王皇后平常待左右不薄，所以也没有人在这个时候落井下石。玄宗虽然一直想抓皇后的小辫子，可由于后宫的上上下下全都忠心护主、谨言慎行，所以始终找不到强有力的废后借口，只好让这件事一直拖着。

到了开元十二年秋，距姜皎之死已经过去整整两年，玄宗的后宫始终风平浪静，再也没闹出什么事情，貌似皇帝已经打消了废后的念头。

可王皇后知道，这是假象。除非自己的肚子争气，马上给皇帝生一个大胖小子，让所有人都无话可说，否则被废黜的危险就一天也不会消除了。

然而，儿子岂是说生就能生的？当初年轻时天天跟皇帝呆在一块还老是没动静呢，如今皇帝一年半载才来敷衍一下，又怎么可能怀上呢?

除非出现奇迹……

一筹莫展的王皇后只好找她哥哥王守一商量。

对于妹妹的处境，王守一也是感同身受、焦急万分。因为妹妹一旦被废，他的好日子也就到头了。虽然他也是先天政变的功臣，可自从玄宗亲政以来，功臣就是衰人的代名词，远的如刘幽求他们，近的如姜皎，哪一个不是说下台就下台，说完蛋就完蛋呢？所以，要想保住荣华富贵，唯一的办法，就只能祈祷上天垂悯，让妹妹赶紧生个儿子！

为此，王守一暗中找来了一个叫明悟的和尚，让他作法施咒，看能不能创造奇迹。

明悟大师胸脯一拍，这事包在贫僧身上！随后就帮王皇后做了一场"祭祀南北斗"的法事。具体的做法是：拿一块"霹雳木"[①]，在木头上写上"天""地"和"李隆基"的字样，再用这块木头祭祀南北斗，佩戴在王皇后身上，最后再让王皇后念一句咒语，这样就大功告成了。

的确，明悟大师做完这场法事后，旷日持久的废后事件总算有了一个了局。

换言之，有人总算大功告成了。

谁？

玄宗。

当然，还有那个对皇后之位虎视眈眈的武氏。

玄宗和武氏苦苦盯了王皇后这么长时间，等的不就是这么一个破绽吗？如今王皇后如此自摆乌龙，又岂能逃过玄宗和武氏的眼睛？何况请和尚做法施咒这种事，在当时称为"厌胜"，是一种非常严重的罪行。高宗时代的王皇后，就是因为搞厌胜被武昭仪揭发，才导致高宗下定了废后的决心。如今这个王皇后还来这么一套，又怎么可能不重蹈当年那个王皇后的覆辙呢？

尤其让人啼笑皆非的是，东窗事发后，有关部门调查后得知，明悟和尚教皇后念的那句咒语，居然是："佩此有子，当如则天皇后！"（《资治通鉴》卷二一二）

什么意思呢？

就是说：佩戴这块霹雳木，必定可以生儿子，而且将来还能像则天皇后一样！

---

① 就是被雷劈过的木头，据说因为沾了天上的灵气，可以驱鬼辟邪。其实这一套方法来自于道教，与佛教毫无关系。

像则天皇后什么？

傻瓜也知道，当然是像则天皇后那样临朝听政、大权独揽了。

假如咒语说的是“天灵灵，地灵灵，太上老君急急如律令”之类的东西，也许玄宗还不至于暴跳如雷，可偏偏神机妙算的明悟大师给整了这么一句，就休怪皇帝无情无义了！

开元十二年七月二十二日，玄宗正式下诏，将王皇后废为庶人，打入冷宫，同时将王守一贬为潭州（今湖南长沙市）别驾①。

王守一惨惨戚戚地坐上了贬谪的马车，可刚刚走到半路，玄宗又追下了一道诏书，将他就地赐死。

三个月后，废后王氏在冷宫中郁郁而终。后宫上上下下，凡是侍奉过王氏的人，都为之怆然流涕，追思不已。

听到王氏去世的消息，玄宗李隆基也不禁有些怅然若失。

毕竟是结发夫妻，毕竟共同经历过一段相濡以沫的岁月，如今斯人已去，玄宗独自凭栏，内心也不免有些悲伤和懊悔。（《资治通鉴》卷二一二：“废后王氏卒，后宫思慕后不已，上亦悔之。”）

历史总是如此惊人地相似。

时隔七十余年，两个王皇后，两场废后事件，两幕宫廷悲剧，看上去竟然像是一个模子倒出来的！目睹如此雷同的情节，观众似乎有理由质问：历史老儿的想象力何以如此贫乏，总是让一些相同的故事在同一个舞台上频频上演？

当年的高宗导演了一场“废王立武”的大戏，莫非今天的玄宗也会如此这般地再来一遍？

幸好，历史老儿的想象力还不至于彻底衰竭。在观众们即将丧失新鲜感之前，历史老儿总算及时宕开一笔，修改了第二场戏的结局。

——玄宗废王，但没有立武。

不是他不想立，而是他立不了。

因为大臣们不让他立。

开元十四年夏，也就是泰山封禅归来，张说刚刚下台不久，玄宗忙完了朝中的大事，就准备册封武氏为皇后了。

自从王氏被废后，后宫虚位已久，武氏没有一天不在他枕边念叨这

① 官职名，全称为别驾从事史。汉代设置，为州刺史的佐吏。

件事。如今王氏也已去世一年多了，玄宗内心残存的一点怀念之情也已随着时间的流逝而逐渐淡漠，所以，该是册立武氏的时候了。

然而，玄宗刚刚流露了这个想法，马上遭到了大臣们的强烈反对。他们说："武氏是李唐皇族不共戴天的仇人，岂可立为国母？而且，如今朝野纷纷传言，说张说企图暗中拥戴武氏，借此重回相位，事虽无凭，但不可不防。此外，当今太子非武氏所生，而武氏自己又有儿子，一旦立为皇后，太子必危！万望陛下三思。"

大臣的态度如此坚决，反对的理由如此充分，玄宗还能怎么办呢？

武后临朝给帝国造成了多么深远的影响，他玄宗比谁都清楚。难道他还要学当年的高宗，为了又一个姓武的女人跟满朝文武死磕？

此时的玄宗虽然早已不像开元初期那样克己自律、谨身节欲，可也远远没有像后期那样骄奢放逸、因私废公，所以，经过再三考虑，他还是决定向大臣妥协。

随后，玄宗给了武氏一个"惠妃"的封号，虽然没有皇后之名，但是"宫中礼秩，一如皇后"，算是在大臣和武氏之间取了一个折中。

这场后宫争夺战刚刚尘埃落定，另一场你死我活的斗争就接踵而至了。这场新的斗争发生在两大阵营之间。

一边是家奴出身的宠臣，代表人物是王毛仲。

一边是得势的宦官，其代表人物就是日后权势熏天的大宦官——高力士。

两派都是皇帝的心腹和近臣，都是深得玄宗宠幸的内廷势力。他们的对决，虽然没有刀光剑影，却比真刀明枪的厮杀更为惊险。

因为，在这场对决中最终起决定作用的那件武器，虽比刀剑无形，却比刀剑锋利；虽比刀剑柔软，却比刀剑致命。

它的名字叫舌头。

用刀剑杀人，很残忍，很暴力，儿童不宜。

用舌头杀人，不见血，很温柔，百无禁忌。

## 致命的舌头：宠臣与宦官的对决

王毛仲是一个出身不好，但一辈子运气都很好的人。

他的一生可以用一句话概括——从奴隶到将军。而且，这个将军还不是一般的将军，是深受皇帝宠幸的国公级别的大将军！

王毛仲的父亲是高丽人，估计是高丽被灭后加入了唐军，曾官任游击将军，后来犯了罪，官职被削，家属也被籍没为奴，所以王毛仲从小就成了奴隶。

可是，当奴隶却不是王毛仲厄运的开始，而是他一生好运的起点。

因为他的主人不是别人，是临淄王李隆基。王毛仲跟着临淄王，成天斗鸡走马，飞鹰逐兔，吃香的喝辣的，基本上没吃过一天苦头。名为奴隶，事实上不亚于王公子弟。后来，王毛仲在唐隆政变中当了逃兵，按理说再好的运气到这里也就完了，可出人意料的是，李隆基居然原谅了他，还让他跟其他功臣一样当了禁军将领。

到了先天政变时，王毛仲学乖了，很是替李隆基出了一把力，事后拜辅国大将军、左武卫大将军，赐爵霍国公，实封五百户，从此脱胎换骨，由一个卑贱的家奴变成了人人敬畏的帝国功臣和当朝显贵。

开元初期，玄宗开始清理功臣集团，按说王毛仲也是在劫难逃，可他非但没被罢黜，反而活得比以前更为滋润。

说到底，还是他的“家奴”身份救了他。因为他从小跟随在玄宗左右，和玄宗的感情特别深，而且最重要的是——像他这种出身的人，在朝中没有根基，在政坛上没有势力，所以不会让玄宗觉得有什么威胁。

功臣集团被清理掉后，作为少数几个在朝的功臣之一，王毛仲更加得宠，经常与诸王、姜皎等人奉召入宫，在“御幄前连榻而坐”，与天子聚会宴饮。据说玄宗要是一天见不着他，就会闷闷不乐，若有所失；一旦见了他，立马笑逐颜开，赶紧拉他一块饮酒作乐，有时候甚至玩到通宵达旦。

王毛仲从玄宗那里获得的赏赐，有“庄宅、奴婢、驼马、钱帛”等等，可谓应有尽有，“不可胜纪”（《旧唐书　王毛仲传》）。王毛仲的正妻，本来已被封为霍国夫人，后来玄宗又赐给王毛仲一个小老婆，不仅在名分上与元配并列，而且连封号都共享。每次入宫朝谒，两个夫人总是成双入对，共承恩遇，别人领一份赏赐，王毛仲却能领双份。这两个老婆生下的几个儿子，小小年纪就被授予五品官职，且常常与太子一起游玩，贵如皇族后裔。

说起王毛仲所享的荣宠，还有一件事不可不提。

那是在开元十三年（公元725年）冬，王毛仲的大女儿要出嫁，满朝文武争相送礼，都想借机巴结这位天子宠臣。玄宗也非常关心，问他还有什么需要，王毛仲拜谢说："臣万事已备，就是有一两个客人请不来。"

当时的宰相是张说和源乾曜。除了玄宗外，最尊贵的客人莫过于他们两个了。玄宗说："不就是张说和源乾曜吗，他们有什么不好请的？"

王毛仲答："他们两位，早请到了。"

玄宗纳闷了。思索片刻，忽然明白过来，文武百官中，王毛仲唯一请不动的人物，估计就只有宋璟了。此公一向清高耿介、不阿权贵，虽说现在已不是宰相，可他的架子，还是端得比谁都高，怪不得王毛仲犯难。玄宗笑着说："放心吧，你要的客人，朕保证帮你请到。"

既然是皇帝亲自邀请，宋璟当然不能不给这个面子。

第二天，宋璟果然应邀出席了。虽说在所有宾客中，宋璟是最晚到的一个，而且仅仅喝了半杯酒，就推说身体不适提前离席，可谁都知道，能让从不应酬的宋璟来晃这么一下子，王毛仲的面子已经是够大了。同时大伙也都猜得出来，这是皇帝帮的忙。

当今天下，能请得动宋璟的人，除了皇帝还能有谁？并且，能够让皇帝出面帮忙请客的人，除了王毛仲，还能有谁？

王毛仲在玄宗心目中的地位，于此可见一斑。

当然，王毛仲之所以荣宠若此，绝不仅仅是靠运气，也不仅仅是靠他的家奴身份。

在他的发迹过程中，这两项因素固然起了重要作用，可假如他没什么突出贡献的话，像李隆基这么精明的皇帝，是不可能长期宠幸他的。

说起王毛仲的贡献，概括地说就是两个字：养马。

自从玄宗亲政后，王毛仲除了大将军的头衔外，还有一个职务叫做"检校内外闲厩兼知监牧使"。这个官名很长，也很拗口，不过我们可以给他一个简称——弼马温。

是的，弼马温。

可大家千万别小看这个弼马温，因为它的主要职责就是为中央禁军和帝国的边防部队提供战马。在古代，骑兵的地位和作用就相当于现代的坦克。在现代的常规作战中，没有坦克是不可想象的，而在冷兵器时代，没有骑兵同样是不可想象的。

所以，王毛仲这个古代的弼马温，要放在今天，就是陆军总装备部的部长。从单纯的技术角度而言，王毛仲在这个职位上的贡献大小，将直接决定帝国军队战斗力的强弱。

由此可见，玄宗让他当这个弼马温，并不是在冷落他，而恰恰是在重用他。

王毛仲没有辜负玄宗的重托。

唐朝立国之初，从隋朝得来的战马只有区区三千匹，经过将近五十年的精心蓄养和繁衍生息，到了高宗麟德年间，已经发展到七十万匹。然而好景不长，自高宗末年及武曌当政之后，帝国在军事上频频失利，战马数量损失大半，迄至开元初年，仅余二十四万匹。但是从王毛仲接手后，短短十余年间，战马数量又迅速回升到四十三万匹，将近翻了一番，其贡献不可谓不大。

为了展示王毛仲的工作成绩，同时也为了向四夷炫耀帝国的军事实力，玄宗东封泰山之时，特意命王毛仲精选了数万匹良马，“每色为一队，望之如云锦”（《旧唐书·王毛仲传》），在前往泰山的路上淋漓尽致地炫了一把。封禅礼毕，玄宗又加封王毛仲开府仪同三司（文散官一级，从一品），以此表彰他在蓄养战马上的功劳。自玄宗即位以来，获得这个头衔的人只有四个：王皇后的父亲王仁皎，宰相姚崇、宋璟，还有一个就是王毛仲。能和这三个人同授此官，足见王毛仲所获的荣宠之深。

王毛仲在玄宗跟前红得发紫，自然会引起别人的嫉妒。

不过，一般的大臣不会嫉妒他。因为大臣们和他不是同一类人（出身背景不同），所以谈不上嫉妒。大臣中也许有人会喜欢他，有人会讨厌他，有人会亲近他，有人会排斥他，有人会敬畏他，有人会看不起他，但无论哪一种情绪，都跟嫉妒无关。这道理就跟男人有可能喜欢或讨厌女人的容貌，但绝不会嫉妒女人的容貌一样。

所以，会嫉妒王毛仲的人，最有可能是和他具有相同出身的人，亦即本来都是给李隆基当奴才的人。

这种人是谁？

宦官。

在当时，最嫉妒王毛仲的人，莫过于宦官首领高力士了。

高力士，潘州（今广东高州市）人，本名冯元一，是隋、唐两朝骁将冯盎的曾孙。武周圣历初年，其家因罪被抄，他被阉割为奴。岭南讨击使李千里将他改名力士，送入东都朝廷。武曌看他聪明伶俐，就把他留在宫中担任随侍宦官。不久，力士因犯细微过失，遭武曌鞭挞，并驱逐出宫。就在举目无亲的力士即将饿死街头的时候，武三思门下的宦官高延福收留了他，并且认他为养子。从此，力士便以高为姓，留在武三思府中侍奉。一年多后，因武三思求情，高力士就被武曌重新召回了宫中。成年以后，高力士为人恭谨，办事严密，善传诏令，遂被授予宫闱丞之职。

玄宗为临淄王时，高力士倾心附结，追随左右，很快成了李隆基的心腹和忠实奴仆。先天政变中，高力士因参与诛杀太平一党，事后擢升右监门将军，知内侍省事，相当于宦官总管。从此，高力士风生水起，日益显赫。

有唐一代，宦官本来一直受到制约。唐初，太宗规定：内侍省的官职一律不能超过三品。至武周时期，武曌虽是女主当政，但宦官也还是没能得势。直到中宗一朝，宦官势力才逐渐抬头，宫中七品以上宦官已多达一千余人。而到了玄宗时代，宦官不仅在人数上增至三千余人，而且官秩越来越高，擢升三品将军者屡见不鲜，而穿红色（四品、五品）及紫色（三品以上）官服的宦官，则超过了一千人。

从开元时期起，以高力士得宠用事为标志，宦官作为一个强劲的政治势力，正式登上了大唐帝国的历史舞台——“宦官之盛自此始”。（《资治通鉴》卷二一〇）

随着宦官集团的得势，上至中央、下至地方的文武官员，皆奉承巴结唯恐不及。凡是宦官奉旨下到州县办差，每走一趟，收到的红包至少都在一千缗（一缗为一千文）以上。有了权势和金钱，宦官们的日子就越来越滋润了。他们纷纷在长安置地买房，经营田产，以至于“京城第舍、郊畿田园，参半皆宦官矣”。（《资治通鉴》卷二一三）更有甚者，一些有权有势的宦官还会光明正大地娶妻纳妾。比如高力士就娶了一个姓吕的官员的女儿，据说还颇有姿色。总之，除了不能生儿育女之外，这些当权宦官的生活方式完全可媲美于朝廷的公卿百官，其生活质量甚至有过之而无不及。

按说，高力士等人活得这么潇潇洒洒、多姿多彩，应该没有理由嫉妒王毛仲才对。

可是，他们还是默默地、执著地、强烈地嫉妒了。

因为在高力士等人看来，王毛仲所受的宠幸远远超过了他们。

“中官们妒其（王毛仲）全盛逾己。”（《旧唐书·王毛仲传》）

同样作为李隆基早年的奴仆，王毛仲和高力士得到的恩宠究竟孰高孰低，实在是一件很难判断的事情。一切都只能取决于当事人的想法和心态。也许，作为生理上的残缺者，高力士等人在潜意识里，会认为自己应该比别人得到更多？或者说，看到别人和自己得到一样多的时候，感觉自己还是得少了？

有人说，乞丐不会嫉妒百万富翁，但一定会嫉妒别的乞丐。或许，高力士嫉妒的根源，还是在于他和王毛仲相同的出身。

在史书的记载中，还有一点也值得我们关注，那就是王毛仲对待宦官的态度。

“中官居高品者，毛仲视之蔑如也；如卑品者，小忤意，则挫辱如己之僮仆。”（《旧唐书·王毛仲传》）这段话的意思是：对那些高阶当权的宦官，王毛仲往往把他们当成空气，视而不见；而对于那些官阶小的宦官，王毛仲则动不动就喝斥辱骂，简直把宦官当成了自家的奴仆。总而言之就是两个字：蔑视。

可是，王毛仲为什么如此蔑视宦官呢？

说穿了，其实就是因为出身相同，所以强烈渴望压过对方一头。

简单地说，就是攀比心。无论是高力士对王毛仲的嫉妒，还是王毛仲对高力士的蔑视，追根究底，很可能都是攀比心在作祟。不仅宦官们觉得王毛仲“全盛逾己”，说不定在王毛仲心里，也会觉得宦官们“全盛逾己”，所以才会通过蔑视来表达他的不平和愤怒。

古人经常说，本是同根生，相煎何太急？

可事实往往是：正是同根生，相煎才会急！

相同的出身提供了最强的可比性，相似的攀比心又让双方戴上了一副同样不可靠的有色眼镜，这种有色眼镜又强化了同一种扭曲的竞争意识。因此，乞丐不嫉妒富翁，只会嫉妒别的乞丐。

说到底，人有时候不快乐，不是因为自己不成功，而是因为别人成功了。

王毛仲与高力士的种种矛盾纠葛，说穿了，不过如此。

其实，高力士等人之所以对王毛仲既妒且恨，却又敢怒不敢言，关键还不仅是王毛仲从玄宗那里得到的宠幸太多，而是王毛仲已经恃宠而骄，有意无意地让自己手中的权力无限扩张了。

最让人觉得可怕的，就是他对禁军的控制。

开元中期，除了朝中许多文官对王毛仲趋之若鹜外，当年跟随玄宗搞政变的那帮禁军将领，如葛福顺、李守德等数十人，也全都成了他的铁杆拥趸，人人唯其马首是瞻。其中，葛福顺还跟王毛仲结成了儿女亲家。这帮人依仗王毛仲在朝中的权势，恣意妄为，横行不法，朝廷有关部门也只能睁一眼闭一眼，压根不敢过问。

此时的王毛仲开始有些忘乎所以了。

他似乎没有意识到，自己的所作所为，已经有了交结朋党的嫌疑，甚至已经严重逾越了自身权力的边界。

本来，这帮禁军将领之所以没有像其他功臣那样被处理掉，是因为玄宗觉得他们是比较单纯的军人，如果他们不和朝廷大臣结党的话，就不足以对朝政产生什么影响，也不足以对皇权构成威胁。可现在，他们居然以王毛仲为核心形成了一个小集团，这意味着什么？

这分明意味着，王毛仲和这帮人已经对玄宗构成了潜在的威胁！

如今的王毛仲，早已不是当年那个不登大雅之堂的家奴了，而是帝国政坛上炙手可热的重量级人物，朝廷百官也已通过各种渠道和他建立了不同形式的利益关系。在此情况下，这帮具有政变经验的高级将领又把他奉为老大，那王毛仲的能量岂不是无人能及了？一边联结着朝臣，一边又控制着禁军，万一他生出什么野心，那玄宗要拿什么来防他？

每当想到这一些，高力士就会替玄宗捏一把汗。

可是，让高力士百思不解的是——玄宗似乎对此不以为意，不管王毛仲如何“骄恣日甚”，他却依旧“每优容之”。（《资治通鉴》卷二一三）

高力士是一个对玄宗忠心耿耿的人，无论在公在私，他都觉得应该向玄宗提出警告，让他对王毛仲严加防患，最好是尽早将其铲除！

当然，高力士此人生性谨慎，城府极深，在王毛仲权宠正盛的这个时候，他是不会随便动手的，更不会轻易暴露自己。

所以，他得先找一个人去试试水。

高力士找到的这个人，是时任吏部侍郎的齐澣（huàn）。

这个齐澣，就是当年送给姚崇“救时宰相”这四字评语的人。此人博古通今，明于吏事，早在中书省任职时就有“解事舍人”之称，如今正受玄宗器重。高力士挑选这样的人去打前锋，对王毛仲还是有一定杀伤力的。而此时的齐澣急于想要博取玄宗好感，正好通过王毛仲这件事来向皇帝表忠心，所以高力士一开口，他就欣然同意了。

开元十七年（公元729年）六月，也就是王毛仲刚刚和葛福顺结成亲家不久，齐澣找了一个单独入奏的机会，郑重其事地对玄宗说：“葛福顺统领禁军兵马，不应该与王毛仲结为亲家。王毛仲是一个轻浅浮躁之人，权宠太盛，易生奸变。倘若不尽早加以铲除，必将酿成大患。高力士为人小心谨慎，而且又是宦官，足以在宫中任事，陛下尽可委之腹心，又何必重用王毛仲呢？”

其实，对王毛仲恃宠生骄的表现，玄宗也不是毫无警觉。就在前几天，王毛仲还刚刚开口跟他讨要兵部尚书一职，简直是得陇望蜀，贪得无厌！玄宗颇为不悦，当时就一口回绝了他。王毛仲为此怏怏形于辞色，玄宗当然也都看在了眼里。

而玄宗之所以一直没有对王毛仲采取措施，是因为王毛仲在朝中已经形成了一定势力，并且背后又有一大帮禁军将领支持，如果玄宗考虑不周，草率行事，就有可能激发事变。此时，齐澣能够在这件事上进言，玄宗当然是很欣慰的，但是这事得从长计议，急不得。

玄宗随即对齐澣说：“朕知道贤卿忠心为国，可此事非同小可，容朕慢慢考虑一个妥当的解决办法。”

齐澣心中暗喜，觉得这回参王毛仲真是参对了。为了表现自己做事的沉稳老练，齐澣还刻意卖弄了一下，说：“陛下理当审慎为之，但有句话说得好，‘君不密则失臣，臣不密则失身’，万望陛下一定要严守秘密。”

齐澣这话的意思是：君主若不保守秘密就会害了臣子，臣子若不保守秘密就会害了自己。

尽管对玄宗这种精明的皇帝来说，齐澣这句叮嘱显得有点多余，但话说得还是有道理的，于是玄宗欣然接受。

只是，玄宗万万没有料到，他这里谨守约定，守口如瓶，可齐澣那小子，却一转身就把秘密捅出去了。

事情是坏在一个叫麻察的人身上。

此人原任大理丞，因罪被贬为地方小官，齐澣和他交情很深，就出城为他饯行。好朋友分手，自然要喝几杯饯行酒。齐澣三杯酒下肚，就管不住自己的嘴了，把他和皇帝的密约一五一十都说给麻察听了。

说者无心，听者有意。正因获罪遭贬而愁肠百结的麻察听着听着，心中忽然亮光一闪，满腹愁肠顿时全部化成了惊喜——一个将功折罪、告密升官的机会不是活生生地摆在眼前吗?

麻察在心中大笑：齐大人啊齐大人，您真是个救苦救难的观世音菩萨啊!

饯行酒喝完，齐澣一直目送好友渐渐远去，又站在原地伤感了一小会儿，才带着离别的惆怅返身回城。麻察则是一步三回头，作依依惜别状，等到齐澣的身影好不容易从自己的视线中消失，立刻快马加鞭，从另一条小路绕回了京城，然后飞也似的冲进皇宫，将刚才的一幕向玄宗作了禀报。

玄宗晕了。

从前有个张暐，后来有个姜皎，现在又出了个齐澣！玄宗在这一刻的惊讶和愤怒可想而知。所以，齐澣前脚刚迈进家门，宫中的传召使者后脚就到了。

当齐澣入宫觐见玄宗时，看到的是一张因暴怒而扭曲的面孔，听到的是一阵突如其来的晴天霹雳：“齐澣！你担心朕不能保守秘密，却把什么都告诉了麻察，难道，这就是你所谓的保守秘密？麻察历来轻薄无行，难道你齐澣不知道？”

齐澣全身暴汗，面如土色，紧接着双膝一软，跪倒在地，不停地磕头谢罪。

然而，现在说什么都没用了。

怪只怪齐澣宦海浮沉大半生，却不知舌头可以杀人的道理；怪只怪他不懂得“朋友”这个东西，不仅是用来交的，也可以是用来卖的。

数日后，玄宗下诏，以“交构将相，离间君臣”的罪名，把齐澣和麻察双双贬到了天涯海角，一个贬为边地县丞，一个贬为边地县尉，都是九品。

齐澣和麻察黯然离京的这一天，再也没有人来为他们饯行了。

虽然齐澣失手了，没能一举扳倒王毛仲，但高力士并没有觉得失望。因为，齐澣本来就只是一颗问路的石子。

经过这番投石问路，高力士至少可以确认一点——玄宗对王毛仲已经生出了戒备和猜忌之心。

够了，这就够了。

一只老虎站在高峰上，看上去固然威猛骇人，可当它脚底下的石头开始松动时，应该感到害怕的就是老虎自己了。这时候你不用管它，只要等待适当的时机，在石头上轻轻给出一个推力，一切就水到渠成了。

所以，高力士很有耐心，一点也不着急。

开元十八年（公元730年）年底，机会终于来了。王毛仲又有了弄璋之喜——他老婆又生了个儿子。孩子出生三天后，玄宗让高力士前去贺喜，不但赏赐了一大堆酒肉、金帛，还授予这个婴儿五品官职。高力士强作欢颜地到王毛仲府上恭贺了一番，回宫复命时，玄宗问他：“毛仲高兴吧？”

时候到了。

给出致命一推的时候终于到了。

高力士不紧不慢地答道：“毛仲抱其襁中儿示臣曰：‘此儿岂不堪作三品邪?!’”（《资治通鉴》卷二一三）王毛仲抱着襁褓中的婴儿对臣说：“这个孩子难道不应该封三品吗?!”

玄宗闻言，顿时勃然大怒：“王毛仲这个狗奴才！当年诛杀韦氏的时候，这小子就首鼠两端，躲得无影无踪，朕都没有怪他，如今竟敢为了一个小孩子埋怨我?!”

高力士在心里无声地笑了。

王毛仲啊王毛仲，你小子也有今天！

“皇上圣明！”高力士凑前一步，压低嗓门说，“北门禁军这帮奴才，势力太大，而且跟王毛仲勾结在一起，若不尽早铲除，必生大患！”

就在高力士这几句轻飘飘的话中，王毛仲等人的末日就降临了。

开元十九年（公元731年）正月，玄宗下诏，以“不忠”和“怨望”为由，将王毛仲贬为瀼州（今广西上思县）别驾；同日，葛福顺、李守德、唐地文、王景耀、高广济等禁军高级将领，也全部被贬为边远各州的别驾；王毛仲四个年长的儿子，均被贬为边荒地区的参军；此外，还有数十个朝臣遭到了株连。

不久，王毛仲行至永州（今湖南永州市），被玄宗派出的使者追上，就地缢杀。

这场宠臣与宦官的对决，以宠臣的彻底失败和宦官的全面胜利告终。高力士在这场胜利中，充分展示了舌头的力量。他用铁一般的事实向我们证明——舌头的确是世界上最柔软也最致命的一种武器！

随着宠臣势力的垮台，宦官集团的势力更为强大，作为宦官首领的高力士更是权倾中外。凡四方进奏文表，都要先经他过目，再上呈玄宗；有些事情他认为无须上奏，便可自己“专决”。玄宗对他极度信任，曾公开表示：“力士当上（值班），我寝乃安！”（《新唐书·高力士传》）

由于王毛仲死后，高力士一枝独秀，所以玄宗内廷的权力斗争总算落下了帷幕。但是反观外朝，自从泰山封禅之后，宰相之间的矛盾纷争就几乎一天也没有平息过。在开元中后期的二十余年间，帝国朝堂仿佛成了一个盛况空前的大擂台，宰相们一个个都像打了鸡血一样，一见面就急眼，一急眼就死磕；上一届宰相刚刚两败俱伤同归于尽，继任者袖子一挽又开始干仗，真是让玄宗焦头烂额、大伤脑筋……

## 帝国大擂台：宰相们的对决（上）

自从开元十四年把张说斗倒之后，财政专家宇文融就抖擞起来了。

他相信，凭自己的能力和才干，加上皇帝对他的信任和倚重，用不了多久，自己一定会入阁拜相。

但是与此同时，他还是有一点不大不小的担心。

他担心张说会再度被玄宗起用。

既然张说当年有本事梅开二度，如今又凭什么不能卷土重来？

有鉴于此，宇文融决定拿出痛打落水狗的精神，把张说打翻在地，再踏上一只脚，让他永世不得翻身！

随后，宇文融再度和御史大夫崔隐甫联手，开始在朝中大肆交结朋党，一边加紧打造自己的势力，一边频频向玄宗呈上密奏，拼命诋毁张说，一心要把他搞臭搞烂。

面对不肯干休、咄咄逼人的宇文融，张说当然也没闲着。他虽说已经离开了相位，可这么多年的宰相也不是白混的，朝中还是有不少人得到过他的提拔，受到过他的恩惠，所以张说大手一挥，便有一帮老部下应声而起，向宇文融发起了反击。

你想让我死，我也绝不让你好过！

双方就此展开死拼。

这种官员集体掐架的现象，在历史上的学名叫“朋党之争”，可要说白了，不过就是双方老大为了个人利益，各自招呼一帮喽啰聚众斗殴而已，实在没多大意思。

玄宗天天听他们吵架，最后终于被惹毛了。

领着朕的俸禄，却成天为了私人恩怨打架，朝廷的活谁来干?!

开元十五年（公元727年）二月，玄宗下诏，勒令张说致仕，仍在家修史；崔隐甫罢官，回家侍奉老母；宇文融贬出朝廷，担任魏州（今河北大名县）刺史。

都给朕滚蛋！好让朕清静清静。

但是，尽管张说和宇文融都滚蛋了，玄宗却还是清静不了。

因为他不久前刚刚任命的两个宰相，也都不是省油的灯。

这两个人，一个叫李元紘，一个叫杜暹。

如果单纯从个人品质来说，这两位其实都称得上是正直清廉的好官。由于前任宰相张说因贪财好贿而罢相，所以玄宗重新物色宰相时，就刻意挑选了这一对廉政模范，希望他们能像开元初期的宰相一样，同心同德，共创佳绩。

关于李元紘和杜暹公正廉洁的品行，各自都有一段佳话。

中宗神龙年间，李元紘担任雍州（京畿地区）司户，当时他的顶头上司是窦怀贞。有一次，太平公主和当地的寺院争夺一处磨坊，官司打到了李元紘这里。李元紘经过一番调查，发现是太平公主仗势欺人，于是不管什么公主不公主，当即大笔一挥，把磨坊判给了寺院。窦怀贞吓坏了，命他赶紧改判。没想到李元紘竟然拿起笔来，在判决书后面加了一行大字："南山或可改移，此判终无摇动！"窦怀贞拿他没办法，只好悻悻作罢。

从那时候开始，李元紘的正直耿介之名就传遍了朝野。

当上宰相后，李元紘更是大力推行廉政建设，在相当程度上遏制了请托求官、徇私舞弊之风，让那些走后门、搞腐败的家伙又怕又恨。"抑奔竞之路，务进者颇惮之。"（《旧唐书·李元紘传》）

由于为官清廉，所以李元紘当了好几年宰相，依旧是两袖清风、一贫如洗，不但宅子是从前的旧宅子，仆人是过去的老仆人，就连每天上朝骑的马，也还是多年前那匹瘦骨嶙峋的老马。朝廷所赐的钱物，李元紘也是随手散给了穷亲戚，从来不留分毫，大有当初的清贫宰相卢怀慎之风。

而杜暹也是一样，"常以公清勤俭为己任"，"弱冠便自誓不受亲友赠遗"。（《旧唐书·杜暹传》）从青年时代起，杜暹就立志当一个清廉的好官，发誓绝不接受亲戚、朋友或同僚的任何馈赠。比如他早年在地方上任职，离任时，当地的小吏要送他一件贵重礼品，就遭到了他的婉拒。

什么贵重礼品呢？

纸。一万张纸。

纸算什么贵重礼品？还一万张？既要雇人手来搬，又要找车马来运，这不是活活累死人吗？

如果我们这么理解，那就错了。要知道，那可是唐朝，不是现在。

现在，纸张都是工业流水线上出来的产品，只要机器一开，要多少有多少。可在当时，纸张都是手工业生产，质量高，数量少，属于异常紧俏的消费品。所以，古时候普通人家的孩子练习书法，只能在水缸里或沙地上比比画画，根本用不起纸张。

杜暹一见有人送了这么贵重的东西，一口拒绝显得太不讲人情，要接受又违背自己的意愿，最后只好象征性地从中抽了一百张，算是领受了对方的盛情。当时给他送行的一个同僚见状，大为感叹："古时候有'一钱太守'，不曾想今日又见此事啊！"

所谓的"一钱太守"，说的是东汉刘宠的典故。刘宠是东汉时的会稽太守，由于为官清廉，政绩卓著，被调往京师任职。临行前，当地父老感念他的德政，执意要送给他几百钱，刘宠不忍拂其心意，只取一钱收下。上路之后，他就把钱扔进了会稽附近的一条河里。据说那枚钱扔下去后，河水顿时变得无比清澈。这个故事从此流传开来，被千百年来的老百姓传为美谈，而这个地方，就是现在浙江绍兴市的钱清镇。

既然李元紘和杜暹都有如此令人称颂的嘉言懿行，性格和志向又如此相近，按理说在工作上也应该会互相配合、同心协力才对。

可是，他们偏偏就掐架了。

关于他们掐架的原因，史书的记载非常简略，只有这么一句话："元紘、暹议事多异同，遂有隙，更相奏列。"（《资治通鉴》卷二一三）而具体有何异同、有何嫌隙、如何在玄宗面前互相参奏，史书则付诸阙如。

虽然史书无载，但我们至少可以作出一个判断，那就是——性情相近的人共事，更容易掐架。观诸开元初期的宰相，无论是姚崇与卢怀慎、宋璟与苏颋，还是张嘉贞与源乾曜，都是典型的一刚一柔、一主一辅，所以他们既能在性格上形成互补，又能在工作上分出主次，矛盾自然也就少了。而李元紘和杜暹，性情都是同样的刚直耿介，遇事当然也就不善于拐弯和妥协，一旦对事物的看法相左，必然要争一个是非对错，因而矛盾纷争也就不可避免了。

对于李、杜的矛盾，玄宗也是无可奈何。

最后，玄宗只好采取了唯一的，也是最有效的解决办法——把两人一起赶下台。

开元十七年（公元727年）六月，李元紘和杜暹双双罢相。

也许是担心继任者又跟他们一样，在性格和处世方式上不能互补，所以玄宗这回特地挑选了三个人，希望通过人数的变化，给宰相班子增加一些弹性、注入一些活力。

新任的三位宰相，一个叫萧嵩，一个叫裴光庭，还有一个就是我们非常熟悉的理财专家——宇文融。

玄宗之所以会既往不咎，让热衷于搞党争的宇文融回朝拜相，最主要的原因其实就一个字——钱。

是的，钱。

随着太平盛世的来临，此时的玄宗早已不像开元初期那样克勤克俭了，而是在很多方面都流露出了好大喜功、奢侈享乐的倾向，所以，尽管社会经济逐渐繁荣、财政收入日益增长，可玄宗还是感觉比以往任何时候都更需要钱。

而满朝文武，最能搞钱的是谁？

那当然就是宇文融了。

宇文融没有辜负玄宗的殷切期望。

一坐到宰相的位子上，宇文融就使出了浑身解数，设置了各种各样的“特使”，然后把他们派驻朝廷的各个部门，开展争创经济效益的竞赛，全方位、多渠道、深层次地搜刮民脂民膏，看谁刮得多、刮得巧妙，谁就能加官晋爵、青云直上。

如此一来，玄宗自然是开心了——钱这个东西嘛，不就像海绵里的水吗，挤一挤总是有的！

可是，文武百官却叫苦不迭——权力都让特使夺走了，部门职能也都错乱了，规章制度被破坏得一塌糊涂，这工作还怎么干？

而最苦的，莫过于底层的老百姓——今天交这个捐，明天纳那个税，后天又来个巧立名目的摊派，这日子还怎么过？

当然，百姓的痛苦和百官的烦恼宇文融是看不见的，他只看见了皇帝的笑颜。

还有什么能比皇帝的笑颜更能证明一个臣子的能力和才干呢？还有什么能比皇帝的笑颜更能让一个臣子心花怒放、干劲百倍的呢？

没有了。

由于博得了天子的欢心，所以一向矜夸自负的宇文融越发得意忘形。当宰相没多久，他便到处扬言：“只要让我在相位上待几个月，保管天下太平！”（《资治通鉴》卷二一三：“使吾居此数月，则海内无事矣！”）

宇文融到底有没有致太平的本事不好说，但是有一件事是肯定的——他在相位上确实只待了几个月，然后就灰溜溜地下台了。

宇文融之所以下台，是因为发生了两件事。

首先，是裴光庭等人在背后狠狠参了他一本。这一参，玄宗总算听到了朝野的呼声和百姓的怨言。然而，他还是舍不得罢免宇文融。

最后促使玄宗下定决心的，是另一桩弹劾案。

当时有一个宗室亲王名叫李祎，时任朔方节度使，因与吐蕃作战立下赫赫战功，颇为玄宗所器重，宇文融担心他以军功入相，威胁到自己的地位，就一直想找机会堵死他的入相之路。

开元十七年九月，李祎因事入朝，宇文融当即授意心腹御史李寅整理黑材料，准备瞅准机会递上去。不料这个李寅也是个大嘴巴，刚弄完材料就把事情泄露了。李祎得知后，立刻入宫禀报玄宗，说：宇文融打算陷害我，明天就会让御史李寅上章弹劾。

玄宗本来还有些半信半疑，没想到第二天早上，李寅果然就把奏章递了上来。玄宗勃然大怒，当即把宇文融贬为汝州（今河南汝州市）刺史。可是，宇文融刚走了没几天，玄宗就有些后悔了。

因为钱不够花了。

玄宗忍不住对裴光庭大发牢骚："你们老是挑宇文融的毛病，这下倒好，朕把他轰走了，可朝廷的开销也不够了，你说说，该怎么办？如何帮朕解决国用不足的问题？"

裴光庭无言以对。

就在玄宗琢磨着该不该把这个挣钱高手重新请回来的时候，宇文融的倒霉事又来了。有人写了一封匿名信，指控他在担任宰相期间曾滥用职权，贪赃受贿。有关部门一查，还真有这么回事。玄宗万般无奈，只好再次把宇文融贬为平乐（今广西平乐县）县尉。

宇文融在边瘴之地苦撑苦熬了一年多，天天盼着玄宗能召他回朝，可他万万没有料到，他最终盼来的，却是比贬谪更严厉的惩罚——流放。因为他当初的聚敛手段太过恶劣，得罪了太多朝臣，所以很多人都不想放过他。大臣们利用他被贬谪的这段时间拼命搜集罪证，最后由司农少卿蒋岑出面指控，说宇文融曾在担任汴州刺史期间贪污了数以百万计的公款。

玄宗下令彻底追查，结果发现证据确凿，犯罪事实俱在。玄宗大为震怒，立刻下诏把宇文融流放岩州（今广西来宾市）。

这一回，宇文融知道自己彻底完蛋了。他万念俱灰，最后死在了流放的路上。热衷于搞党争的宇文融死了，剩下的两个宰相是不是就能和衷共济了？很遗憾，没有。

接下来的事实将向我们证明——帝国的朝堂就是一个铁打的擂台，宰相们只是你方唱罢我登场的一个个打擂者。

只要擂台在，对决就不会终止。

## 帝国大擂台：宰相们的对决（下）

就算没有了宇文融，裴光庭和萧嵩也照样死掐。

说起这两个宰相，来头都不小。裴光庭是高宗时代的名将和行政专家裴行俭之子，萧嵩是南朝萧梁皇室后裔、初唐宰相萧瑀的侄孙，两人都有显赫的家世背景。裴光庭文职出身，长于行政，入相后任侍中兼吏部尚书；萧嵩擅长边务，军功显赫，以兵部尚书衔入相，后兼中书令，并遥领河西节度使。

也许是因为两个人的出身门第都不低，而且在各自的领域都有所建树，所以都有些眼高于顶，在处理政务时经常发生抵牾。往往是一个人主张的事情，另一个必定想方设法加以反对，是故“同位数年，情颇不协”。（《旧唐书·萧嵩传》）

裴光庭在任内做的最主要的一件事，就是推行吏部的选官制度改革。在他之前，大唐吏部选拔官员时一律以能力为准，有本事的可以越级提拔，没本事的一辈子也得不到升迁。按理说这么做并没有错，但是难免产生一些副作用，比如很多官员干了大半辈子，经验非常丰富，可就是因为没有突出政绩，所以混到发白齿摇仍然是个小芝麻官；还有的人年纪轻轻就考上进士，取得了任官资格，可要么是因为没门路，要么是因为运气不好，结果整整二十年补不上缺，到老还是个候补官，一辈子就这样被埋没了。

针对这些弊端，裴光庭提出了他的改革主张——“循资格”。

也就是说，从今往后，各级政府在任用和提拔官员时，一律不管能力大小，只看资历高低。说白了，就是论资排辈。

裴光庭的这项改革，固然可以弥补过去“唯能力论”的一些缺失，但同时也不可避免地造成了新的问题，那就是：“庸愚沉滞者皆喜”，“才俊之士无不怨叹”。（《资治通鉴》卷二一三）也就是说，这项改革开始实施后，那些庸庸碌碌、长期得不到升迁的老家伙无不拍手称快，可那些富有才干却缺乏资历的年轻官员却一个个牢骚满腹。

人们不禁怀疑，裴光庭的这项改革，是不是从一个极端走向了另外一个极端？

不可否认，过去的“唯能力论”的确有不太公平的地方，因为它会让一些善于搞政绩工程的浮夸之辈钻了空子，同时埋没了那些只会埋头干活、不善于表现的老实人；然而，“唯资历论”就没有毛病吗？它不也是便宜了那些尸位素餐的平庸之辈，压制了真正有才干的人，从而导致了更大的不公平吗？

也许是因为这项改革确实有些矫枉过正，所以萧嵩便与裴光庭产生了极大的分歧。但裴光庭是吏部尚书，这种事情当然由他说了算，于是他便不顾萧嵩反对，仍然强力推行。

可想而知，仅仅在这件事上，两个宰相就足以针尖对麦芒地大干一场了，压根谈不上什么和衷共济。

宰相们老是这么打擂台，玄宗自然是头疼不已。好在裴、萧二人仅仅是单打独斗，没有像宇文融那样拉帮结派、聚众斗殴，所以玄宗也就睁一眼闭一眼，由他们去了。

日子在裴、萧二人的吵吵闹闹中又过了几年，直到开元二十一年（公元733年）三月，双方的斗争才戛然而止。并不是他们终于和解了，而是因为裴光庭病逝，一个巴掌拍不响了。

裴光庭一死，萧嵩顿时长长地松了一口气。还没等裴光庭入土为安，萧嵩就急不可耐地将其推行数年的改革一朝废除，同时还把裴光庭这几年来提拔的亲信全部外放为地方刺史，一个也没留下。

裴光庭去世后，朝廷必须再物色一个新宰相。玄宗想，既然我挑的宰相最后都要打架，那这回我干脆放权，让你萧嵩自己推荐一个——总不能你自己挑的人还跟你死掐吧？

皇帝如此信任，着实令萧嵩大为感动。他暗暗发誓，这回，一定要挑一个老实厚道的，既要让自己舒心，更要让天子放心！

萧嵩随即在自己的好友圈里扫了一遍，很快就锁定了跟自己关系最铁的、时任右散骑常侍的王丘。在萧嵩看来，王丘过去在地方上颇有善政，很受玄宗赏识，而且为人低调内敛、谦虚谨慎，让他来配合自己工作，保证太平无事，皆大欢喜。

是的，萧嵩看得没错，王丘这个人确实很低调。可问题是，这位仁兄低调得太过头了。一听说萧嵩要推荐他当宰相，居然把头摇得像个拨浪鼓，一个劲地说：不行不行，我能力不够，我干不了。

不过王丘也没让萧嵩太失望，马上就给他推荐了另一个人——尚书右丞韩休。

韩休这个人萧嵩还是了解的，跟王丘差不多，也是那种比较谦柔、性情平和的人。萧嵩想来想去，既然没什么更好的人选，那就韩休吧。

为了表明自己看人的眼光很好，萧嵩在向玄宗举荐韩休的时候，还极力称赞韩休为人正直，不慕荣利，品行高洁，足以担当宰相大任。

韩休随即以黄门侍郎衔入相。

然而，让萧嵩做梦也没有想到的是，他称赞韩休的话音还没有落下，麻烦事就来了。

因为韩休压根就不是他认为的那种人！

萧嵩本以为韩休“柔和易制”，叫他往东他肯定不敢往西，没想到这位老兄却“为人峭直”、“守正不阿”，凡事讲原则、认死理，一切秉公而断，从来不按萧嵩的意思行事。

由于萧嵩为相多年，非常了解玄宗的好恶，所以奏事时难免会曲意顺旨、阿谀取容。每当这种时候，韩休就会直言不讳地驳斥萧嵩，并且当着玄宗的面跟他争一个是非曲直，从不给他留半点面子。

萧嵩肺都气炸了。

不感念我的举荐之恩倒也罢了，你总不能恩将仇报吧?!

很遗憾，韩休并不这么认为。

在他看来，你萧大人举荐我韩某人，是为国举才，不是为你个人树立私恩，所以，我没有义务服从你，更没有必要奉承你！身为宰相，凡事只能以社稷为重，一切必须以纲纪为凭，即便各执一词，争的也是公益，不是私利；倘若意见相同，也是出于公心，并非交情。

既然如此，也就谈不上什么知恩图报，更谈不上什么恩将仇报！

萧嵩晕死。

碰上这么个一根筋的，他除了骂自己瞎了眼之外，还能怎么办？难不成昨天刚跟皇帝说，这是个人才，让他上去！今天又跟皇帝讲，这家伙不行，让他下来！

这不是自打耳光吗？

不能这么干。

所以，只能忍。

韩休入相，不仅把萧嵩搞得郁闷透顶，也让玄宗觉得很不舒服。

因为他总是动不动就犯言直谏，甚至还敢和玄宗面折廷争。

有一次，一个叫李美玉的万年县尉不知何事触怒了玄宗，玄宗大发雷霆，下令将其流放岭南。韩休闻讯，立刻入宫进谏，说：“李美玉官职卑微，所犯的也不过是芝麻绿豆大的事，可朝廷有一个大奸，却长期为非作歹，逍遥法外，臣斗胆请问陛下，为何执法不一？”

玄宗大为不悦：“你说谁是大奸？”

“金吾大将军程伯献！”韩休大声说，“此人依恃陛下恩宠，不仅贪赃枉法，而且所居宅邸，所乘车马，所用服饰，皆超越礼制，臣请陛下先治程伯献，再惩李美玉。”

韩休所说的这个程伯献，是大宦官高力士的拜把子兄弟，几年前高力士的母亲麦氏出殡，这家伙披麻戴孝，呼天抢地，哭得比亲儿子还惨。由于玄宗极度宠幸高力士，所以爱屋及乌，连带着对这个程伯献也是恩宠有加。程伯献仗着老大和天子撑腰，有恃无恐，屡屡触犯国法，韩休老早就想收拾他了，这次总算逮着了一个借题发挥的机会。

玄宗闻言，半晌不语。许久，才瓮声瓮气地说：“程伯献的事，朕自有分寸，你不要把什么事都扯在一块。今日只谈李美玉，不谈程伯献。”

可韩休却不依不饶：“李美玉只犯了细微过失，陛下就不能容他；程伯献大奸巨滑，陛下岂能不闻不问?!今日陛下若不惩治程伯献，臣必不敢奉诏流放李美玉。”

玄宗一下子给呛住了。

这一刻，玄宗真想让人把韩休拖出大殿，可后来想一想还是忍了。为了一个小小的李美玉就跟宰相撕破脸皮，实在不值，而且显得自己太没雅量。

最后，玄宗勉强挤出一丝笑容，夸奖了韩休几句，内容不外乎是“爱卿公忠切直，朕心甚慰”之类，然后就撤销了流放李美玉的诏令。

经过这件事后，玄宗真是有点怕了韩休，一如他当初对硬骨头宋璟也是又敬又怕一样。

的确，韩休确实颇有宋璟当年的风范。自从开元十三年封禅泰山以来，帝国似乎很久没有出现过这样的宰相了。所以，当宋璟听说这件事后，忍不住对韩休大加赞叹，说：“不谓韩休乃能如是，仁者之勇也！”（《旧唐书·韩休传》）

宰相既仁且勇，天子就注定难以逍遥。

自韩休上台后，玄宗的业余文化生活就受到了诸多限制。比如有时候在宫中宴饮作乐，或者到禁苑打猎，玩的时间稍微长一点，玄宗就会惴惴不安地问左右："韩休知不知道朕在这里？"可往往是话音刚落，韩休的一纸谏书就到了，正在兴头上的天子顿时意兴阑珊，好生没趣。

在这种无时不在、无处不在的约束下，玄宗自然是郁郁寡欢。日子一长，人居然瘦了一圈。每当玄宗揽镜自照，看见镜子里日渐消瘦的容颜，都忍不住长吁短叹。这个时候，身边的宦官就会替天子打抱不平，说："自从韩休那老头当宰相，陛下不知道比以前瘦了多少，与其受他管束，还不如把他轰走算了！"

玄宗摇头苦笑，长叹道："吾貌虽瘦，天下必肥！萧嵩奏事总是顺从我的意思，退朝后，我睡不安稳；韩休奏事经常力争，退朝后，我梦稳心安。所以，用韩休，是为了社稷，不是为了我个人。"

开元中后期，玄宗正处在由明而昏的蜕变过程中，虽然早年那种励精图治、克己自律的精神已经丧失大半，但还是没有发展到天宝后期那种荒疏朝政、骄奢淫逸的地步，所以，此时的玄宗还能说出这种比较有理性的话。尤其是"吾貌虽瘦，天下必肥"这八个字，虽说略显矫情，但总体上还是真实反映了玄宗此时的心态。

换言之，在这个转型期内，一旦天理和人欲在内心交战，一旦国家利益与帝王私欲产生冲突，玄宗多半还是会尊重前者，压抑后者。然而，随着时间的推移，玄宗内心的天平便不可逆转地朝向后者倾斜了，以至最终把盛世帝国一步步推向了万丈深渊。

当然了，这是后话。

随着韩休谏诤力度的不断加大，玄宗的心理承受力逐渐达到了一个临界点。

就算到目前为止，玄宗的理性还能在一定程度上战胜感性，但是有这么一个严厉苛刻的宰相经常在耳边聒噪，总不是一件让人很舒服的事。再者，韩休和萧嵩又成天在他面前死掐，也让玄宗感到很厌烦。

正当玄宗为此大伤脑筋的时候，萧嵩主动站出来打破僵局了。

他向玄宗提交了辞呈。

玄宗大为意外，说："朕又没有厌恶你，你何必急着走？"

萧嵩说："臣蒙受皇上厚恩，忝居相位，富贵已极。在陛下不厌弃臣时，臣尚可从容引退；如已厌弃臣，臣脑袋尚且不保，如何自愿引退？"话刚说完，两行委屈的泪水已经夺眶而出。

玄宗顿时也有些伤感，想来想去也不知道该说什么，最后只好长叹一声，说："你且回去，让朕慢慢考虑。"

萧嵩的辞职请求究竟是一种以退为进的要挟，还是一种迫于无奈的选择，实在是很难说。对此，玄宗也不好下断语。但是，有一点是毋庸置疑的——事情发展到这一步，的确让所有人都很不愉快，所以，必须拿出一个解决的办法。

那么，该不该让萧嵩退休呢？

还有那个不让人省心的韩休，是不是也一块休了算了？

玄宗为这个问题又头疼了好几天，最后还是采取了那个最简单也最有效的老办法——让两个人一块下台。

眼不见为净，耳不听不烦！

开元二十一年年底，玄宗把萧嵩罢为尚书左丞，把韩休罢为工部尚书，同日启用了两个新宰相，一个是裴耀卿，还有一个，就是曾为后世留下"海上生明月，天涯共此时"之千古名句的著名诗人——张九龄。

张九龄，岭南人，祖上曾当过韶州别驾的小官，后来几代人都是普通老百姓，可以说是典型的草根出身。虽然出身并不高贵，但是张九龄从小就聪明好学，写得一手漂亮文章。（《旧唐书·张九龄传》："幼聪敏，善属文。"）

十三岁那年，张九龄把自己的作品寄给了广州刺史王方庆，王方庆阅后大为赞叹，连声说："这孩子不得了，前程不可限量！"几年后，张九龄赴京参加进士科考，果然一举中第，被授予校书郎之职。当时玄宗还在当太子，有意搜罗天下的才学之士，亲自在东宫举行"策问"，张九龄前往应试，又拔头筹，遂擢升为右拾遗。

从此，张九龄在朝中声名鹊起。每当吏部要考核候补官员或举行科考，必命张九龄出任考官，根据候选人或考生的文章和综合表现，专门负责评定等级。每次张榜，各方都对张九龄甚为称道，认为他的评选结果公平合理。不久，张九龄又升任司勋员外郎。

开元中期，时任中书令的张说对张九龄的才华极为赏识，不仅将他提拔为中书舍人，而且放下首席宰相的架子，跟他认了同宗，此外还逢人便说：“这个年轻人，将来必成一代词宗、文坛领袖。”

张九龄感念张说的知遇之恩，从此竭尽忠诚，成了张说的心腹。后来，张说被宇文融等人整垮，张九龄受到牵连，被贬出朝廷，历任几个地方的刺史和都督。

当初张说兼领集贤院时，曾多次向玄宗推荐张九龄，称他可以作为决策顾问。张说死后，玄宗想起张说的荐言，遂召张九龄回朝，拜秘书少监，兼集贤院学士、副院长，旋即又擢任中书侍郎。此后，张九龄经常向玄宗呈上密奏，且多数受到采纳，对朝政颇有贡献。所以，当韩休和萧嵩双双下台后，张九龄自然就成了新宰相的不二人选。

从张九龄和裴耀卿日后的表现来看，玄宗应该会感到庆幸。

因为，这两个宰相不仅品行高洁，才华横溢，能力出众，而且最重要的是——他们能够精诚团结，和衷共济！

对于经历了长期宰相纷争的玄宗朝廷而言，没有什么能比“精诚团结、和衷共济”这八个字更为宝贵的了。

然而，令人遗憾的是，这种来之不易的安定局面并没有维持太久，帝国大擂台马上就出现了新一轮的对决。

因为，张九龄和裴耀卿刚刚上台，有个新的打擂者就紧随其后，闪亮登场了。

这个人就是李林甫。

# 第二章
# 权相李林甫登场

## 李林甫：一个问题青年的奋斗史

李林甫是李唐宗室出身，论辈分，玄宗李隆基还得管他叫叔叔。

虽然出身高贵，但是李林甫的起点却很低。因为他们这一支是李唐皇族的旁系，而且混得不怎么好，可以说一代不如一代。

李林甫的曾祖父李叔良，是唐高祖李渊的堂弟，封长平王，官任刑部侍郎，死后赠灵州总管，从二品；祖父李孝斌官至原州长史，从五品；父亲李思诲最不如意，终其一生只混了个扬府参军，正七品。到了李林甫这一代，虽然尚有恩荫的资格，但他入仕之初，也不过是个小小的千牛直长（宫廷侍卫官）。

因为门庭衰微，所以李林甫从小就有强烈的出人头地、光大门楣的欲望。

但是，要靠什么出人头地呢？

他父亲这头是没戏了，一个小小的扬府参军，根本帮不上他什么忙。所幸，李林甫的母亲这一系，算是出了个有头有脸的人物。

这个人就是玄宗早年的好友兼后来的宠臣——楚国公姜皎。

他是李林甫的舅舅。

靠着舅舅姜皎的提携，李林甫在开元初年当上了太子中允，正五品，算是一举进入了“通贵”的行列。可以想见，假如姜皎没有在开元十年的废后风波中意外死亡，李林甫足以凭着这层关系再往上蹿几级，仕途肯定会顺利得多。

可是，这棵庇荫的大树一倒，他就只能另觅高枝了。

经过一番努力，李林甫又攀上了宰相源乾曜的儿子源洁，和他结成了好友。当时源乾曜官居侍中，是朝廷的二把手。李林甫就托源洁去跟他父亲求情，想调一个司门郎中的职务。所谓司门郎中，是指三省六部的中层官员，相当于今天各部委的司长，虽然官阶不是很高，但手中握有实权，比太子中允这样的闲职好得多。

李林甫原以为这件事十拿九稳，没想到源乾曜竟然一口回绝。

而且源乾曜还说了一句很不客气的话，让李林甫一辈子铭心刻骨。

他说："郎官必须由品行端正、有才能、有声望的人担任，哥奴（李林甫的小名）岂是做郎官的料?!"

言下之意，李林甫在他眼中就是一个品行、才能和名声都不怎么样的人，简直就是个问题青年。

毫无疑问，这句话深深刺痛了李林甫。

在我们的经验中，一个人年轻时倘若在某个方面遇到了强烈的精神刺激，日后在这个方面必然会有强烈的反弹。换句话说，年轻时受些刺激未尝不是件好事，因为他会激发人的斗志，迫使人更快地成长。用佛教术语来说，一个人在成长过程中遇到的正面助力，称之为"增上缘"，反面助力则称之为"逆增上缘"。对于李林甫而言，姜皎就是他的增上缘，而源乾曜差不多可以算是他的逆增上缘。从这个意义上说，源乾曜那句十分伤人自尊的话，未尝不是李林甫后来拼命往上爬的主要动力之一。

你说我哥奴不是当郎官的料，那咱们就走着瞧，看我将来到底是个什么料！

后来的事实证明，李林甫是当宰相的料。

而且他这个宰相的含金量，显然比源乾曜要大得多。

因为他在宰相的位子上一坐就将近二十年，是玄宗一朝任职时间最长、权势最大、恩宠最隆、对后来历史影响最为深远的一个宰相。

这一层，当然是源乾曜无论如何也不会想到的。

在随后的几年中，李林甫历任太子谕德、国子司业等职，官阶略有提升，但职权仍然不大。直到开元十四年，李林甫攀上了当时玄宗跟前的大红人宇文融，才在他的援引下就任御史中丞，真正进入实权部门。

就是在一年，李林甫和宇文融联手扳倒了张说，在帝国政坛上初露峥嵘，一举赢得了朝野的关注。随后，李林甫历任刑部、吏部侍郎，官阶虽然都只是四品，但拥有的权力显然一次比一次更大。

当年那个名不见经传的哥奴，就这样一步一步迈上了帝国的政治高层。但是，他绝不满足于此。

他的目标是——大唐宰相。

为了实现这个目标，李林甫开始不遗余力地打造自己的关系网。与一般官员不同的是，李林甫并没有在朝臣中拉帮结派。在他看来，这么做有缔结朋党的嫌疑，容易引起皇帝的猜忌和政敌的攻击，显然是不明智的。所以，李林甫把目光从外朝转向了内宫，专门结交两类人：一是宦官，二是妃嫔。

这两种人靠皇帝最近，最了解皇帝的性情、好恶、想法，也最有可能对皇帝的各种决定产生微妙的影响。就此而言，他（她）们对朝政的影响力有时候甚至比朝中的大臣们更大。因此，谁要是跟这两种人交上朋友，谁也就掌握了所有跟皇帝有关的第一手信息。试问，这样的人想投皇帝所好，不是一投一个准吗？

由于宫中的宦官和妃嫔都从李林甫这里得了不少好处，同时也向他反馈了很多有价值的信息，所以李林甫每次入宫奏事，总能符合皇帝的心意。渐渐地，玄宗对他的好感与日俱增，李林甫也强烈感受到了皇帝对他的赏识和信任。

可李林甫知道，这仅仅是个开始。要想登上宰相的宝座，必须在宫中寻找更强有力的政治同盟。换句话说，仅仅结交妃嫔是不够的，还必须结交最得宠的那一个；仅仅结交宦官也是不够的，还必须结交最得宠的那一个！

如今的后宫，最得宠的妃嫔是谁？

那当然是武惠妃了。可是，李林甫如何跟武惠妃套近乎呢？谁都知道，武惠妃虽无皇后之名，却是后宫事实上的女主人，玄宗对她的宠幸无以复加。像这样的女人，要风有风要雨得雨，几乎啥都不缺，李林甫凭什么跟人家交朋友？

是的，表面上看，这是个问题。

可在李林甫看来，这不是问题。

因为，再密的鸡蛋也有缝。说白了，武惠妃不过是个因美色而得宠的女人罢了，别看她在人前风光无限，其实心里始终怀有色衰爱弛的恐惧。所以，她虽然看上去什么都不缺，但唯独缺了一样东西——保障。

如果不能在皇帝对她产生厌倦之前扳倒太子，让自己的儿子寿王李瑁入主东宫，那么一旦天子移情别恋，她拥有的一切就会像海滩上的沙堡一样瞬间被潮水吞没。

可是，想要废立太子又谈何容易?!武惠妃虽是后宫之主，但她的手再长，也伸不到东宫，伸不到外朝。因此，要想让东宫易主，她就必须在外朝的大臣中寻找可靠的支持者，舍此之外，别无他途。

基于上述理由，李林甫就有百分之百的把握相信，武惠妃绝不会拒绝他抛过去的橄榄枝。

很快，李林甫就通过一些宦官跟武惠妃搭上了线，然后托人给她送去了一句话——愿保护寿王。

这五个字言约旨远、意味深长，足以让武惠妃感到莫大的欣慰。

武惠妃笑了。李大人公忠体国，深谋远虑，前程一定不可限量，日后还望多多关照!

李林甫也笑了。娘娘不必客气，只要是李某办得到的事情，一定尽心竭力，在所不辞!

为了让吏部侍郎李大人“办得到”更多的事情，武惠妃随即在玄宗耳边大吹枕头风，极力赞美李林甫，恨不得一夜之间就把他拱上宰相之位。不久，李林甫便从吏部调任门下省，担任黄门侍郎。虽然从官阶上说属于平调，但是从职权上来看，这绝非一般的调动，而是非常重要的一步升迁。

至此，李林甫距宰相之位仅剩下半步之遥。

与武惠妃结盟后，李林甫又迅速把目光转向了玄宗最宠幸的宦官——高力士。

相对于武惠妃而言，如何找到高力士身上的软肋，让李林甫煞费了一番苦心。

因为从某种程度上说，高力士就是天子的代言人。他所拥有的权势，不但满朝文武难以望其项背，甚至连宰相也要自叹弗如。像这样的牛人，该从什么地方下手？想巴结他吧，朝野上下等着拍他马屁的人多了去了，李林甫未必排得上号；想跟他做交易吧，人家权势熏天，啥也不稀罕。总之，要想找出高力士身上的软肋，可谓难上加难！

不过，李林甫之所以是李林甫，就在于他对人性的洞察力比别人细微得多，也深刻得多。所以他始终坚信——只要是人，就有弱点。

“当我们要应付一个人的时候，应该记住，我们不是在应付理论的动物，而是在应付感情的动物。”

李林甫虽然没来得及读卡耐基的成功学，可他很清楚，这个世界上并非所有人都适合用利益去摆平的。对大多数人，你当然只能从利益入手，否则你就是迂腐；可对某些人，你却必须从感情入手，否则你就是愚蠢。

武惠妃就属于前者，而高力士则属于后者。

根据李林甫的观察，高力士这个人外冷内热，心思细腻，重感情，而且最重要的是——他很念旧。

他念谁的旧？

武三思。

想当年，高力士被武曌驱逐出宫、流落街头，就是被武三思门下的宦官高延福收养的，后来，又是武三思跟武曌求情，高力士才回到了皇宫。所以，高力士一辈子都感念武三思的恩德，总想找机会报答。

到了高力士得势的时候，武三思和几个儿子都已死去多年，高力士无从报恩，就对武三思的女儿（侍中裴光庭之妻）格外照顾，凡武氏有所请托，他几乎没有不答应的。

由此可见，小女人武氏就是大宦官高力士的软肋。

只要摆平武氏，就不难搞定高力士。

可是，要如何摆平武氏呢？

这个问题当然是难不倒李林甫的。虽然武氏已经有了一个贵为宰相的丈夫裴光庭，但这并不表示武氏就会一辈子从一而终。尤其是在婚外恋大行其道的唐朝，一个贵妇人在老公之外多找一两个情人，更不是什么新鲜事儿。

事实证明，武氏确实有一个情人。

这个人正是李林甫。

很显然，李林甫之所以和武氏搞婚外恋，并不是出于什么纯洁的爱情，而纯粹是为了利用武氏与高力士的这层特殊关系。

开元二十一年春，裴光庭病逝，武氏勉强挤了几滴眼泪，可还未做足丧夫之痛的样子，就急不可耐地去找高力士，要求他举荐李林甫继任侍中。

高力士大感为难。

这毕竟是宰相之位啊，岂是他一个宦官可以指手画脚的？

高力士虽然荣宠无匹、权倾内外，可他这个人最大的优点就是小心谨慎，再怎么得意也不会忘形。玄宗正是看上了他这一点，才会给予他那么大的恩宠和权力。所以，武氏的这个请托，高力士无论如何也不敢答应。

这件事没有办成，高力士难免对武氏心怀歉疚。为了缓解这种歉疚，高力士随后便经常在玄宗面前说李林甫的好话。除此之外，他还一直想找一个机会补偿。不久，萧嵩举荐韩休为相，玄宗同意，但外界还不知道这个消息，高力士意识到补偿的机会来了，便在第一时间把消息透露给了武氏，武氏又立刻告知了李林甫。

宰相人选在正式公布之前，当然属于朝廷最高机密。而李林甫当然也知道，高力士把这个机密透露给他，是想让他在新宰相面前讨个好。

李林甫随即去找韩休，一见面就口口声声向他祝贺道喜。

韩休被弄得莫名其妙，问他何喜之有。

李林甫带着一脸神秘的笑容说，大人不必多问，三日之内，必有好事登门，届时方知李某所言不虚。

果不其然，第二天，韩休拜相的诏书就到了。韩休顿时又惊又喜，从此对李林甫产生了莫大的好感。虽然过后韩休也知道举荐他的人是萧嵩，不是李林甫，可因为和萧嵩存在工作上的摩擦，心里不愿对他存感恩之念，于是便不自觉地把李林甫当成了生命中的贵人。

一年后，韩休从宰相的位子上退了下来，离职时什么话都没说，唯独对玄宗说了一件事——李林甫才堪大用，可为宰相。

好了，到此为止，李林甫已经先后摆平了皇帝身边的三类人：妃嫔、宦官、大臣。准确地说，是摆平了这三类人的代表。

做完这一切，李林甫就等于在玄宗周围打造了一个完整的包围圈。

在这个无形而又坚固的包围圈中，玄宗屡屡听到他最宠爱的妃子对李林甫的赞美，也时常听到他最信任的宦官对李林甫的夸奖，最后还听到了他最敬畏的宰相对李林甫的郑重举荐……如此种种，简直可以用“众望所归”来形容；如此种种，玄宗又岂能无动于衷？

如果连这样一位众望所归的大臣都没有资格当宰相，那还有谁比他更有资格？

更何况，玄宗本人对李林甫的印象也一直很好。来自身边的所有这些好评，恰好与他的想法不谋而合，进一步证实了他对李林甫的观感。

所以，啥也别说了，拜相没商量！

开元二十二年（公元734年）五月，李林甫被玄宗任命为礼部尚书、同中书门下三品，位列中书令张九龄、侍中裴耀卿之后，成了这一届宰相班子中的第三号人物。

经过多年奋斗，李林甫终于成功了。

当年那个被源乾曜视为问题青年的哥奴，如今总算修成正果，成了堂堂的帝国宰相。

也许在别人眼中，这已经是难以想象的巨大成功了，可在李林甫看来，这只不过是新一轮奋斗的起点而已。

换言之，入阁拜相对于李林甫来说，只能算是获得了一种上场打擂的资格。

他的终极目标是——击败所有人，成为帝国擂台上无人可以比肩、无人敢于挑战的擂主；排除一切障碍，成为一人之下、万人之上的首席宰相！

## 冰与火的较量

李林甫来了。

当这个新的打擂者带着一脸诡谲莫测的笑容走上擂台时，现任擂主张九龄不由自主地感到了一股寒意。

他心里迅速掠过一个念头——来者不善。

是的，张九龄的感觉没错，无论从哪一个方面来看，他和李林甫都是一对宿命的天敌。

张九龄虽出身寒门，但却才华横溢，品性高洁；李林甫虽出身皇族，但却学识浅陋，工于权谋。

张九龄之所以入仕，是为了报效社稷、利济苍生，是为了实现“致君尧舜上，再使风俗淳”的政治理想。

而李林甫之所以为官，是为了获得权力、地位、金钱、美色等诸如此类的东西，是为了实现自身利益的最大化。

在张九龄眼中，这个世界就是一袭等待他落笔挥毫的白绢，所以他的一言一行、一举一动，莫不遵循古圣先贤的教诲，莫不听从内心的道德召唤。

可对李林甫来讲，这个世界却是一座弱肉强食、优胜劣汰的丛林，所以他无时不在盘算着——谁是下一个可以利用的盟友，谁又是下一个必须铲除的政敌。

一言以蔽之，张九龄是个典型的理想主义者，李林甫则是个极端的现实主义者。

如果把张九龄比喻为一株冰山雪莲，那么李林甫则无异于一团红尘烈火。这样的两个人碰到一起，注定不共戴天，注定会有一场冰与火的较量！

其实，早在李林甫即将入相之前，他和张九龄的暗战就已经开始了。当时，玄宗出于对首席宰相张九龄的尊重，就询问他对李林甫入相的看法。张九龄的回答是：“宰相关系到国家安危，陛下用李林甫为相，臣担心将来会成为宗庙社稷之忧。”

言下之意，李林甫不但不是什么好鸟，而且迟早会败坏朝政、祸国殃民。

玄宗一听，心里老大不舒服。

朕跟你商量是给你面子，你不同意就说不同意，何必如此危言耸听呢？再怎么说，这也是朕看上的人，就算不是什么栋梁之才，至少也是个能臣干吏吧，怎么就被你说得如此卑劣不堪、一文不值呢？

玄宗没理睬自命清高的张九龄，而是按原计划把李林甫提了上来。

李林甫入相后，很快就听说了张九龄给他的那句评价。

可想而知，就像当年源乾曜的随口一说就让李林甫记了大半辈子一样，现在张九龄的这句无端贬斥更是让他怒火中烧，恨入骨髓。

伤自尊了，忒伤自尊了！

从这一刻起，张九龄就成了李林甫眼中的头号政敌。

可想而知，无论是为了争夺首席宰相之位，还是为了报此一箭之仇，李林甫都绝不会善罢甘休。

不过，李林甫是一个善于观察形势的人。他知道，现在还不是出手的时候。

因为张九龄是张说的高徒，是继张说之后又一个名冠天下的文章圣手，而玄宗为了粉饰太平，必须依靠这种文学宰相来装点门面，所以对张九龄非常赏识和器重。在此情况下，李林甫当然只能作出一副毕恭毕敬的模样，在张九龄面前装孙子。（《资治通鉴》卷二一四："时九龄方以文学为上所重，林甫虽恨，犹曲意事之。"）

在此后两年多的时间里，李林甫始终夹着尾巴做人，表面上对张九龄服服帖帖、唯命是从，实则一直在耐心等待翻身做主的时机。到了开元二十四年（公元736年）冬天，李林甫终于敏锐地抓住一个机会，开始了对张九龄的反击。

这一年十月，玄宗朝廷正在东都洛阳，原本预计要待到明年春天才返回西京长安，不料洛阳宫中忽然闹起了妖怪，搞得上上下下人心惶惶。玄宗非常不安，连忙召集宰相商议，准备提前回京。

当时正值农民收割的季节，皇帝御驾出行必定会影响沿途农田的正常收割，所以张九龄和裴耀卿都坚决反对，认为这么做会扰民，应该等到仲冬农闲时再出发。

玄宗一听，心里大为郁闷。

现在宫中闹鬼，他每天晚上都睡不踏实，恨不得马上就走，本来是想让宰相们赶紧准备一下，即日启程，没想到他们却一口反对，而且提出的理由又让人难以反驳。玄宗很不爽，只好拉长了脸不说话。

李林甫察言观色，心里早就有了主意，于是一声不响。

片刻后，玄宗挥手让他们退下，李林甫故意磨磨蹭蹭地落在张九龄和裴耀卿后面，等到看着他们退出大殿，马上返身回到玄宗跟前，说："长安和洛阳，不过是陛下的东宫和西宫而已，想来就来，想走就走，何必等什么日子？假如真的妨碍农人收割，那就免除沿途百姓今冬的租税，不就什么事都没了吗？臣建议，陛下现在就向百官宣布，明天便可启程回京。"

玄宗闻言，顿时龙颜大悦，随即下令文武百官马上收拾东西，次日返回长安。

张九龄和裴耀卿接到天子的敕令时，不禁面面相觑。

他们知道，这是李林甫出的主意。

可他们却不得不承认——这的确是个聪明的主意。

张、裴二相一心只想着百姓的利益，却不惜以忤逆皇帝为代价，其做法未免有些顾此失彼；可李林甫不仅讨好了皇帝，而且还顾全了百姓的利益，如此两边讨好的做法，岂不比张、裴二人高明许多？

经此一事，玄宗对李林甫的好感又提升了一大截。反之，张九龄和裴耀卿在玄宗心目中的地位则不可避免地发生了动摇。

经过这次小小的火力侦察，李林甫基本上可以得出一个结论——张九龄远远不像看上去的那么强大。

进而言之，张九龄身上有一个致命的死穴。

这个死穴就在于——他过高地估计了皇帝的纳谏雅量，又严重地低估了皇帝的权力意志！

李林甫相信，像张九龄这种自命清高又不识时务的宰相，迟早会在至高无上的天子权威面前撞得头破血流。因此，在他和张九龄的这场较量中，李林甫知道自己根本不用花费多大力气，只须在皇帝身边煽风点火、旁敲侧击，张九龄就会乖乖地卷铺盖滚蛋！

换句话说，像张九龄这种“事无细大皆力争”（《资治通鉴》卷二一四）的姿态，其实是一种政治上的自杀行为，短时间内没有问题，可日子一长，必定会遭致皇帝的厌恶。就像一块貌似坚硬的冰，在适宜的低温环境中固然显得铁骨铮铮，可要是周围温度一旦升高，它的命运就是彻底融化。

对于这样一块冰，李林甫根本无须动手敲碎它，只要在它旁边升起一团火，再把火烧得旺一些，这样就够了。

不出李林甫所料，从洛阳回到长安没几天，张九龄就又因为一件事情和玄宗干上了。

这件事是关于朔方节度使牛仙客的任命与封赏。

牛仙客是边陲小吏出身，因精勤诚信，忠于职守，且立有战功，备受历任河西节度使的赏识，所以屡获升迁，从一个默默无闻的小吏一路升到了河西节度使。他在河西任职时，朝中就盛传他不仅恪尽职守，而且善于理财，把河西治理得很好，但具体情况究竟如何也没人知道。后来，牛仙客奉命调任朔方节度使，他的继任者到河西一看，发现这个牛仙客实在不简单——虽然他和其他节度使拿着同样的经费，可辖区内的粮食储备却异常丰盈，武器装备也比其他地方精良得多。这个继任者大为叹服，不敢掠美，赶紧把牛仙客的政绩如实向朝廷作了禀报。

玄宗闻报，随即遣使前往河西视察，发现情况确实如同奏章所言。玄宗非常高兴，觉得这个牛仙客是个不可多得的人才，马上准备把他调回朝中担任尚书。

可玄宗没想到，他刚一把事情提出来，就遭到了张九龄的否决。

张九龄说："尚书是非常重要的职位，自大唐立国以来，这个职位要么是由卸任的宰相出任，要么是由名望、德行和才干三者兼备的人担任，牛仙客早年不过是个边疆小吏，如今突然位居要津，臣担心这么做会有辱朝廷的声誉。"

玄宗知道，张九龄一旦出言谏诤，必定不会让步，如果自己一再坚持，最后肯定又会闹得很不愉快。玄宗无奈，只好作出妥协，说："既然如此，那么只加实封总可以吧？"所谓实封，就是分封爵位，同时赏赐相应户数的食邑。

"不可以！"玄宗话音刚落，张九龄立刻斩钉截铁地说，"封爵是用来赏赐给有功之臣的。牛仙客作为边防将领，充实武库、修备兵器是他的应尽职责，也属于日常事务，不能称为功勋。陛下如果要勉励他的勤劳，可以赐给他金帛财物，要是分封爵位，恐怕不太妥当。"

无语了。

碰上如此强悍的宰相，玄宗实在是无语了。

他之所以主动退了一步，就是想避免这种君臣相争的尴尬局面，没想到这个不知变通的张九龄还是硬生生把他逼到了墙角，真是让他既无奈又窝火。

不过，让玄宗感到欣慰的是，并不是每个宰相都像张九龄这么不通情理。

当天散朝后，李林甫没有跟文武百官一起退出大殿，而是留了下来，单独对玄宗说："仙客有宰相之才，任尚书有何不可？九龄只是一介书生，不识大体，陛下不必理会他。"

有了李林甫的支持，玄宗的底气就足了。在第二天的朝会上，玄宗再次提出要加牛仙客实封。

当然，张九龄还是坚决反对。

玄宗勃然作色，厉声道："难道什么事都由你做主吗？"

张九龄一震，连忙跪地叩首，说："陛下不察臣之愚昧，让臣忝居相位，事有不妥，臣不敢不尽言。"

玄宗冷笑："卿嫌仙客寒微，如卿有何阀阅？"（《资治通鉴》卷二一四）

你嫌牛仙客出身寒微，可你自己又是什么名门望族？

完了，皇帝说出这样的话，根本不是在讨论事情，而是在进行赤裸裸的人身攻击了！

这场廷议进行到这里，满朝文武都不禁替张九龄捏了一把汗。在他们的印象中，天子李隆基似乎很少当着百官的面发这么大的脾气，如果张九龄识趣的话，到此就该偃旗息鼓、鸣金收兵了。说到底，这也不是什么关乎社稷安危的大事，让天子自己做一回主也是理所应当的，你张九龄低个头、服个软，这事就算过去了，何必如此不识好歹地死扛，让自己和天子都下不来台呢?!

可是，百官们万万没有料到，这个不识好歹的张九龄还偏偏就死扛到底了！

只见他抬起头来，迎着天子的目光，一脸正色地说："臣是岭南蛮荒之地的微贱之人，比不上仙客生于中原。但是，臣毕竟出入台阁、掌理诰命多年，而仙客再怎么说也是个目不知书的边隅小吏，若予以大任，恐怕难孚众望。"

此言一出，说好听点叫做据理力争，说难听点就叫做反唇相讥了。张九龄这种恃才傲物、目中无人的名士做派和认死理的劲头，比之当初的"硬骨头"宋璟和"一根筋"韩休，真可以说是有过之而无不及！

可想而知，玄宗被彻底激怒了。

他忽地一下站起身来，头也不回地拂袖而去，把面面相觑的文武百官全都扔在了鸦雀无声的大殿里。

当天的朝会再次不欢而散。

看着如此火爆的一幕，李林甫无声地笑了。

当天下午，李林甫就通过内侍宦官给玄宗捎去了一句话——"苟有才识，何必辞学！天子用人，有何不可？"（《资治通鉴》卷二一四）

玄宗闻言，不禁在心里再次发出感叹：看来还是李林甫最贴心啊！

几天后，玄宗断然发布了一道敕令——赐牛仙客陇西县公之爵，实封食邑三百户。

这回轮到张九龄彻底无语了。

牛仙客事件后，张九龄在玄宗心目中的地位一落千丈，与此同时，李林甫则扶摇直上，成了玄宗跟前的大红人。虽然李林甫在名义上还不是首席宰相，但玄宗对他的信任和倚重已经远远超过了张九龄。

局面演变到这一步，张九龄在玄宗眼中仅存的最后一个优点，也就是他那不计个人得失的坦荡公心了。尽管玄宗对张九龄的名士做派越来越难以忍受，可他也知道——无论张九龄如何与他面折廷争，毕竟是出于公心，并非出于一己之私。所以，至少在表面上，玄宗还必须尊重这样的宰相。

然而，谁也没有料到，短短几天之后，张九龄的宰相生涯就忽然终结了。

而他被罢相的最主要原因，居然是他最不可能犯的毛病——徇私。

张九龄会“徇私”吗？

这个终身坚守道德理想，一贯孤高耿介、清谨自律的张九龄，怎么可能“徇私”呢?!

张九龄最终之所以背上这个罪名，恰恰是因为他那孤傲清高、宁折不弯的性格。当然，同时也要拜他的死对头李林甫之所赐。

## 最后一击：张九龄罢相

众所周知，李林甫虽是皇族出身，但是家道中落，从小就没受过多少正规教育，加上他自己对读书也没啥兴趣，所以自从入仕之后，就一直因不学无术而遭人诟病，同时也闹了不少笑话。

比如有一回，他的表弟太常少卿姜度（姜皎之子）添了个儿子，朝臣们纷纷前去道贺。李林甫也赶紧写了封贺信，连同贺礼一起让人送了过去。

宰相表哥这么给面子，姜度当然很高兴，随即当着宾客的面拆读贺信，打算好好显摆一下。没想到刚刚把信拆开，姜度就傻眼了，慌忙要把信合上。可是，有几个眼尖的宾客早就已经把信上的内容看得一清二楚了。

原来，宰相大人的信上赫然写着："闻有弄獐之庆……"

众宾客一看，顿时忍俊不禁，纷纷掩口。

古人通常把生儿子称为"弄璋之庆"。"璋"是一种玉器，"弄璋"就是怀抱玉器的意思，是预祝新生儿一生吉祥富贵的象征。而李林甫却把玉器的"璋"写成了动物的"獐"，意思等于说人家的儿子抱着一只脏兮兮的獐鹿在玩，错得实在离谱。要是一般人也就罢了，可堂堂帝国宰相兼礼部尚书却犯这种低级错误，简直是匪夷所思。

从此，李林甫就有了"弄獐宰相"的美誉。

常言道物以类聚，人以群分，李林甫自己没文化，手下自然就有半文盲，比如他引荐的一个户部侍郎萧炅，就跟他一样是个白字先生。有一次，朝中有个同僚办喜事，百官都前去赴宴，萧炅也去了。开席前，大伙在主人的书房里坐着，萧炅闲得无聊，就信手拿起一本《礼记》来翻。翻着翻着，萧炅忽然觉得有个地方不太明白，便不由自主地念出声来。他念出的两个字是"伏猎"。

此时坐在他旁边的人叫严挺之，是张九龄非常赏识的部下，时任中书侍郎。张九龄自己学富五车，他青睐的属下当然也是饱学之士。严挺之一听就知道萧炅念白字了，错把《礼记》中的"伏腊"读成了"伏猎"。所谓"伏腊"，是指一年中的两个祭祀节日：伏日和腊日。《礼记》是古代读书人的必读书，但凡开过童蒙的，几乎无人不识"伏腊"二字，如今这个堂堂的户部侍郎萧炅，居然把它读成了"伏猎"，真是无知得惊人，堪与他的主子"弄獐宰相"李林甫媲美！

严挺之既然是张九龄的人，自然看不起这帮不学无术的家伙，于是故意拿萧炅开涮，提着嗓门大声问他："萧大人，请问您刚才念什么？"

萧炅不知道人家在玩他，还一脸无辜地说："伏猎呀，怎么了？"

在场众人本已掩嘴窃笑，听到这里终于控制不住，登时捧着肚子哄堂大笑。

严挺之也是又好气又好笑，过后就跟张九龄说："朝廷已经出了一个'弄獐宰相'，岂能再来一个'伏猎侍郎'？"

张九龄二话不说，几天后就把萧炅贬出了朝廷，外放为歧州刺史。

就因为这件事，严挺之把李林甫往死里得罪了。

当时张九龄正和李林甫明争暗斗，急欲引严挺之入相，以便增强自身实力，但是严挺之既已得罪李林甫，要想入相势必会有很大障碍，于是张九龄就劝严挺之去应付一下李林甫，说："如今李林甫正得宠，你应该上门去拜访他，跟他缓和一下紧张关系。"

可严挺之根本听不进去。

因为他和张九龄几乎是同一个模子倒出来的，都是一样的孤傲清高，一样的负才使气，因此压根就看不起李林甫这种人，不要说叫他登门求和，就算是李林甫来主动找他，他都未必会给对方好脸色看。

如此一来，严挺之跟李林甫的嫌隙也就越结越深了。

像严挺之这种心里藏不住事的人，自然是把他对李林甫的鄙夷和不屑全都挂在了脸上。可李林甫却不同，无论在什么场合碰见严挺之，他脸上总是一如既往地荡漾着和煦的笑容。

毫无疑问，李林甫脸上的笑容有多和煦，他对严挺之的恨意就有多深。一旦逮着个机会，他一定会让严挺之知道，得罪他李林甫将意味着什么……

开元二十四年末，也就是牛仙客事件刚刚过去不久，朝中就发生了一起贪污案。这本来是一起极为普通的案子，犯案者是一个名叫王元琰的刺史，跟严挺之、张九龄等人丝毫没有瓜葛，但是谁也没有想到，正是这起八竿子打不着的贪污案，却让李林甫一下子抓住了严挺之的把柄，以至最终把首席宰相张九龄也一起拖下了水。

王元琰案发后，按惯例交付三司（大理寺、御史台、刑部）审讯，结果发现证据确凿，罪无可赦，可就在有关部门即将定案之前，有一个女人却找到了严挺之，一把鼻涕一把泪地求他救王元琰一命。

这个女人是王元琰的妻子。

本来，像这种已经铁板钉钉的案子，严挺之是绝对不应该插手、也没有必要插手的，可这一次，严挺之却觉得自己难以推脱，非插手不可。因为，这个女人是他的前妻。

俗话说一日夫妻百日恩，尽管严挺之和这个女人早已离婚，但毕竟还是有一些旧情。严挺之经不住前妻悲悲戚戚地一再恳求，最终动了恻隐之心，决定帮她这一次忙。

此时的严挺之绝对不会想到，就因为他这一次心软，不仅引火烧身，断送了自己的大好前程，而且还连累张九龄背负着“徇私”的罪名下了台，最终还在客观上助成了一代权相李林甫的强势崛起。

就在严挺之不顾一切地替王元琰四处奔走的时候，一双像鹰隼一样锐利的眼睛已经从背后死死盯住了他。

严挺之的一言一行、一举一动，全都落入了这双眼睛之中。

数日后，当李林甫判断严挺之已经完全坐实了徇私枉法的罪名后，才不慌不忙地递上了一份黑材料。

当然，李林甫是一贯谨慎的，他出手伤人的时候，永远不会把自己暴露在明处。所以他没有出面，而是授意自己的手下，把材料递给了宫中的近侍宦官，再由他们转交给了天子李隆基。

这是致命的一击，也是最后的一击。

玄宗看完材料，顿时暴跳如雷。

好你个严挺之，谁给你这么大的胆子，居然敢营救一个已经被定性的贪污犯?!

玄宗当然知道，严挺之背后的人就是他一贯尊重的首席宰相张九龄。为了证实是不是张九龄给了严挺之胆子，玄宗当即召集三位宰相入宫，面无表情地说：“严挺之为了一个女人，胆敢徇私枉法，为罪人王元琰开脱，你们说，这事该怎么办？”

李林甫缄默。

裴耀卿缄默。

张九龄如果聪明的话，此时当然也应该保持缄默。不管他如何器重严挺之，这个时候都只能丢卒保车、壮士断腕，与严挺之彻底撇清干系。假如再聪明一点的话，他甚至应该义正词严地痛骂严挺之几句，然后主动表示自己对属下管教不严，理应承担相应的领导责任。

只有奉行这种明哲保身、以退为进的官场哲学，他才能保住玄宗对他的信任，从而保住首席宰相的乌纱。

只可惜，张九龄没有这么做。

不是因为他不懂，而是因为他不屑。

面对玄宗森寒逼人的目光，张九龄竟然趋前一步，朗声说道：“据臣所知，严挺之已经和这个女人离异，应该没有什么感情，更谈不上什么徇私。”

就是这句话，彻底颠覆了张九龄自己苦心维系了大半生的道德形象，也让玄宗李隆基对他彻底丧失了信任。

玄宗之所以能够容忍他一再违忤圣意、触逆龙鳞，无非是看在其一心为公、从不徇私的份上。可现在倒好，张九龄一句话，就亲手葬送了自己的一世英名，也亲手抹掉了他在玄宗心中残存的最后一丝好感。既然如此，玄宗凭什么还要留他？

玄宗盯着张九龄看了很长时间，最后从鼻孔里发出一声冷哼，说："虽离，乃复有私！"（《资治通鉴》卷二一四）严挺之和他前妻虽已离异，仍旧不免有私心！

玄宗这句话一锤定音，为王元琰贪污案画上了一个句号。同时，也把严挺之和张九龄一块定了性。

次日，玄宗颁下一道诏书：王元琰贪赃受贿，罪证确凿，流放岭南；严挺之徇私枉法，为罪犯开脱罪责，妨碍司法公正，贬为洺州刺史；张九龄不仅徇私包庇属下，且有交结朋党之嫌疑，免去中书令之职，罢为尚书右丞；裴耀卿素与张九龄交厚，也有结党之嫌，免去侍中之职，罢为尚书左丞。

具有讽刺意味的是，就在同一天，在同一份诏书中，玄宗郑重宣布——由李林甫取代张九龄，出任中书令，兼集贤殿大学士；牛仙客就任工部尚书、同中书门下三品。

这两道任命状，就像是狠狠扇在张九龄脸上的两记耳光。

你说李林甫最终将危害朝廷社稷，那朕就让他取代你，让他成为帝国的首席宰相，看他到底如何祸国殃民！

你说牛仙客是边陲小吏，连做尚书的资格都没有，那朕就偏偏让他当尚书，还要让他当宰相，看他当不当得起！

既然朝廷是朕的朝廷，社稷也是朕的社稷，那么只要朕愿意，就没有什么不可以！

是的，只要玄宗李隆基自己愿意，确实是没什么不可以的。

"九龄既得罪，自是朝廷之士，皆容身保位，无复直言。"

"上（李隆基）在位岁久，渐肆奢欲，怠于政事……"（《资治通鉴》卷二一四）

随着张九龄的罢相和李林甫的崛起，唐玄宗李隆基也在由俭入奢、由明而昏的道路上越走越远了。从开元二十四年的这个冬天起，直到天宝十四年（公元755年）那个"渔阳鼙鼓动地来"的冬天，在将近二十年的时间里，在偌大的帝国之中，确实再也没有一个人，可以阻挡大唐天子李隆基走向深渊的脚步。

当然，李隆基是无法预见未来的。

连西方哲学家休谟都十分怀疑明天的太阳是否会照常升起，李隆基又如何预见未来呢？

不要说二十年后的事情，就算接下来马上要发生的这一幕人伦悲剧，也是李隆基自己无论如何都不可能料到的……

## 太子废立

作为一个皇帝，李隆基无疑是历史上少有的成功者，因为他不仅通过个人奋斗攫取了大唐天子的宝座，而且通过不懈努力缔造了彪炳千秋的煌煌盛世，所以，就算用“天纵神武”“雄才伟略”这一类夸张词汇来形容他，似乎也不算过分。然而，作为一个丈夫、一个父亲，李隆基的表现却着实令人不敢恭维。

开元十二年，他无情地废黜了与他同生死、共患难的结发妻子王皇后，导致她随后抑郁而终。时隔十三年后，他又亲手废黜了太子李瑛的储君之位，同时废黜了鄂王李瑶和光王李琚的王爵，在同一天将这三个儿子贬为庶人，旋即又全部赐死。

尽管这些决定都出自玄宗本人之手，但是这一幕毕竟是谁也不愿看见的。

白发人送黑发人，无论如何都是人生中最惨痛的悲剧之一。

那么，这一幕究竟是怎么发生的？到底是什么原因，会导致一个父亲不顾一切地对三个儿子痛下杀手呢？

原因其实很简单——武惠妃容不下他们。

太子李瑛是玄宗的第二子（据说长子李琮小时候被野兽抓伤了脸，故因破相而无缘太子之位），李瑛的生母就是李隆基当年在潞州爱上的那个歌姬赵氏，后来封为赵丽妃。在李隆基当临淄王时，最宠爱的妃子有三个，除了赵丽妃外，还有皇甫德仪和刘才人。皇甫德仪生玄宗第五子鄂王李瑶，刘才人生第八子光王李琚。由于三个母亲都得宠，这三个儿子自然也备受玄宗的疼爱。

然而，几年以后，当那个美艳动人又野心勃勃的武惠妃出现在玄宗身边的时候，一切就都不一样了。李隆基把所有的感情都倾注到了武惠妃和第十八子寿王李瑁的身上，赵丽妃、皇甫德仪和刘才人恩宠渐衰，太子李瑛、鄂王李瑶和光王李琚也随之丧失了原有的父爱。

相同的愤怒、嫉妒和忧伤，迅速在这三个年轻人的心中泛滥开来。

那个妖精武惠妃和她的儿子，凭什么能够后来居上，博得父皇的专宠？父皇身为一国之君，岂能如此偏心，如此薄情，如此寡恩?!

这不公平!

三个同病相怜又血气方刚的年轻人，就这样缔结了一个悲情三人组，时不时地聚在一起互倒苦水、怨天尤人。

在人与人之间，负面情绪是最容易传染的，就像流感一样，只要一个流鼻水，旁边的人很快就会打喷嚏，而太子李瑛的这个悲情组合也是如此，只要其中一个眉头微皱，另外两个必定长吁短叹，最后就是三个人一起捶胸顿足，指天骂地。

太子李瑛并不知道，他和两个弟弟的所有“怨望”言辞，已经一字不漏地落进了一个人的耳中。

这个人就是驸马都尉杨洄（娶武惠妃的女儿咸宜公主）。

自从王皇后被废黜后，武惠妃就把下一个打击目标锁定在了太子身上。她相信，只要抓住太子的把柄，往皇帝那里一捅，再加上宰相李林甫在外朝声援，她就一定能够扳倒太子。

为了掌握太子的一举一动，武惠妃就把窥伺东宫的任务交给了女婿杨洄。

让人感到遗憾的是，太子李瑛恰恰又是一个毫无城府、感情用事的人。他那些怨天尤人的牢骚怪话，非但无以改变自身的处境，反而只能把自己推向绝地，遂了武惠妃的心愿。

开元二十四年冬，杨洄把悲情三人组的怨望言行一五一十地向武惠妃作了报告。武惠妃即刻发飙，跑去向玄宗哭诉：“太子暗中结党，欲图加害妾身母子，而且还用很多难听的话咒骂皇上……”

玄宗勃然大怒，马上召集宰相，准备把太子等三人一起废了。

当时张九龄还在相位上，他当然不允许皇帝随便听几句谗言就废掉太子，于是坚决谏阻，说：“陛下即位将近三十年，太子及诸王不离深宫、日受圣训，天下人都庆幸陛下享国久长、子孙蕃昌。今三子皆已成人，未闻大过，陛下岂能凭无据之词，在盛怒之下尽皆废黜?!况且太子乃天下根本，不能轻易动摇。从前，晋献公听了骊姬的谗言而杀申生，三世大乱；汉武帝听信江充的巫蛊之言问罪太子，京城流血；晋惠帝偏听贾后的一面之词废黜愍怀太子，中原涂炭；隋文帝采纳独孤后之言废杨勇、立杨广，最终丧失天下。由此观之，不可不慎！陛下必欲为此，臣绝对不敢奉诏！”

不就是废黜一个不中用的太子吗？何必跟朕大掉书袋，还一口一个天下大乱、生灵涂炭，朕看你是小题大做、危言耸听！

玄宗脸色铁青，闷声不响。

尽管对张九龄的谏言很不以为然，可废黜太子毕竟不是一件小事，要让玄宗真的撇开宰相一意孤行，他一时倒也下不了决心。

正当玄宗举棋不定之时，李林甫投出他关键的一票了。

当然，李林甫是从来不会跟张九龄发生正面冲突的。在众人廷议的时候，他故意不置一词，一直等到下殿之后，才故伎重施，凑到一个近侍宦官的耳边嘀咕了一句：“此乃皇上家事，何必问外人？”

显而易见，李林甫这句话，有一石三鸟的作用：一、武惠妃对他的拜相出力甚多，他理当回报；二、迎合皇帝，打击张九龄，向首席宰相之位再靠近一步；三、寿王李瑁一旦被立为太子，他李林甫就立下了定策之功，来日李瑁当皇帝，他这个大功臣自然可以把朝政大权牢牢握在手中。

李林甫自以为此言一出，皇帝一定会采取行动，而太子李瑛也一定会乖乖地滚出东宫。可他万万没有料到，就在这个关键时刻，武惠妃自己居然走了一步臭棋，结果就把煮熟的鸭子弄飞了。

正所谓欲速则不达，心急吃不了热豆腐。武惠妃之所以在这件事上功亏一篑，问题就出在她太过心急了。

就在玄宗因张九龄力谏而犹豫不决的当口，武惠妃竟然吩咐一个心腹宦官去跟张九龄传话，说：“有废必有兴，公为之援，宰相可长处。”（《资治通鉴》卷二一四）言下之意，只要你张大人高抬贵手，来日李瑁入继大统，你就有享不尽的荣华富贵。

武惠妃的这个举动堪称愚蠢之极。她明明知道张九龄是个不可能被收买的强硬角色，还派人去跟他做交易，其结果可想而知，只能是搬起石头砸自己的脚。

张九龄指着那个传话宦官的鼻子一通臭骂，第二天就把武惠妃的那句蠢话原原本本地告诉了皇帝。

玄宗一听，心里老大不是滋味。

原本他还以为是太子三兄弟合起伙来欺负武惠妃母子，他当然不能袖手旁观。可现在看来，反倒是武惠妃有耍弄阴谋诡计的嫌疑。尤其让玄宗感到不悦的是，武惠妃企图与外朝宰相联手颠覆东宫，这是典型的妇人干政，大大地触犯了忌讳!

所以，经过武惠妃这么一折腾，玄宗也就矢口不提废黜之事了。

太子李瑛就此躲过一劫。

可是，他并没有从这场危机中吸取任何经验教训。随后的日子，他照旧和两个弟弟天天泡在一块，不是骂武惠妃就是埋怨皇帝，没半点新鲜的。

很显然，这是一个政治敏感度极其低下的太子，也是一个丝毫没有谋略的太子。在帝国宫廷这样一个危机四伏、万分险恶的环境中，在武惠妃处心积虑、咄咄逼人的夺嫡态势之下，如此不善于自我保护的太子，注定是要完蛋的。

废黜风波刚刚过去没几天，帝国高层的形势就发生了重大变化：太子李瑛的保护伞张九龄被赶下了台，武惠妃的政治同盟李林甫出任首席宰相。

一时间，东宫的上空再次乌云密布。

不过，张九龄虽然离开了相位，但毕竟还是尚书右丞，对朝廷的很多事情还是有发言权的，只要他还在朝中，东宫就没那么容易被颠覆。

可令人无奈的是，张九龄现在已自身难保了。

因为李林甫不想放过他。

为了彻底杜绝张九龄东山再起的可能性，李林甫一直在寻找机会，打算把他逐出朝廷。

开元二十五年（公元737年）四月，机会终于来了。

事情坏在一个叫周子谅的监察御史身上。此人是张九龄引荐的，而性格也和他一样，既自命清高又性情急躁，做事直来直去，从不讲究策略。由于看不惯牛仙客这种目不知书的武夫当宰相，加之为了替老大张九龄出口气，周子谅就对牛仙客发出了弹劾。

只可惜，他的弹劾方式太过拙劣，一点技术含量都没有。

按理说，要弹劾牛仙客，最准确的角度应该是说他文化程度太低，又从未在中央任职，缺乏统揽全局的经验和才能等等，可天知道周子谅是哪根筋搭错了，竟然没有从这个地方入手，而是拿了一本不知从哪里弄来的谶书，声称按书中所言，牛仙客没有资格当宰相。

此时的玄宗正在器重牛仙客，哪里听得进周子谅这种居心叵测、莫名其妙的弹劾，自然是火冒三丈，当场就命左右把他按倒在地，一顿棍棒伺候，直打得周子谅七窍流血，晕死过去。过了一会儿，周子谅悠悠醒转，玄宗余怒未消，又命人把他拖到百官办公的地方，再次当众暴打，最后下了一道敕令——流放岭南。

已经被打得奄奄一息的周子谅当然走不到岭南，才走出长安不久就一命呜呼了。

李林甫抓住机会穷追猛打，对玄宗说，这个周子谅是张九龄引荐的。言外之意，就是说此次弹劾的幕后主使正是张九龄。

玄宗二话不说，当即把张九龄贬为荆州（今湖北江陵县）长史。

张九龄一离开朝廷，太子李瑛等人的末日也就到了。

早已急不可耐的武惠妃再次授意女婿杨洄指控太子等三人。

为了确保此次攻击能够得手，武惠妃加大了火力，除指控三人心怀怨望外，还加上了致命的一条——称太子与太子妃的哥哥薛锈暗中勾结，企图发动叛乱！

这无疑是一条十恶不赦的罪名。

自古以来，大多数皇帝对于这样的指控，通常是宁信其有，不信其无的，更何况像李隆基这种依靠政变上台的皇帝，这方面的神经尤其敏感，当然反应也就尤其强烈。

玄宗接到指控后，根本不作调查，而是直接召宰相入宫商议。

这一次，决定太子命运的人不再是一心为公、顾全大局的张九龄，而是一心想颠覆东宫的李林甫了。

所以，太子死定了。

李林甫只对玄宗说了一句话："此陛下家事，非臣等所宜豫。"（《资治通鉴》卷二一四）

这是陛下的家事，不是我们这些臣子可以过问的。

这就是李林甫的高明之处。表面上看，他投了弃权票，不替皇帝拿主意；可事实上，他却帮皇帝下定了废黜太子的决心。

就在张九龄离开长安的第二天，亦即开元二十五年四月二十一日，玄宗下诏，将太子李瑛、鄂王李瑶和光王李琚全部废为庶人，将薛锈流放岭南。

还没等太子等人从这个晴天霹雳中回过神来，第二道诏书就接踵而至了。

这是一道赐死诏。

太子三兄弟无论如何也不会想到，他们的父皇竟然会如此心狠手辣，翻脸无情！

不过，现在想什么都没用了。

他们眼下唯一能做的事情，就是老老实实地把头伸进三尺白绫，顶多就是在告别人世的那一瞬间，将满腔悲愤化为一句撕心裂肺的怒吼——武惠妃，我们变成厉鬼也不会放过你！

李瑛、李瑶、李琚、薛锈四人被赐死的第二天，他们母族、妻族中在朝任职的官员，也有数十人遭到了贬谪和流放。

皇帝的三个儿子同日被杀的消息在长安传开后，朝野上下大为震惊。一个堂堂的帝国储君，已经当了二十多年太子，从来没听说犯什么大错，怎么说废就废，说杀就杀了呢?!还有李瑶和李琚，据说也是很有才学的皇子，如今竟然也和太子一起无罪遭戮，真是令人扼腕叹息。

武惠妃终于赢了。

十几年来殚精竭虑、费尽心机所做的一切，总算有了一个令人满意的结果。

就像一头凶悍的母狮咬死对手后，总喜欢带着自己的幼崽巡视新领地一样，每当武惠妃和寿王李瑁一起从东宫门口经过，她总会用一种自豪而兴奋的语调对李瑁说："看看吧，这里就是你的新家！也许是明天，或者是后天，你就将在所有皇子既羡且妒的目光中，昂首挺胸地走进去，当之无愧地成为这里的主人！"

可是，武惠妃永远也等不到这个"明天"了。

因为从太子三兄弟冤死的那一天起，她每天晚上都会被同一个噩梦所缠绕。在梦中，三兄弟总是披头散发，直挺挺地在她床边站成一排，然后伸出三条长长的酱紫色的舌头，像蛇一样在她的脸上蜿蜒游走。她想喊，可怎么也喊不出声来。她想挣扎，可浑身上下却动弹不得……直到那三条舌头死死地缠上了她的脖颈，她才会在即将窒息的一刹那厉声尖叫着惊醒过来。

醒来后的武惠妃下意识地去摸自己的脸颊和脖颈，似乎仍然可以摸到一种冰冷湿滑的感觉。

武惠妃就这样无可救药地患上了神经衰弱。起初还只是被夜晚的噩梦所困，后来大白天也会出现厉鬼索命的幻觉。武惠妃请来了一茬又一茬的巫师、术士、和尚、道士，夜以继日地举办了一场又一场的驱鬼法会，可这一切都于事无补，那三条冤魂仍然不屈不挠地飘荡在她的每一个黑夜和白昼之中。武惠妃甚至可以感觉到，他们的戾气和怨气不仅始终弥漫在她的周遭，而且还一点一滴地渗进了她的皮肤、血液和骨髓之中。武惠妃先是忧怖恐惧，继而变得歇斯底里，最后终于绝望崩溃。

开元二十五年深冬的某个夜晚，也就是太子三兄弟被杀的八个月后，武惠妃在不断重复的那个噩梦中发出最后一声凄厉的尖叫，然后再也没有醒来。

她终究还是没有看到儿子李瑁入主东宫的那一天。

不过就算她没死，她也永远看不到这一天了。

因为最终继任太子的人并不是寿王李瑁，而是另有其人。

自从太子李瑛死后，李林甫曾经不止一次地敦促玄宗立寿王李瑁为太子，可玄宗却始终下不了决心。

玄宗之所以犹豫不决，其因有二：首先，李瑛虽然死了，但是按照立嫡以长的原则，继位东宫的人应该是三子忠王李玙，而不应该是十八子寿王李瑁；其次，玄宗在盛怒之下一日废杀三子，过后冷静下来，自然会感到伤心和后悔，所以尽管他最疼爱李瑁，可感情上还是有一些难以摆脱的牵绊。再加上武惠妃一死，玄宗对李瑁的钟爱之情也随之减弱，因此在李玙和李瑁两个储君人选之间，也就更难以取舍定夺。

到了开元二十六年（公元738年）六月，储位虚悬已经一年有余，新太子的人选始终定不下来，作为一个五十多岁的老皇帝，玄宗的烦恼和苦闷可想而知，时常愁得觉也睡不好，饭也吃不下。

一贯细心敏感、善于替皇帝分忧的高力士，自然把这一切都看在了眼里。

某日，高力士乘左右无人，就小心地询问皇帝为何闷闷不乐。

玄宗慵懒地看了他一眼，说："你是我家的老仆人，难道还猜不透我的心思？"

高力士说："是因为储君未定吧？"

玄宗有气无力地点点头。

高力士深长地看了皇帝一眼，不紧不慢地说："大家（皇帝的昵称）何必如此虚劳圣心，但推长而立，谁敢复争?!"（《资治通鉴》卷二一四）

皇上何必这般殚精竭虑，只要依年龄大的立他，看谁还敢再争?!

这真叫一语点醒梦中人。玄宗顿觉豁然开朗，频频点头说："汝言是也！汝言是也！"

就在这主仆二人貌似闲谈的几句话中，旷日持久的储位纷争终于画上了句号，大唐帝国的新任太子就此诞生。

这一年六月初三，时年二十八岁的忠王李玙（亦即后来的肃宗李亨）出人意料地脱颖而出，正式入主东宫。

对此结果，李林甫当然是大为错愕。

因为他的如意算盘彻底落空了。

看着册封大典上意气风发的新太子李玙，李林甫的心中涌起了一股前所未有的忧惧。

朝野上下谁都知道，在这场夺嫡之争中，李林甫一直是寿王李瑁最坚定的支持者，而今李玙突然胜出，这意味着什么？

这不仅意味着李林甫这些年来所作的努力已经在一夜之间化为乌有，而且意味着他和新太子已经因为这场储位纷争结下了深深的嫌隙。

太子就是未来的皇帝，跟未来的皇帝结怨当然不是什么好事。

可事已至此，李林甫还能怎么办呢？

时光无法倒流，错误已然铸成。在这件事上，从不做赔本生意的官场老手李林甫也不得不承认，这是他从出道以来做过的最不合算的一笔政治买卖。

假如李林甫从此改换门庭，投到太子麾下，是不是一切就可以从头再来呢？

不是不可以，只是很难，极有可能事倍功半，吃力不讨好。因为，历史旧账不是那么容易一笔勾销的，就算太子在表面上接纳了他，双方也很可能是虚与委蛇、相互敷衍而已。换句话说，不论他怎么做，太子都很难相信他的忠诚，他也很难真正获得太子的信任。

既然如此，李林甫就只能一条道走到黑了。

他必须不择手段地搞掉这个新太子，决不能让他顺利当上皇帝！

当然，在此时的李林甫看来，眼下的当务之急还不是如何颠覆东宫，而是如何巩固并扩大自己的相权。一旦自己的政治能量强大到足以全面掌控朝政，李林甫就将毫不犹豫地对太子李玙发起攻击。

李林甫相信，这一天一定不会太远。

第三章

# 天宝政局

## 命运之神的雷人想象

开元末年，唐朝政府曾经作过一次全面的人口普查，统计结果表明，时至开元二十八年（公元740年）年底，全国总户数已达到8412871户，总人口达到48143609人。

这两个数据意味着什么？

让我们再找几个数据来对比，或许就能明白它的意义所在。

大唐开国之初，编户仅二百余万，至贞观初年仍不满三百万，永徽初年增至三百八十万，至中宗、睿宗时期，全国总户数增至六百余万。也就是说，从唐初到开元之前的一百年间，仅增长四百万户；而开元时期不到三十年的时间，总户数就增长了二百四十万左右，显然是唐朝开国以来增速最快的一个阶段。

在古代农业社会，人口数量绝对是和GDP呈同比增长的，同时也是促进国家财政收入增长的最主要因素。由此可见，开元年间编户齐民的快速增长，无疑是唐朝走向全面繁荣的标志，也是太平盛世到来的重要标志。

《资治通鉴》称，开元末年，“西京、东都米斛直钱不满二百，绢匹亦如之。海内富安，行者虽万里不持寸兵。”《旧唐书·玄宗本纪》称：“我开元之有天下也，纠之以典刑，明之于礼乐，爱之以慈俭，律之以轨仪。……贞观之风，一朝复振。……年逾三纪，可谓太平。”

明清之际的著名思想家王夫之，则用八个字给这个时代作出了高度评价：“开元之盛，汉、宋莫及！”

公元742年正月初一，唐玄宗李隆基亲御勤政楼接受百官朝贺，同时宣布大赦天下，改元“天宝”。

开元时代就此落下帷幕。

大唐帝国从此进入了一个比此前任何时期都更加繁荣的极盛时代。

在改元的诏令中，玄宗宣称：“自朕嗣守丕业，洎三十年，实赖宗社降灵，昊穹孚祐，万方无事，寰宇晏如，庶臻于理。”（《全唐文》卷三九）

从这寥寥数语中，我们不难看出他的志得意满之情。

这一年，玄宗李隆基五十八岁，君临天下已经整整三十年，就像古人常说的那样：“靡不有初，鲜克有终！”此时的李隆基，早已丧失了当年那种锐意进取、克己自律的精神，取而代之的是日甚一日的骄奢淫逸和纵情享乐。

尤其是从开元二十五年武惠妃死后，玄宗的感情生活就出现了两种极端倾向，一方面是因为最宠爱的妃子猝然辞世，精神受到沉重打击，一下子变得消沉颓废，所以六宫粉黛、三千佳丽对他而言都失去了吸引力，“顾前后左右，粉色如土。”（唐·陈鸿《长恨歌传》）另一方面，为了发泄这种情感上的抑郁和苦闷，他又变得越发纵欲和荒淫。据《开元天宝遗事》所载，当时玄宗成天和嫔妃们变着法子寻欢作乐，比如春天的时候，他就在每个佳丽头上插一朵鲜花，然后放飞一只蝴蝶，看蝴蝶停在谁的头上就临幸谁；这种把戏玩腻了，玄宗就开坛设赌，亲自做庄，命嫔妃们都来赌博，谁赢了谁就陪他过夜。

这种胡天胡地、瞎玩乱搞的荒唐生活整整持续了好几年，直到一个女人蓦然闯进他的心扉，填补了武惠妃留下的那个巨大的感情空白，这一切才戛然而止。

众所周知，这个蓦然闯进玄宗心扉的女人，这个即将和玄宗联袂演绎千古爱情佳话的女人，就是杨贵妃。

杨贵妃，小名玉环，是世家大族弘农杨氏的后裔。远从汉朝开始，弘农杨氏就是著名的关中六大郡姓之一，历代名人辈出。及至隋唐两朝，这个家族更是出了一大票牛人，比如隋文帝杨坚，隋朝宰相杨素、杨雄、杨达，还有女皇武曌的母亲杨氏，武德时期的宰相杨恭仁，贞观时期的宰相杨师道等等，都出自这个家族。

许多史书都说杨玉环是“弘农华阴人”，目的就是为了强调她的这种高贵出身。不过，这种说法并不太准确。因为早在隋朝以前，她的祖上就已经迁居蒲州永乐（今山西永济市），所以“弘农华阴”只不过是杨玉环的远祖郡望而已，和她本人并没有什么关系。

由于与隋文帝同宗，所以杨玉环的高祖父杨汪在隋朝很受器重，赐爵平乡县伯，官至尚书左丞。可惜隋末大乱时，杨汪投靠了王世充，后来东都被秦王李世民攻克，杨汪被杀，从此他的后人就逐渐没落了。

到了杨玉环的父亲杨玄琰这一代，其家道早已衰落，与祖上根本不可同日而语。大约在开元初年，杨玄琰由蒲州入川，到蜀州（今四川崇州市）担任司户。所谓司户，只是掌管户籍、记账、婚田等事宜的从七品小官。杨玄琰有两个弟弟，一个叫杨玄珪，一个叫杨玄璬，后者在洛阳担任河南府士曹参军，和杨玄琰一样，也是个从七品的芝麻官。

开元七年（公元719年），杨玉环生于蜀州。她在家中排行最小，上面还有一个哥哥和三个姐姐。大概在十岁左右，杨玉环的父母双双亡故。这本来是人生中的大不幸，可对于杨玉环而言，这个意外的变故却成了她人生中的一大转机——因为她从此离开了山高皇帝远的蜀州，被叔父杨玄璬接到了洛阳抚养。

众所周知，东都洛阳是唐朝的第二政治中心，著名的人文荟萃之地，同时也是水陆交通的重要枢纽，其繁华富庶的程度远非偏僻的蜀州可比。杨玉环到了这个富有时尚气息的大都会，不仅可以开阔眼界，增长见识，而且能够得到更好的文化教育和艺术熏陶。

后来的事实证明，正是因为拥有了这个在东都成长的机会，杨玉环才能出落成一个秀外慧中、色艺双馨的绝代佳人。史称她“姿质丰艳，善歌舞，通音律，智算过人”。（《旧唐书·杨贵妃传》）在这些优点中，除了容貌是天生的以外，其他素质当然是得益于后天的培养和环境的熏陶。而这一切，正是她日后得以被选入宫的重要条件，也是她日后让玄宗深深迷醉的主要原因。

开元年间，玄宗曾先后五次巡幸东都，每次东巡，文武百官、皇族宗室、后宫妃嫔必定随驾而行；每次驻留东都的时间，短则数月，长则两三年。从这个意义上说，杨玉环被叔父接到洛阳抚养，就意味着来到了天子脚下，意味着进入了皇帝和朝廷的视野，从而也就有了从芸芸众生中脱颖而出的机会。

总而言之，少时父母双亡的遭遇对杨玉环来讲，非但不是一种不幸，反而可以说是命运之神的一种垂青。假如不是遭遇这种变故，她当然只能在蜀州长大，日后成为一个普普通通的家庭妇女，既不可能宠冠六宫、名动天下，更不可能进入史册，被后人千古传颂。

开元二十一年（公元733年）秋，玄宗最后一次从西京长安移驾东都洛阳。这一次，他在东都住了将近三年，直到开元二十四年十月才返回长安。在此期间，玄宗操办了两件大事。

准确地说，这是两桩喜事。

开元二十三年（公元735年）七月及次年正月，玄宗分别为自己最宠爱的一双儿女——咸宜公主和寿王李瑁（均为武惠妃所生），举办了两场盛大的婚礼。

巧合的是，这次选中的女婿和儿媳都姓杨，也都出自世家大族弘农杨氏。

这个女婿，就是后来帮武惠妃制造了“三庶人案”并整死了太子李瑛的杨洄。

而这个儿媳，就是河南府士曹参军杨玄璬的养女——杨玉环。

此时的李隆基当然不会想到，短短四年后，他亲自选中的这个儿媳居然将变成他最爱的女人，并将在未来的日子和他共同演绎一场轰轰烈烈、凄美动人的爱情故事。

当时，在玄宗的三十个皇子中，寿王李瑁所受的宠幸“冠绝诸王”，远比太子更为得宠，所以，为他挑选王妃的事情，自然就成了李唐皇族的头等大事，俨然比挑选太子妃还要慎重。

从开元二十二年（公元734年）正月抵达洛阳后，玄宗和武惠妃就开始张罗着替寿王选妃了。这场王妃选秀活动一直进行了将近两年，经过层层选拔和各项指标的评比，年方十七岁的杨玉环终于从众多妙龄少女中脱颖而出，成了这场海选的冠军。

杨玉环之所以胜出，首先当然是因为她那“弘农杨氏”的金字招牌，虽然家道早已中落，但是名门望族的高贵背景是无论如何也抹杀不掉的；其次，她那“姿色冠代”、倾国倾城的容貌，的确让所有见过她的人都感到眼前一亮，并且过目难忘；最后，是因为她在艺术上的修养和造诣，确实让其他选手望尘莫及。

开元二十三年十二月二十四日，七品芝麻官杨玄璬迎来了他生命中最风光的一个时刻。

因为这一天，浩浩荡荡的册封使团从皇宫来到了他这座鲜有贵客登门的小小宅院中，并且隆重宣布——大唐天子将与他结成儿女亲家。

对于杨玄璬来说，还有什么事情比这更值得庆幸和骄傲的呢？

而且，此次册封典礼的规格也是非常高的。代表皇帝前来册封的正使是堂堂宰相兼礼部尚书李林甫，副使是黄门侍郎陈希烈。在册妃诏书中，玄宗盛赞杨玉环：“尔河南府士曹参军杨玄璬长女（考虑到皇室尊严，当然要隐去杨玉环的养女身份），公辅之门，清白流庆，诞钟粹美，含章秀出。固能徽范夙成，柔明自远；修明内湛，淑问外昭。是以选极名家，俪兹藩国。”（《唐大诏令集》卷四十）

从这一刻开始，杨玉环的个人命运，以及整个家族的命运就被彻底改写了。

一个月后，亦即开元二十四年正月，十八岁的杨玉环被迎娶入宫，正式成为寿王妃。

寿王李瑁与杨玉环的年龄大致相当，根据相关记载，武惠妃的几个儿女都长得相当标致，而寿王李瑁应该也是一个相貌堂堂、玉树临风的佳公子。可以想见，在当时世人的目光中，这两个小夫妻绝对是郎才女貌、天造地设的一对佳偶。

然而，又有谁能想到，短短几年后，这对人人艳羡的佳偶就要被活生生地拆散呢？又有谁能想到，将他们拆散并且横刀夺爱的那个人，竟然是杨玉环的公公、大唐天子李隆基呢？

杨玉环嫁入帝王家之际，正是武惠妃一手导演的储位纷争越演越烈之时。虽然史书没有记载杨玉环在这场纷争中有什么具体言行，但是作为利益攸关的当事者，她肯定是无法作壁上观的。因为一旦夺嫡成功，她就将变成太子妃，变成未来的皇后，所以至少在心情上，初入宫门的杨玉环肯定会被这场政治漩涡掀起不小的波澜。

后来“三庶人案”爆发，太子李瑛等三兄弟同日被杀，武惠妃因良心不安一病而亡，忠王李玙随后入主东宫。原本到这里为止，所有的纷纷扰扰就都过去了，虽然李瑁当不上太子，杨玉环成不了太子妃，但这对他们的生活并没有什么影响。至少李瑁还是寿王，杨玉环还是王妃，他们依然可以享有安宁和富贵的生活，也依然可以像普天下的所有夫妻一样，举案齐眉，长相厮守，生儿育女，白头偕老。

然而，命运之神却在这个时候跟他们开了一个残酷的玩笑。

杨玉环绝对不会料到，她婆婆的死给她公公造成的感情创伤，最终竟然要由她这个儿媳去抚慰；而寿王李瑁当然更不会料到，他刚刚失去母亲，马上又将失去妻子，而且这个妻子居然一转眼就变成了他父皇的“娘子”，从而匪夷所思地成了他的“后妈”……

人生就是这么荒诞。

世事就是如此无常。

命运之神的想象力，就是可以这么离谱而雷人！

它漫不经心地开一个玩笑，有时候就足以让当事人欲哭无泪，让旁观者目瞪口呆，并且让世界上半数以上的小说家跌破眼镜，自愧弗如。

那么，李隆基与杨玉环的这场不伦之恋，究竟是怎么发生的呢？

当李隆基一边痛感整座后宫“粉色如土”，一边又近乎荒淫地胡搞瞎搞的时候，是谁把杨玉环隆重推到他面前的呢？

答案其实不难猜到。

这个在公媳之间牵线搭桥的另类月老，就是玄宗最贴心的那个“老奴”——高力士。

## 杨贵妃：三千宠爱在一身

对于李隆基和杨玉环的这场不伦之恋，几乎所有官方正史都闪烁其词、语焉不详。无论是两《唐书》还是《通鉴》，在谈到是谁向玄宗推荐杨玉环的时候，都作“或奏”“或言”，而不说是谁。只有中唐人陈鸿所作的《长恨歌传》中，才记载了这么一句话：“诏高力士潜搜外宫，得弘农杨玄琰女于寿邸。”

那么，这个记载是否属实呢？向玄宗推荐杨玉环的人，到底是不是高力士呢？

首先，武惠妃死后，唐玄宗陷入了非常糟糕的精神状态中，这是所有史料共同记载的事实。面对这种状况，一贯善于替主子分忧的老奴高力士会怎么做呢？很显然，他一定会千方百计地帮玄宗物色一个新的意中人，以抚平玄宗的感情创伤。在高力士而言，这就叫义不容辞、责无旁贷。

其次，玄宗是一个感情丰富而细腻的人。作为天子，他固然有权用泛滥的肉欲来麻醉自己，可作为一个多情的男人，他却不可能容忍“爱情”这一美妙事物在自己生命中的长期缺席。所以，越是在酒池肉林中浸泡得久，他对于真爱的渴望就会越加强烈。这时候，他必然会把寻找真爱的目光从后宫的高墙上投射出去，在更大的范围内猎艳选美。而这个选美的任务交给谁最合适呢？当然就是他最信任的高力士了。

有人说，高力士把儿媳推荐给公公的做法是在“找死”，那么我们不禁要问：这件事应该由谁来干，才不算是找死？我们知道，高力士是唐玄宗最贴心的人，那句“力士当上，我寝乃安”的感叹已经成为千古名言。终李隆基一生，他对高力士的信任从来没有改变过；而终高力士一生，他对李隆基的忠诚也从来没有动摇过。由此可见，假如连高力士都不敢“冒这个险”，那天下真的找不出第二个人了。试问，外朝的文武百官敢吗？他们谁比高力士更了解玄宗，谁比高力士更有权插手玄宗的私生活？答案只能是两个字：没有。此外，后宫的三千佳丽会来牵这个线吗？她们会去找一个比她们出众百倍的人来独占天子恩宠吗？答案也是两个字：不会。那么剩下来的人，诸如儿女、宗室、外戚等等，就更不可能了。因为他们毕竟是玄宗的亲人，不要说他们不敢去做这种触犯人伦忌讳的事情，就算是他们敢，玄宗自己的脸面也挂不住。

所以说，恰恰是因为把儿媳推荐给公公的这种做法有些冒险和犯忌，恰恰是因为朝野上下、宫廷内外都没有人敢做，高力士才必须挺身而出。换言之，他所处的地位和扮演的角色，决定了他就是做这件事的不二人选。至于说高力士这么做是不是在“找死”，我认为有待商榷。因为有唐一代胡风很盛，虽然也有三纲五常的礼教约束，但是人伦大防毕竟比其他朝代松弛得多，没有那么多道德藩篱和伦理禁忌，所以前有太宗李世民纳弟媳为妃，后有高宗李治立庶母武媚为后，再后来才有玄宗李隆基纳儿媳为妃的这一出。也就是说，所有这些有悖伦常的现象，均可谓时代风气使然，不值得后人大惊小怪。因此，若说高力士把杨玉环推荐给玄宗多少有点冒险和犯忌，那是实情，可要说是在“找死”，未免就言过其实了。

或许高力士当时所做的工作只不过是创造机会让杨玉环来到玄宗身边，让他们来一次零距离接触，让杨玉环更好地展示自己的冠代姿色和绝世才艺。如果玄宗能因此重燃爱情火苗，那当然最好；要是不乐意，那就另外再挑。对高力士来讲，他只负责推荐，这个不行再换下一个，并不是要把杨玉环打扮成“养在深闺人未识”的窈窕淑女塞给玄宗。

再者说，作为玄宗当年亲自选中的儿媳，玄宗当然很清楚杨玉环的长相，而且对她的美貌肯定印象深刻。然而，此一时彼一时也，他当时毕竟是用挑儿媳的眼光来看杨玉环的，儿媳再怎么美，他当公公的人也只能抱着“可远观而不可亵玩”的心态，欣赏欣赏罢了，不可能有什么非分之想。可武惠妃死后，情况就大不一样了，任何一个女人出现在他面前，玄宗首先关心的东西只能是——她能不能成为我的爱人？而绝不会是——她原本是谁的爱人？至于说最后如何把儿子的爱人巧妙地变成自己的爱人，那就是另外一个问题了。

综上所述，这个在公媳之间牵线搭桥的另类月老，除了高力士，不可能有第二个人。

开元二十八年（公元740年）十月，在高力士的精心安排下，杨玉环前往骊山（今陕西临潼县境内）的温泉宫（即华清宫）与玄宗李隆基相会。这一年，杨玉环二十二岁，李隆基五十六岁。

一场缠绵悱恻、千古传诵的爱情故事就此拉开序幕。

没有人知道杨玉环在这一刻究竟是一种怎样的心境。或许有几分愕然与惶恐，也有几分对过去生活的依恋，然而与此同时，肯定还有几分朦胧的喜悦，以及对未来生活的希冀。毕竟，能够得到皇帝的恩宠，是古代女子所能享有的最大的福分，是六宫粉黛、三千佳丽梦寐以求的事情。杨玉环虽然嫁入帝王家的时间不长，对争位夺宠的后宫斗争没什么概念，但她毕竟是一个“智算过人”的女人，仅凭直觉，她也能体会到此次“骊山相会”对她而言意味着什么。

就像四年前从一个普通的民间女子忽然变成寿王妃一样，此刻摆在她面前的，同样是一个彻底改变命运的机会，甚至比当初那个机会更加稀有难得，弥足珍贵！所以，无论此刻杨玉环心里有多少愕然与惶恐，也无论有多少对寿王割舍不下的情分，她都会把它们深深地掩藏在心底，然后毫无保留、不遗余力地向这个天下最尊贵的男人，展现出她那绝世无双、撼人心魄的女性魅力！

于是，就在这座云蒸霞蔚、温暖如春的华清宫中，年过半百的李隆基无可救药地爱上了杨玉环，爱上了当初由自己亲自选中的这个儿媳。

天生丽质难自弃，一朝选在君王侧。
回眸一笑百媚生，六宫粉黛无颜色。
春寒赐浴华清池，温泉水滑洗凝脂。
侍儿扶起娇无力，始是新承恩泽时。
（白居易《长恨歌》）

须臾花开，刹那雪乱。

那一瞬间，李隆基被一种睽违已久的激情撞击得头晕目眩。

他从来没有想到，他那早已枯萎的爱情之树，竟然还能在这个万物凋零的冬天里，重新绽放出一抹生机无限的新绿……

毫无疑问，就在这短短十几天的骊山相会中，玄宗李隆基已经作出了一个重大决定——后半生，他无论如何都要与杨玉环长相厮守！

可是，杨玉环眼下的身份还是寿王妃，是自己的儿媳，要如何才能冠冕堂皇地把她变成自己的女人呢？

直接娶过来肯定是不行的，必须想一个巧妙的办法。

办法很快就有了。

玄宗有先例可循。想当年，高宗李治在纳庶母武媚为妃之前，武媚不是也曾经到感业寺当了一段时间的尼姑吗？如今，玄宗正大力推崇道教，所以最好的办法，就是让杨玉环“出家”当女道士，先剥离她寿王妃的身份，然后再暗渡陈仓地将她纳入自己的后宫。

开元二十九年（公元741年）正月初二，是玄宗母亲窦太后的忌辰，玄宗借着为母亲追福的名义，以杨玉环“自愿”出家为由，颁下一道诏书，宣布：“寿王妃杨氏，素以端懿，作嫔藩国，虽居荣贵，每在精修。属太后忌辰，永怀追福，以兹求度，雅志难违。用敦宏道之风，

特遂由衷之请，宜度为女道士。”（《全唐文》卷三五《度寿王妃为女道士敕》）

就这样，杨玉环身穿道袍，头戴黄冠，离开了寿王府，进入了玄宗为她在大明宫中特置的一座道观，成了一个女道士，道号“太真”。

在后来将近一年的时间里，杨玉环一直以这个掩人耳目的身份和玄宗在一起。开元二十九年十一月，杨玉环随同玄宗再登骊山，在华清宫住了二十多天。当玄宗一行回到长安后，众人蓦然发现，就在不知不觉之间，“杨太真”已经脱下道袍，摘下黄冠，穿上了华美的曳地长裙，戴上了从前的金钗玉簪，然后和玄宗一起住进了兴庆宫。

至此，玄宗的暗渡陈仓之计大功告成。虽然杨玉环表面的身份仍然是女道士，但是在宫中，所有人都跟随玄宗称呼她为“娘子”，而杨玉环在宫中的地位和待遇也已形同皇后。

杨玉环有三个姐姐，据说“皆有才貌”，所以她得宠后，三个姐姐也来到长安，均获玄宗宠幸，分别被封为韩国夫人、虢国夫人和秦国夫人。四个姐妹“并承恩泽，出入宫掖，势倾天下”。（《旧唐书·杨贵妃传》）

天宝四年（公元745年）八月，杨玉环在当了五年名不正言不顺的“娘子”之后，终于被玄宗正式册立为贵妃。而在此之前，玄宗已经替寿王另选了一位姓韦的王妃。也就是说，从这一刻开始，杨贵妃与过去的“寿王妃”已经彻底割断了一切关联，而她与玄宗的爱情也终于结束了地下状态，堂而皇之地出现在了世人面前。

随着杨贵妃身份的确立，杨氏一门也随之飞黄腾达。父亲杨玄琰被追赠太尉、齐国公，母亲追封凉国夫人；叔父杨玄珪任光禄卿，兄杨銛任鸿胪卿，堂兄杨锜任侍御史，并娶武惠妃之女太华公主。

令人感到十分奇怪的是，杨氏满门皆随杨贵妃鸡犬升天，偏偏当年收养她的叔父杨玄璬反而湮没不闻，似乎被人彻底遗忘了。

就算他人已亡故，也应该像杨玄琰那样被追封，怎么会被人忘得一干二净呢？

其实，并不是杨贵妃忘恩负义，而是她有难言之隐。

准确地说，这是她和玄宗共有的难言之隐。

因为玄宗当年把杨玉环立为寿王妃时，诏书上明白写着“尔河南府士曹参军杨玄璬长女”，亦即把杨玉环视为杨玄璬的女儿。如今杨玉环既然成了玄宗的贵妃，那她之前作为寿王妃的那段历史就必须被淡化，甚至是抹掉。所以，如果杨玄璬仍旧出现在推恩封赏的名单中，那无异于主动承认杨贵妃就是当年的寿王妃。试问，玄宗能这么做吗？

当然不能。

因此，杨玄璬就必须被遗忘！换言之，玄宗必须让世人相信——现在的这个杨贵妃只是杨玄琰之女，与从前的那个“杨玄璬长女”并不是同一个人。

即便这只是一种欲盖弥彰、自欺欺人的做法，但对唐玄宗和杨贵妃来说，却不能没有这样的一层遮羞布；对于广大不知宫闱内情的百姓而言，或许也不失为一种有效的障眼法。

从杨玉环被立为贵妃的这一年起，杨氏一族迅速成为大唐帝国最有权势、最为煊赫的家族。韩、虢、秦三夫人及杨銛、杨锜五家“每有请托”，天下各级官员无不将其视为圣旨，必倾尽全力办理，巴结奉承惟恐不及，故而诸杨府邸总是“四方赂遗，其门如市”。诸杨还在京城中竞相修建豪宅，“甲第洞开，僭拟宫掖，车马仆御，照耀京邑。”每建一宅，往往耗费千万，并且相互攀比，以奢侈为尚，如果发现别家宅第比自家的更豪华，当即把新宅推倒重建，“土木之工，不舍昼夜”。

每年冬天，玄宗必携杨贵妃行幸华清宫，而大宦官高力士必为杨贵妃牵马执鞭，韩、虢、秦三夫人和杨氏族人亦必随行。诸杨仪仗浩浩荡荡，每家一队，每队各穿不同颜色的衣服，相互映照，如同百花盛开，令山川一片锦绣；一路上前呼后拥、环佩叮当，据说队伍所过之处，珠翠玉簪、金银饰物竟然遗落满途、俯拾即是……

“开元以来，豪贵雄盛，无如杨氏之比也！”（《旧唐书·杨贵妃传》）

杨贵妃一人得宠而满门皆贵的事实，对当时重男轻女的价值观产生了很大的冲击，以至民间歌谣纷纷传唱：“生女勿悲酸，生男勿喜欢”，“男不封侯女作妃，君今看女作门楣”。

然而，尽管唐玄宗对杨贵妃的专宠超过了普天下的任何一个女人，可偌大的后宫毕竟是一座千芳竞妍的大花园，玄宗有时候也难免会对一些较为出众的嫔妃产生好感。而杨贵妃虽然知书达理、秀外慧中，但毕竟是一个女人，而女人天生就是善妒的动物，因此难免也会打翻醋坛子。仗着天子的深宠，杨贵妃一喝起醋来，劲头还挺大，“常因妒媚，有语侵上（玄宗）”。（唐·郑綮《开天传信记》）

史载，玄宗因此龙颜大怒，曾先后两次把杨贵妃遣出了宫。

第一次是在杨贵妃被册封的次年，玄宗命高力士把她送回了她兄长杨銛府中，相当于把她轰回了娘家。可早上刚刚把人赶走，玄宗下午就后悔了，但又碍于天子颜面，不愿开口把她接回来，于是就找借口大发脾气，“暴怒笞挞左右”。精明的高力士很清楚天子在想什么，便“伏奏请迎贵妃归院”。玄宗赶紧就坡下驴，当天夜里就命高力士把杨贵妃接回了宫中。杨贵妃回宫后“伏地谢罪”，而玄宗当然也是“欢然慰抚”，于是二人重归于好，并且“自是宠遇愈隆”。（《旧唐书·杨贵妃传》）

第二次是在天宝九年（公元750年），杨贵妃又因为吃醋被玄宗再度赶回了娘家。当时的著名酷吏吉温为了讨好杨贵妃，遂入宫启奏，故意正言反说：“妇人智识短浅，忤逆圣情，然而贵妃久承恩顾，就算要将她治罪，也应在宫中进行，何忍让她受辱于外？”玄宗闻言，马上命宦官前去给贵妃赐御膳。杨贵妃哭着对宫使说：“妾忤圣颜，罪当万死。衣服之外，皆圣恩所赐，无可遗留，然发肤是父母所有……”（《旧唐书·杨贵妃传》）话音未落便泣不成声，旋即剪下一缕秀发，让宫使带回。玄宗一见断发，顿时又惊又怜，慌忙命高力士把杨贵妃接了回来。

唐玄宗虽然贵为皇帝，而且此时已经是六十多岁的老人，论年纪完全当得起杨贵妃的父亲，可当他和杨贵妃一起沉醉在爱情中的时候，还是跟世上任何一对小夫妻没啥两样，床头打架床尾和，而且越吵感情越好，越闹恩爱越深。

换言之，这样的小打小闹纯属爱情游戏中不可或缺的助兴节目，不仅无伤大雅，而且适足以让双方更加珍惜这份“忘年”的情缘。

到头来，依旧是“后宫佳丽三千人，三千宠爱在一身”。（白居易《长恨歌》）

天宝年间，宫中专门为杨贵妃织造衣物的织锦和刺绣工匠就有七百人，为她雕刻溶造各种金属器物的工匠也有数百人。此外，扬州、益州、岭南等四方官吏也争相进贡各种奇珍异宝和“奇服秘玩”，从而博得天子和贵妃欢心，相继加官晋爵，擢居显位。

杨贵妃生于蜀地，喜欢吃荔枝，玄宗就命专人从岭南运来，沿途驿站备有专骑专使，一站一站接力，昼夜兼程，片刻不停，因而荔枝虽跨越数千里运送，抵达长安后却依然肉鲜味美。杜牧那首著名的《过华清宫》，写的就是飞骑千里送荔枝的故事：

长安回望绣成堆，山顶千门次第开。
一骑红尘妃子笑，无人知是荔枝来。

自古以来，描写杨贵妃的诗歌可谓不胜枚举，但是描摹最为传神、最富有艺术感染力的诗作，还是要数李白的《清平调词》三首。

就在杨玉环以“娘子”身份入宫的不久后，李白也奉玄宗之召，意气风发地来到了长安。

此时恰值天宝元年，正是一个极盛时代刚刚拉开大幕的时刻。

就是在这个锦天绣地、歌舞升平的盛世舞台上，旷世才子李太白、千古帝王唐玄宗、绝代佳人杨玉环，这三个千年不遇的人物，将在同一盏聚光灯下，为世人联袂演绎一出千古佳话……

## 李白：落入凡间的天人

李白，字太白，号青莲居士，生于公元701年（武则天长安元年）。关于他的籍贯，在历史上有两种说法：《旧唐书》说是“山东人”（泛指崤山以东，亦即今天的黄河中下游地区）；《新唐书》则说他是十六国时凉武昭王李暠的九世孙，若按此说，李白的籍贯应是陇西成纪（今甘肃静宁西南）。李白自己在《与韩荆州书》中，有这样一句话：“白陇西布衣，流落楚汉……”，故此说当可成立。

除了籍贯，李白的出生地也是一个历来争讼不已的谜。

《新唐书》称：“其先隋末以罪徙西域，神龙初，遁还，客巴西。”意思是他的祖辈在隋朝末年因罪流放西域，直到神龙初年才潜逃回来，客居今四川阆中一带，他母亲就在这里生了他。此外还有一个说法，出自范传正所撰的《唐左拾遗翰林学士李公新墓碑》。范传正是李白的好友之子，曾于唐宪宗元和末年为李白迁墓。他在迁墓后新撰的碑文中称，李白的祖辈因“隋末多难，一房被窜于碎叶，流离散落，隐易姓名”。郭沫若据此考证，认为李白出生在中亚的碎叶，即今吉尔吉斯斯坦北部的托克马克市附近。当今的学术界对此仍有争议，尚无定论，但大部分人同意此说。

据说李白出生时，他的母亲曾梦见太白金星，遂为他取名“白”，字“太白”。大概在五岁左右，李白随父母迁居绵州昌隆县青莲乡（今四川江油市）。史称李白从小就有文学天赋，十岁即精通诗文，有一次还曾梦见笔头生花，后人遂以“妙笔生花”来形容一个人在写作方面所具有的高度才华。

李白不仅是一个才华横溢的诗人，而且“喜纵横术、击剑、为任侠、轻财重施”（《新唐书·李白传》），俨然就是一个豪气干云的侠士和剑客。《旧唐书》称他“少有逸才，志气宏放，飘然有超世之心”。在李白的心目中，大丈夫就不能一辈子坐在书斋中寻章摘句、皓首穷经，而应该抱着“四方之志”，仗剑游历天下，同时更要进入仕途，实现辅佐帝王、澄清海内的政治理想。用李白自己的话说，就是“申管晏之谈，谋帝王之术，奋其智能，愿为辅弼，使寰区大定，海县清一”。（《代寿山答孟少府移文书》）

为了追求这样的人生理想，实现自己的远大抱负，李白在开元十二年（公元724年）秋，离开了他出生和成长的地方，“仗剑去国，辞亲远游”，开始了豪迈而壮阔的云游生涯。他自峨眉山出蜀，顺江东下，渡荆门，至江陵，游洞庭，登庐山，又先后游历了金陵、扬州等地。开元十五年（公元727年），李白来到安陆（今湖北安陆市），在这里娶了已故宰相许圉师的孙女为妻，从此寓居此地。

开元十八年（公元730年），年届而立的李白离开安陆，第一次来到长安，开始寻求从政的机会。当时，唐玄宗的妹妹、已入道多年的玉真公主在终南山建有别馆，常有文人雅士如王维、储光羲等人在此聚会，李白也躬逢其盛，与这些朝野名士广为交游。与此同时，李白还拜谒了京师的许多名流政要，希望通过他们的荐引入朝为官，然而盘桓数载，始终未能如愿，只好快快离去。

开元二十年（公元732年），李白沿黄河东下，先后漫游了太原、洛阳、江夏（今湖北武汉市）等地。数年后，其妻许氏去世，李白移家东鲁，寓居任城（今山东济宁市），期间与孔巢父、韩沔、裴政、张叔明、陶沔等人隐居于徂徕山，日日酣歌纵酒、吟诗作赋，人称“竹溪六逸”。

天宝元年（公元742年），李白南游会稽，与道士吴筠成为好友，二人结伴隐居于剡中（今浙江嵊州市）。不久，吴筠奉召入宫，旋即向玄宗推荐李白。当时，李白的诗名早已传遍朝野，尤其是时任太子宾客的贺知章，在见过李白的几首诗作后，忍不住大为赞叹：“此天上谪仙人也！”（《旧唐书·李白传》）于是，在玉真公主、吴筠、贺知章的联袂推荐下，玄宗终于下诏征召李白入朝。

这些年里，尽管李白表面上一直在纵情山水、寻仙访道，可内心深处那种建功立业的理想却始终不曾淡忘。所以，接到天子诏书的那一刻，李白顿时手舞足蹈，欣喜若狂。

“仰天大笑出门去，我辈岂是蓬蒿人！”（《南陵别儿童入京》）

从李白当时所作的这首诗中，我们不难想见他的兴奋与喜悦之情，亦不难想见他的自负与疏狂之态。

天宝元年秋天，时年四十二岁的李白第二次来到长安，受到了玄宗极大的礼遇。据唐人李阳冰（李白的族叔）在《草堂集序》中记载，当时玄宗曾“降辇步迎……以七宝床赐食，御手调羹以饭之”。意思是玄宗不仅走下车辇步行迎接，而且设宴为李白接风洗尘，甚至亲手为他调理羹汤。这几个细节虽不见得完全可信，但是李白此次入京受到了玄宗的热情接待，这一点是毋庸置疑的。

随后，李白被玄宗任命为翰林待诏。

尽管这次终于达成了入仕的心愿，但所谓翰林待诏，只是个没有任何职权的文学侍从，相当于天子的高级门客，整天被锦衣玉食供着，唯一的任务就是奉旨赋诗作文。很显然，要在这样的职位上施展政治抱负，几乎是不可能的。

不过李白的才华毕竟摆在那儿，即便只是御用文人，即便心里头很不快乐，可在供职翰林期间，他还是为后世留下了一组富有艺术魅力的诗作。

那就是赞美杨玉环的《清平调词》三首。

大约在天宝三年（公元744年）春天，正值百花盛开、牡丹绽放的季节，有一天，玄宗携杨玉环在兴庆宫龙池东的沉香亭前赏花，著名的宫廷乐人李龟年带着一帮梨园弟子随侍在侧。当李龟年等人正准备奏乐演唱为天子助兴时，玄宗忽然开口说："赏名花，对妃子，焉用旧乐词为？"（唐·韦睿《松窗录》）遂命李龟年带着"金花笺"去让李白填写新词，于是就有了这三首脍炙人口的千古名作：

云想衣裳花想容，　春风拂槛露华浓。
若非群玉山头见，　会向瑶台月下逢。

一枝红艳露凝香，　云雨巫山枉断肠。
借问汉宫谁得似？　可怜飞燕倚新妆。

名花倾国两相欢，　长得君王带笑看。
解释春风无限恨，　沉香亭北倚阑干。

应该说，这组赞美诗纯属应景之作，可李白之所以是李白，就在于即便是应景之作，也可以被他写得如此惊才绝艳、超凡脱俗。

第一首的意思是：我望见天上的云彩，就仿佛见到你的衣裳；我看见妩媚的花朵，就会联想起你的容颜。春风吹拂之下，你像一朵雍容的牡丹被晶莹的露水点染。我在想，倘若不是在王母娘娘的群玉山头见过你，那一定是在瑶池蟾宫中与你有过一面之缘。

第二首的意思是：你像一枝红色的牡丹吐露芬芳，就连楚襄王梦中的巫山神女也比不上你的娇艳。要问谁能似你这般国色天香，恐怕只有一个人，那就是汉宫中的赵飞燕。只可惜她要与你相比，也必须凭借脂粉与盛妆的渲染。

第三首的意思是：名花与美女相互映衬，让君王面带笑容长久凝望。这一刻，无论再多的春愁春恨也能刹那消解，涣然冰释。因为，有这么美的鲜花绽放在沉香亭前，何况还有比花更美的美人，正风情万种地斜倚着阑干。

玄宗见诗，顿觉春风扑面，春色满眼，自然是龙心大悦，立刻命李龟年等人"调抚丝竹"，引吭高歌。

从此，玄宗对李白的才华更加赏识，“爱其才，数宴见。”（《新唐书·李白传》）

然而，这不是李白想要的。

因为，李白之所以入仕，就是要像一个宰相那样治国经邦、济世安民，实现“寰区大定、海县清一”的政治理想，可如今他虽获天子荣宠，却只是一个不尴不尬的文学侍从，如此际遇，岂能不令他心灰意冷、满腹不平？

“安能摧眉折腰事权贵，使我不得开心颜？”（《梦游天姥吟留别》）

说到底，李白只是一个诗人。

他终究只是一个把内心的自由愉悦看得比外在的功名利禄重得多的诗人。

所以，他注定不可能在仕途上获得成就，也注定不可能实现他那远离现实的政治理想。

他没有政客的世故、练达、能屈能伸，也看不惯官场上的虚伪和倾轧之风，更看不惯权贵们粗鄙傲慢的嘴脸。这样一个豪放不羁、自命清高又多愁善感的“谪仙人”，又怎么可能在阴暗而复杂的官场中生存和立足呢？

说到底，九重宫阙只能禁锢他的性灵，扼杀他的才华。

他的世界根本就不在这里！

意识到这一切之后，李白开始有意无意地放浪形骸。他原本嗜酒，如今更是有理由把自己泡在酒池里了。随后的日子，无论是在长安的街肆坊间，还是在皇家的森严宫阙中，他时常喝得酩酊大醉、浑然忘我，把一切世俗规范和宫禁律令全都抛到了九霄云外。“人生得意须尽欢，莫使金樽空对月”（《将进酒》）；“百年三万六千日，一日须倾三百杯”（《襄阳歌》）；“人生飘忽百年内，且须酣畅万古情”（《答王十二寒夜独酌有怀》）……

就这样，李白喝着喝着，就在“诗仙”之外，又博得了一个以“仙”命名的雅号——酒仙。人们把他和贺知章、李适之、李琎、崔宗之、苏晋、张旭、焦遂并称为“饮酒八仙人”。杜甫就曾经在《饮中八仙歌》中写道：“李白一斗诗百篇，长安市上酒家眠。天子呼来不上船，自称臣是酒中仙。”

那个让后人津津乐道的“力士脱靴”的故事，就是发生在这个时候。说的是李白有一天又喝得醉醺醺的，玄宗有事召他上殿，他借着酒劲，故意命高力士帮他脱靴，高力士虽然硬着头皮帮他脱了，可从此对他恨之入骨。事后，高力士就在杨玉环跟前大肆挑拨，说李白在诗里面将她比作赵飞燕，是在暗讽她，骂她是红颜祸水。杨玉环一听，当然是恼羞成怒，随后就对玄宗大吹枕头风，极力说李白的坏话。

这个故事在很多史书中都有记载，如新旧《唐书·李白传》、《唐国史补》、《酉阳杂俎》等，但是后世史家大多断定此事不实，认为这是后人为了拔高李白、贬低当权宦官而虚构出来的故事。其理由是：一、高力士贵为三品将军，深受玄宗宠幸，势倾内外，所以不管在什么情况下，他都不可能替李白脱靴；二、假如李白真的在诗中暗讽杨玉环，玄宗和杨玉环都不会看不出来，所以无须等到高力士来进谗言，才恍然察觉诗中之意。

如果说“力士脱靴”的一幕纯属虚构，李白也没有得罪高力士和杨玉环，那么他后来又是因为什么才离开长安的呢？

最主要的原因应该是李白自己想离开。因为，他在长安壮志难酬，深感压抑和苦闷，只有离开朝廷才能获得解脱；其次，朝中的一些权贵可能也看不惯他那目中无人的姿态和狂放不羁的言行，所以一直在想方设法排挤他。

“三杯拂剑舞秋月，忽然高咏涕泗涟。……君王虽爱蛾眉好，无奈宫中妒杀人！”（《玉壶吟》）从李白在供奉翰林后期写下的这首诗中，我们不难看出他遭到排挤后的抑郁和孤愤之情。

天宝三年秋天，李白自知留在宫中已经毫无意义，遂“恳求还山”。而此时，玄宗对这个恃才傲物、日日烂醉如泥的家伙也逐渐丧失了好感，遂当即允准，“赐金放还。”

就这样，李白结束了短短两年的仕宦生涯，重新“浪迹江湖，终日沉饮”。（《旧唐书·李白传》）

据说李白离京之后，曾前往华山，途经华阴县衙时，醉酒骑驴，旁若无人。当地县令大怒，把他叫到庭下，大声质问：“汝何人，敢无礼?!”李白眯着一双惺忪醉眼瞧了瞧县令，也不报姓名，只说了下面这句话：“曾令龙巾拭吐，御手调羹，贵妃捧砚，力士脱靴。天子门前，

尚容走马；华阴县里，不得骑驴？”（《唐才子传》）

县令闻言，既惊且愧，连声拜谢道：“不知翰林至此，恕罪恕罪！”

李白朗声长笑，飘然而去。

天宝十四年（公元755年），安史之乱突然爆发，叛军铁骑倾巢南下，玄宗仓皇亡奔蜀地。顷刻间，山河破碎，生灵涂炭，一个歌舞升平的煌煌盛世就此崩坍。

李白在战乱中避居庐山，应时任扬州节度使的永王李璘（玄宗十六子）之邀，出任其帐下幕僚。李白此举，一来是为了求得一个安身立命之所，二来也是心存“欲济苍生未应晚”的念想，期望能在永王麾下建功立业，救黎民于水火，挽国家于危亡。

“试借君王玉马鞭，指挥戎虏坐琼筵。南风一扫胡尘静，西入长安到日边。”（《永王东巡歌》之十一）

然而，无情的命运再一次嘲弄了李白。

因为永王李璘并不是想光复李唐社稷，而是企图与肃宗李亨分庭抗礼，趁乱占据半壁江山。不久，永王兵败，李白受到牵连，本来论罪当诛，所幸郭子仪求情，才改为流放夜郎（今贵州桐梓县）。

乾元二年（公元759年），李白行至流放中途，恰逢朝廷大赦，遂放还。接到赦令时，李白惊喜交加，就在返程的路上，写下了那首脍炙人口的《早发白帝城》：“朝辞白帝彩云间，千里江陵一日还。两岸猿声啼不住，轻舟已过万重山。”

遇赦之后，李白已是年近花甲、老病侵寻，可他依然在满目疮痍、伤痕累累的故国山河中执著地行走。

陪伴这个行吟诗人的，只有他的诗，还有他的酒。

唐代宗宝应元年（公元762年），六十三岁的李白终于走到了人生的尽头。

关于李白的结局，历来有三种说法：一种以《新唐书》为代表，说他病逝于安徽当涂；一种以《旧唐书》为代表，说他“饮酒过度，醉死于宣城（今属安徽）”；最后一种说法以《唐才子传》为代表，说李白“度牛渚矶，乘酒捉月，遂沉水中”。

第一种说法就像冷冰冰的官方讣告，第二种说法稍稍具体了一点，可还是失之简略，只有第三种说法不仅说出了死因、描写了细节，而且最富有诗意，也最合乎李白浪漫主义诗人的身份和性格。

然而，我情愿认为这三种说法都不对。

因为，李白本来就是一个落入凡间的“谪仙人”，所以我情愿认为：他既非病死，也不是醉死和溺死，而是化成一道光，回天上去了。

他爱过痛过，哭过歌过，给后世留下一千多首“笔落惊风雨，诗成泣鬼神”（杜甫语）的性灵文字，然后倦了累了，于是悄悄脱下尘世的衣裳，化成一道光，回天上去了。

如若不是一个落入凡间的天人，又怎么可能“酒放豪肠，七分酿成了月光，余下的三分啸成剑气，绣口一吐就半个盛唐”?!

也许，李白本来就不属于这个世界。

好在他留下来的诗篇，永远属于盛唐，属于我们。

## 口蜜腹剑：权力的独角戏

自从开元二十四年（公元736年）张九龄罢相之后，帝国朝堂忽然间就安静了下来，宰相之间那种你争我夺、激烈对决的现象一下子就消失了，大擂台不知不觉地变成了大舞台。

历史的聚光灯下，只剩下一个人在舞台上翩翩起舞。

这是一场权力的独角戏。

表演者是李林甫。

他目光从容，姿态优雅，举手投足都是那么沉着老练、有板有眼，让万千看客看得目不转睛、全神贯注，令贵宾席上最尊贵的观众李隆基也不禁觉得——没有早用李林甫简直是一种错误!

是的，李林甫太让玄宗感到满意了。

他不仅把各项政务打理得井井有条，让玄宗卸下了扛在肩头多年的政治重担，而且和搭档牛仙客也是配合默契，空前团结，让玄宗根本不用烦心和操心。此外，自从李林甫上台后，文武百官也是各安其位、各司其职，再也不像从前那样拉帮结伙打群架了，就连平日里动不动就上疏直言朝政、批评玄宗耽于逸乐的谏官们，现在也都噤声闭口，一个个自觉主动地参与到了和谐朝廷的建设中来，这是多么令人欢欣鼓舞的政治局面啊！（《旧唐书·李林甫传》："上在位多载，倦于万机，恒以大臣接对拘检，难徇私欲，自得林甫，一以委成。故杜绝逆耳之言，恣行宴乐，衽席无别，不以为耻，由林甫之赞成也。"）

李林甫确实是一个长袖善舞的独角戏表演者。无论是对付搭档，对付满朝文武，还是对付御史台的谏官，李林甫都自有一套办法。

首先来看李林甫的搭档牛仙客。

李林甫当初之所以力挺这位仁兄入相，就因为他是小吏出身，长年驻守边疆，对中央政务基本上是两眼一抹黑，这种人来做他的副手，当然只能充当应声虫的角色。而对于李林甫的提携，牛仙客自然也是感恩戴德，所以入相之后，一直对恩公李林甫俯首帖耳、唯唯诺诺。李林甫叫他向东他不敢向西，李林甫叫他吃干他不敢喝稀。因此，宰相班子自然就能"配合默契、空前团结"了。

其次来看文武百官。

李林甫取代张九龄成为首席宰相后，马上搬出当年裴光庭实行的那套"循资格"制度，规定从中央到地方的各级官员，一律要论资排辈，按照年限和资历决定升迁。有一些才能卓异但是资历不够的，就算政绩突出，升迁呼声很高，李林甫也会毫不客气地把他们拒之门外。如此一来，那些对李林甫具有潜在威胁的竞争者、或者是他政治上的反对派，自然就难以出头冒尖了。与此同时，那些善于钻营、主动向他靠拢的，李林甫自然有各种办法将他们破格提拔。所以，凡是在李林甫执政之后升上来的，大多是他的党羽，当然不会和他唱对台戏。

最后来看御史台的谏官。

李林甫自己在御史台干过，所以他很清楚，对于一个独揽朝纲的宰相而言，谏官的弹劾是最具有杀伤力的一种威胁。为了彻底消除这种威胁，李林甫刚刚就任中书令不久，就专门召集了朝廷的全体谏官和言官，对他们作了一次重要讲话。

他说："如今，英明的领袖在上面指引我们，我们紧跟着走还来不及，根本无须发表言论！诸君没看见朝堂上的那些仪仗马吗？如果保持沉默，就能吃到三品的饲料，要是敢自由鸣放，只须一声，立刻被驱逐出去，悔之何及啊！"（《资治通鉴》卷二一四："今明主在上，群臣将顺之不暇，乌用多言！诸君不见立仗马乎？食三品料，一鸣辄斥去，悔之何及！”）

众谏官面面相觑，集体沉默。

李林甫环视会场，点头微笑。

会后，只有一个人没有充分理解领导的讲话精神。那是一个叫杜琎的补阙，他一散会就不知好歹地鸣放了一下，上了一道奏疏议论朝政，结果第二天就被逐出朝廷，贬到一个穷乡僻壤当县令去了。

从此以后，大唐官场就鸦雀无声了。

在首席宰相李林甫的英明领导下，帝国朝堂上上下下都充满了安详和乐的气氛。开元二十五年（公元737年）秋天，有一群喜鹊居然飞到了大理寺监狱的一棵树上筑巢，大理寺少卿徐峤赶紧上疏说："今年天下判死刑的才区区五十八人。大理狱的庭院，向来相传杀气太盛，连鸟雀都不敢栖止。如今居然有喜鹊在树上筑巢，这真是稀有难得的祥瑞啊！"

一时间，满朝文武纷纷上表，说天下几乎不用刑罚了，真是可喜可贺。玄宗龙颜大悦，认为这是宰相执政有方所感召的祥瑞，立刻下诏赐爵，封李林甫为晋国公，牛仙客为豳国公。

随后的几年中，李林甫的权势越来越大，在中书令之外，又遥领陇右、河西节度使，兼吏部尚书，总文武选事①；应声虫牛仙客也跟着沾光，在侍中之外，又遥领河西节度副使，兼兵部尚书。

作为帝国权力舞台上唯一的表演者，李林甫当然不会允许任何人和他同台竞技。

自从他上台的那一天起，他就在自己和玄宗周围划上了一条无形的警戒线——线内是他和天子的专属区，任何人都不得越雷池半步！

一旦李林甫发现玄宗对某些人表露出了异乎寻常的垂青，就会在第一时间出手，把那个人的入相苗头扼杀在萌芽状态，并且将其牢牢钉死在冷板凳上，变成政治上的废人。

当然，李林甫的斗争方式是相当温柔的，整人手段也是非常巧妙的。作为中国历史上最知名的整人高手之一，他要是想收拾谁，一定会做得神不知鬼不觉，而且经常是把人卖了还让人帮他数钱。

众所周知，玄宗是一个爱好风雅的皇帝，当初张九龄在的时候，

① 全权负责文武百官的升降任免。

玄宗虽然讨厌他的犯颜直谏，但是对他的才学和风度一直是非常欣赏的。所以自从张九龄离开朝廷后，玄宗经常会不由自主地想起他。开元二十八年（公元740年），张九龄病逝于荆州长史任上，玄宗听到消息后，更是满怀怅惘，追思不已。此后，每当李林甫要推荐什么官员入朝，玄宗总是会情不自禁地问："风度得如九龄否？"（《旧唐书·张九龄传》）

可想而知，每次听到这句话，李林甫心里就会一阵阵泛酸。

他奶奶的，人都入土了，怎么还虽死犹生、阴魂不散呢?!

尽管玄宗很看重李林甫精明而务实的理政才能，可他的不学无术却始终让玄宗引以为憾。所以玄宗的目光总是在满朝文武中来回逡巡，希望能有一个像张九龄那样气质优雅、风度翩翩的大臣来继任宰相，以此弥补内心的缺憾。

天宝元年（公元742年），玄宗期待中的人终于出现了。

这是暮春三月的一天，风和日丽，蝶舞莺啼，玄宗心情舒畅，便在勤政楼上垂着帘子，命乐工在勤政楼下演奏乐曲。也许是明媚的春光和悦耳的曲声让玄宗有些心醉神迷，所以当清秀俊朗的兵部侍郎卢绚骑着一匹白马从楼下缓缓走过时，玄宗一瞥之下，顿时惊为天人，忙不迭地对着身边的宦官赞叹，说卢绚气质超凡出尘，大有张九龄当年的风采。

卢绚出身于范阳卢氏，也是历代显赫的世家大族，难怪玄宗会一见倾心。如果不出什么意外，卢绚入相就是指日可待的事了。

然而，李林甫早就重金买通了天子身边的宦官，所以玄宗赞叹卢绚的那些话，当天就传进了他的耳中。

李林甫不动声色，很快就找到了卢绚的儿子，一番嘘寒问暖之后，对卢公子说："令尊素有清望，如今交州和广州一带缺乏有才干的官员，圣上打算派他去，你认为如何？"

卢公子一听就傻眼了。

那交州、广州是什么地方？岭南边瘴之地啊！父亲在朝中待得好好的，一旦调任交、广，那不是形同贬谪吗？这辈子八成是回不来了。

一看卢绚的儿子急得满头大汗，李林甫马上用一种体贴的口吻说："如果怕去偏远的地方，就有违抗圣命之嫌，难免要被降职。依我看，不如主动向皇上提出来，要求调任太子宾客或太子詹事之类的职务，去东都洛阳就任。这也是优礼贤者的办法，你看怎么样啊？"

卢公子如释重负，对李林甫千恩万谢，回去之后和老爹一商量，第二天就按照李林甫的意思，主动向玄宗提交了调职申请。

由于卢绚在朝中甚有人望，李林甫担心一下子让他去坐冷板凳会惹人非议，于是就先安排他去当华州刺史。卢绚到任不久，李林甫又对玄宗说，卢绚身体有病，听说在华州基本上都不怎么打理政务，还是给他调个闲职吧。玄宗一听，虽然觉得很可惜，但也没什么话好说。随后，李林甫便正式把卢绚调任太子詹事，彻底杜绝了他进入政治中枢的可能性。没能起用卢绚为相，玄宗内心不免怏怏，一直想再物色一个和张九龄一样富有文学才华的人。不久，他果然想起了一个。

这个人就是张九龄当年的老部下，被李林甫排挤出朝的严挺之。

有一天朝会上，玄宗忽然对李林甫说："严挺之如今在什么地方？这个人还是可以用的。"李林甫嘴上唯唯诺诺，可心里登时一紧。退朝后，李林甫连忙把严挺之的弟弟严损之找来，说："皇上对尊兄十分挂念，你何不上一道奏书，说尊兄得了风疾，申请回京师就医？"

作为外放官员，严挺之当然是眼巴巴地盼着有朝一日能重回天子脚下，所以当弟弟把李林甫的这个提议告诉他时，严挺之没有过多考虑，赶紧把申请报告打了上去。

随后，李林甫就拿着严挺之的报告对玄宗说："严挺之人老多病，现在又得了风疾，看来应该给他个闲职，以便就医养病。"

玄宗深感惋惜，为此叹息良久。几天后，严挺之就成了太子詹事，到东都洛阳陪卢绚一块养老去了。

天宝三年（公元744年），有一个叫裴宽的户部尚书又引起了李林甫的关注和警惕。

因为种种迹象表明，此人已有入相之势。

裴宽和张九龄、严挺之一样，早年也是以"文词"为进身之阶，凭借文学才华入仕，但是和张、严二人比起来，这位仁兄的行政经验要丰富得多，实干能力也强得多。他曾先后在朝中担任户部侍郎、吏部侍郎、左金吾卫大将军等文武要职，又曾出任河南尹、太原尹、范阳节度使等封疆大吏，在朝中和地方都颇有政绩，声望卓著，深得历任宰相的赏识和推举，也极为玄宗所器重。玄宗曾赐他紫金鱼袋[①]，又曾赠诗一

① 官阶未及三品者，特赐紫色官袍，并赏赐与官服搭配的装饰物"金鱼袋"，是天子恩宠的象征。

首，其中一句是："德比岱云布，心如晋水清。" 对他的欣赏和倚重远远超越了一般朝臣。

这样一个能文能武，经验丰富、政治资本又极其雄厚的家伙，绝对是块当宰相的料，也绝对是李林甫的心头大患！

不把他搞掉，李林甫一天也不会安宁。

天宝三年岁末，从另一个姓裴的大臣身上，李林甫终于找到了整治裴宽的机会。

此人是刑部尚书裴敦复，在这一年年初奉诏出兵，剿灭了东南沿海猖獗一时的海盗，凯旋回朝后受到玄宗的嘉奖。论功行赏之际，裴敦复拼命鼓吹海盗势力如何猖獗、平定海盗如何不易等等，同时趁机广开受贿之门，为行贿者冒领军功，博取官职。裴宽风闻裴敦复受贿冒功之事，就向玄宗打了小报告。不过因为没有证据，玄宗也就暂时按下不表。就在这时候，李林甫意识到收拾裴宽的机会来了。

由于耳目遍布朝廷，所以李林甫很清楚，裴宽自己的屁股也不干净，只要把他打小报告的事情告诉裴敦复，不需要李林甫亲自动手，裴敦复就会不惜一切代价把裴宽咬死。

这就叫借刀杀人。

随后，李林甫找来裴敦复，说："你惨了，裴宽参你一本了。"

不出李林甫所料，裴敦复果然气得直跳脚，大骂裴宽忘恩负义，说裴宽过去也没少拿亲戚朋友的事来找他，现在居然倒打一耙，真是过河拆桥的卑鄙小人。

李林甫说："那你还等什么？再不动手就晚了。"

裴敦复立刻行动起来，悄悄派人送了一笔重金给杨贵妃的姐姐秦国夫人。秦国夫人拿人钱财，替人消灾，随即在皇帝跟前一个劲地为裴敦复美言，同时拼命给裴宽抹黑。

其时杨氏四姐妹正受天子宠幸，秦国夫人这枕头风一吹，裴宽当然就完蛋了。

几天后，眼看就要入相的裴宽就这样不明不白地被逐出了朝廷，贬为睢阳（今河南商丘市）太守。

裴敦复就此躲过一劫，从此对李林甫自然是感恩戴德。

可是，他毕竟是一把杀过人的刀，李林甫肯定不会留他。更何况，自从他搭上秦国夫人这条顺风船后，在玄宗心目中的地位就越来越高了，俨然已有取代裴宽入相之势，李林甫当然更不能留他了。

天宝四年（公元745年）四月，李林甫随便找了个借口，就拿掉了裴敦复的刑部尚书之职，将他调任岭南五府经略使。

直到此刻裴敦复才幡然醒悟——原来自己被李林甫当枪使了！

裴敦复愤愤不平，迟迟不肯动身赴任，这一来又给李林甫抓住了把柄。李林甫旋即以抗旨不遵、擅自逗留为名，把裴敦复贬为淄川（今山东淄博市）太守。

在李林甫长达十九年的宰相生涯中，使用这种阴柔手段整人的故事可谓不胜枚举。人们总是一边对他心怀感激，一边又不知不觉地被他挤出权力核心，等到醒悟过来的时候，其政治生命早已被李林甫悄然终结。《资治通鉴》称："李林甫为相，凡才望功业出己右及为上所厚、势位将逼己者，必百计去之；尤忌文学之士，或阳与之善，啖以甘言而阴陷之。世谓李林甫'口有蜜，腹有剑'。"

这就是成语"口蜜腹剑"的由来。

然而，并不是所有人都能被李林甫用这一招轻易搞定。

比如应声虫牛仙客死后，继任宰相李适之就不是一颗可以随便拿捏的软柿子。此人向来对李林甫的专权极为不满，所以入相之后便屡屡跟李林甫叫板。

对付这种人，李林甫自然要收起温柔的假面，露出狞厉的真容。

其实，李林甫为自己的政敌本来就准备了两手。

软的那手叫做口蜜腹剑。

硬的这手就叫——罗钳吉网。

## 罗钳吉网：酷吏的兴起

李适之，李唐宗室出身，贞观朝废太子李承乾的孙子，神龙初年入仕，以务实和强干见称，历任左卫郎将、秦州都督、河南尹、御史大夫、刑部尚书等职，天宝元年入相，稍后又兼兵部尚书。

从李适之的仕途经历来看，其从政经验也算是相当丰富了，只可惜，此人性情疏阔率直，缺乏心机和城府，根本不是李林甫的对手。

比如他刚上台不久，就曾经被李林甫狠狠摆了一道。

有一回在朝堂上办公，李林甫主动凑过来跟他搭讪，聊了一会闲天后，李林甫忽然压低嗓门说："我听说华山富含金矿，一旦开采出来，国库就不缺钱花了，但是皇上好像还不知道这事。"

李林甫说得一脸神秘，那意思是——一般人我不告诉他。

李适之心中暗喜，觉得这件事报上去足以邀功，于公于私都大有好处，没必要这么藏着掖着，于是第二天就向玄宗作了禀报。当然，他隐瞒了自己的消息来源。

玄宗听说有金矿，兴奋得两眼放光，连忙召见李林甫，问他有没有这回事。李林甫不紧不慢地说："臣早就知道了，只不过华山是陛下的本命山，乃王气所在，不宜开采，所以臣一直不敢提起。"

玄宗一听，觉得还是李林甫想得周到，从此对李适之的印象一落千丈，过后就很不高兴地跟他说："今后奏事，应当先和李林甫商议，不能再如此草率轻忽。"

李适之张口结舌，真是哑巴吃黄连，有苦说不得。

李林甫略施小计，就让李适之在玄宗面前栽了大跟头，但李适之毕竟是宰相，"金矿事件"顶多只能让他失去皇帝的信任，还不足以让他下台。

要想把李适之扳倒，就必须加大力度。

天宝四年五月，李林甫忽然指使手下控告兵部官员集体受贿，然后立即立案，一口气逮捕了兵部的六十多个官员，交付京兆府和御史台联合审理。可想而知，如果兵部官员集体受贿的罪名成立，作为兵部尚书的李适之绝对难逃干系，就算不被牵连进去，至少也要负失察之责。

然而，此事毕竟是子虚乌有，所以京兆府和御史台一连审了好几天，都审不出个子丑寅卯。时任京兆尹的萧炅（亦即当年被张九龄贬谪的那个"伏猎侍郎"）是李林甫的亲信，他知道，这个案子要是办不下来，自己肯定没法向李林甫交代。

情急之下，萧炅猛然想起了手下的一个法曹。他相信，只要让此人出手，骨头再硬的囚犯也会浑身酥软，乖乖就范！

这个即将出手的法曹，就是李林甫后来的得力鹰犬、天宝中后期大名鼎鼎的酷吏——吉温。

都说龙生龙，凤生凤，老鼠生儿会打洞，此话真是一点不假。这个吉温，就是武周年间著名酷吏吉顼的亲侄子。和吉顼一样，吉温生性诡谲阴险，心狠手辣，天生就是干酷吏的料。但是他生不逢时，没赶上女皇武曌实行特务统治的大好年头，而是碰上了政治稳定的开元时期，所以英雄无用武之地，直到天宝初年还一直混不出头，只当了个小小的万年县丞。

有一次，曾有人向玄宗推荐吉温，可玄宗亲自召见后，没说上几句话，就断定他是一个心术不正的小人，随后便对那个推荐人说："是一不良人，朕不用也。"（《资治通鉴》卷二一五）

被皇帝下了这一句断语，无异于宣判了政治上的死刑，要是换成别人，恐怕早就死了当官的这条心了。可吉温并没有因此气馁，而是相信自己总有出头之日。

因为他知道，只要有人的地方就有斗争，而只要有斗争的地方就有他的用武之地。所以他坚信，自己的酷吏天赋总有一天会派上用场，在帝国的政治舞台上大放异彩！

就是在这段郁郁不得志的日子里，吉温不断放出豪言："若遇知己，南山白额兽不足缚也！"（《旧唐书·吉温传》）

如果能遇到赏识我的人，就算是终南山里最凶猛的野兽也可以手到擒来！

从这一点来说，吉温和李林甫倒是颇为神似——被人否定非但不会磨灭他们的斗志，反而会激发出他们与人斗、与天斗的决心和劲头。

当然，要在官场上混出点名堂来，光凭一股子狠劲是不行的，还必须有巧劲。而吉温恰好两者都不缺。除了拥有酷吏的天赋之外，他还有一样本事——巴结权贵。

尤其善于巴结当权宦官，比如高力士。

正是由于高力士这层关系，吉温才最终靠上了萧炅的码头。

说起吉温和萧炅，真是应了一句老话——不打不相识。他们两个人之间，本来是有过一段旧怨的。早先，萧炅曾经在洛阳担任河南尹，在任上出了事情，受到有关部门审查。当时吉温正在河南府下辖的新丰县担任县丞，有关部门听说他办案能力很强，就指派他去审理此案。吉温为了显示自己的能耐，就对萧炅施加了很多手段，把他搞得狼狈不堪。

后来，由于李林甫力保，萧炅不仅没有出事，反而官升一级，被调到长安当了京兆尹。

巧合的是，萧炅荣升京兆尹不久，吉温也通过钻营调到了京畿万年县担任县丞，而萧炅恰好是他的顶头上司。

吉温心中暗暗叫苦。

那些知道内情的同僚也都异口同声地告诉他——这回你死定了。

是的，如果吉温没有后台的话，他这回绝对是死定了。

所幸，他有一个绝对过硬的后台——高力士。

而这个后台，恰恰也是萧炅极力巴结的对象。

所以吉温不会死。

不但不会死，他还会比一般同僚拥有更多出人头地的机会。只要让萧炅明白他和高力士的关系，再大的积怨也能涣然冰释，一笔勾销！

于是就有了下面这则化干戈为玉帛的故事。

吉温知道，每当高力士不在宫中当值的时候，萧炅必定会往他的府上跑。有一天，高力士没当班，吉温知道萧炅会来，便提前一步到了高力士府上。高力士明白吉温的用意，立刻与他促膝而坐，还握住吉温的手，称兄道弟，谈笑甚欢。

毫无疑问，萧炅进来的时候，正好迎头撞见了这一幕。

吉温作出一副惊慌的模样，连忙要起身回避。高力士大声说："吉七，你不用走。"然后转头对萧炅说："都是老朋友了，过来一块坐吧。"高力士用吉温的排行称呼他，显然是关系非常亲密的表现。

萧炅万万没料到，这个小小的县丞居然还能和高力士称兄道弟，连忙放下上司的架子，对吉温堆出满脸笑容，然后又是行礼又是让座，恭敬得不得了。

事后，吉温亲自到萧炅的府上拜访，用万分真诚和毕恭毕敬的口吻说："萧大人，过去的事情，是因为吉某奉命行事，不敢违背国法。从今往后，吉某一定洗心革面，为大人效犬马之劳！"

吉温有那么硬的靠山，做事情又这么漂亮，萧炅有什么理由不和他化干戈为玉帛呢?!

"炅复与尽欢。"（《旧唐书·吉温传》）

总之，一段旧怨就此烟消云散。萧炅随后就把吉温提拔为京兆府法曹。从此，吉温就成了萧炅的心腹。

有了高力士和萧炅这两座靠山，吉温又怎么可能不出头呢？

此刻，当萧炅因兵部的案子找到吉温时，这个多年来一直怀才不遇的未来酷吏立刻敏锐地意识到——自己扬名立万的时候到了！

吉温走进关押兵部嫌犯的监狱时，脸上始终带着一种莫测高深的微笑。他让狱吏把那六十几个桀骜不驯的兵部官员集中到了院子里，然后笑盈盈地看着他们，甚至还和其中几个微微点了点头。

在此过程中，吉温一句话也没说。紧接着，他就返身走进关押重犯的牢房，下令提审其中的两名重犯。人犯提出来后，吉温照旧一言不发，只用眼色示意狱吏对这两个人用刑。

很快，一声比一声更为凄厉的哀号就从牢房中飞了出来，声声落进六十几个兵部官员的耳中。

他们的脸色在同一瞬间变得惨白。

几天来一直梗着脖子的这群硬汉你看看我，我看看你，眼中交流着同一种不言而喻的恐惧。

最后，他们终于一个接一个地低下了高傲的头颅，并且争先恐后地喊道："把笔和纸拿来，我们交代！只要留我等一条性命，我们什么都交代！"

随后，当吉温挨个提审他们时，这群吓破了胆的兵部官员纷纷自诬，对强加在他们头上的所有渎职受贿罪行全部供认不讳。自始至终，吉温没动过半根手指头，没说过一句狠话，甚至脸上的笑容也未曾消失过。又有谁敢说，他这是刑讯逼供呢？

差不多只用了一顿饭的工夫，吉温就抱着六十几张白纸黑字的供状向萧炅复命去了。

后来，有关部门怀疑吉温使用了严刑逼供的手段，立刻派人去查，结果发现六十几名嫌犯全都毫发无损，最后只能得出一个结论——他们全都是自愿招供，并未遭到任何迫害。

这起轰动一时的兵部官员集体受贿案就这么定案了。

当玄宗接到结案报告时，无论如何也不愿相信自己的眼睛。

开什么国际玩笑？假如案情属实的话，那堂堂兵部岂不成了一个硕大的老鼠窝？朝廷颜面何存？自己这个当朝天子颜面何存?!

但是六十几张白纸黑字的供状摆在眼前，又由不得你不信。

最后，玄宗只好采取大事化小、小事化了的办法，下诏对历任和现任的兵部侍郎进行了严厉斥责，相当于对他们进行了警告处分，但却只字不提兵部尚书李适之的失察之责，同时宣布赦免了所有的涉案官员。

玄宗如此淡化这件案子，委实出乎李林甫的意料。

案子虽然办下来了，罪名也都坐实了，可最后还是伤不到李适之一根汗毛，李林甫未免有些懊恼。

但是在懊恼的同时，李林甫也感到了莫大的喜悦。

因为通过这件案子，他得到了一个人才，一个可遇而不可求的人才——吉温。

差不多在把吉温纳入麾下的同时，李林甫在御史台也物色到了一个同样擅长罗织罪案的高手。

他就是后来与吉温齐名的另一个酷吏——罗希奭。此人是李林甫女婿的外甥，原任御史台主簿，被李林甫提拔为监察御史，他虽然不如吉温那般阴险，但却比吉温更为苛酷猛厉、心狠手辣。

有了这两个得力鹰犬，李林甫可谓如虎添翼。

从今往后，只要罗希奭张开凶猛的钳子，吉温支起阴险的大网，大唐天下将再也没有李林甫办不了的案子，也没有李林甫搞不定的政敌！

## 东宫危情：韦坚谋反案

天宝五年（公元746年）春天，大唐帝京长安仍然像往日那样花团锦簇、歌舞升平，然而没有人知道，此时此刻，一张阴谋之网已经悄然张开，即将引发一起震惊朝野的大案。

这起大案的幕后策划者就是李林甫，而他的目标将直指太子李亨（原名李玙，天宝三年改名）。

从李亨入主东宫的那一天起，李林甫就发誓总有一天要把他扳倒。可是好几年时间过去了，李林甫一直没有等到最佳的出手时机。

现在，时机终于成熟了。

因为有两个与太子关系密切的重要人物已经进入了李林甫的狙击范围，所以李林甫决定从他们身上下手，将他们与太子一网打尽！

这两个人，一个叫韦坚，一个叫皇甫惟明。

韦坚，太子妃的哥哥，财政专家，为人精明干练，几年前在江淮租庸转运使的位子上干得风生水起，每年替朝廷增收的赋税多达数百万，因此博得了玄宗的青睐，遂加银青光禄大夫、左散骑常侍衔，又兼水陆转运使等职，一时间炙手可热，大有入相之势。此外，他又和宰相李适之过从甚密，俨然有联手对付李林甫的意思。为了防患于未然，李林甫遂于天宝四年九月推荐他担任了刑部尚书，同时解除了他在财政方面的多个兼职，表面上是提拔，实际上是剥夺了他的实权。

韦坚失势后，自然对李林甫恨之入骨，于是跟李适之的关系更为紧密，颇有些同仇敌忾的意味。

像这样的人，李林甫当然要尽早把他除掉了。

皇甫惟明，与太子和韦坚均为多年好友，时任河西、陇右节度使，不久前刚刚在边境大破吐蕃军队，立下赫赫战功，正受玄宗赏识。此人对李林甫的专权向来不满，这一年正月奉玄宗之召回朝献捷，遂乘机进谏，抨击李林甫擅权揽政，劝玄宗罢黜李林甫。

可想而知，这番谏言旋即一字不漏地落进了李林甫的耳中。

李林甫怒不可遏，遂授意自己的心腹、御史中丞杨慎矜密切监视皇甫惟明与韦坚的一举一动。在李林甫看来，此次皇甫惟明回朝，正是下手的良机。因为皇甫惟明作为太子的故旧和韦坚的朋友，值此新春佳节回京之际，不可能不与太子和韦坚来往走动，而只要他们在私下场合一碰头，李林甫就有办法让他们跳进黄河也洗不清。

为什么这么说？

因为他们三个人的身份太特殊了。

皇甫惟明是什么身份？

手握重兵的大将。

韦坚是什么身份？

深受皇帝信任的外戚。

而李亨又是什么身份？

一个年近四十却仍然看不到登基希望的中年太子。

这三种角色搅在一起，难道还不足以令人产生某种微妙的联想？

会的，一定会的。只要李林甫掌握他们的行踪，再抓住他们暗中交通的把柄，就一定可以在玄宗脑中唤起某种微妙的联想。

不，是致命的联想！

从“太子”“外戚”“大将”这三个关键词，玄宗一定会联想到“政变”“逼宫”“篡位”这三个敏感词。将这些关键词和敏感词连在一起，就必定会形成这样的扩展内容——太子年长，已经失去了正常即位的耐心，遂与外戚和边将勾结，企图发动政变，废黜皇帝，然后登基继位！

人类失去联想，世界将会怎样？

一个年老的皇帝如果失去联想，皇权将会怎样？

李林甫相信，作为一个靠政变上台的皇帝，玄宗一定不会失去联想。对此，李林甫成竹在胸，深信不疑！

果然不出李林甫所料，天宝五年正月十五，元宵佳节的晚上，太子出游，与韦坚会面。片刻后，韦坚又赶赴景龙观，在僻静的道士房中与皇甫惟明密谈多时。

他们在谈什么？

没人知道。

不过也没必要知道。因为他们的这些诡异举动，全都没有逃脱御史中丞杨慎矜的监控。当天深夜，杨慎矜就赶赴李林甫家中，将他所掌握的情况一五一十作了禀报。

够了。

这就够了。

李林甫说，你马上回去写一道弹劾奏章，就说韦坚身为外戚，不应私下与边将交通。明日一早，你就把奏章递上去。

次日早朝，杨慎矜依计呈上奏章，李林甫当即出列，郑重其事地向玄宗指出：这是韦坚与皇甫惟明密谋，企图共同拥立太子，篡位登基！

玄宗暴怒。

一个老皇帝最敏感、最脆弱的那一根神经被触动了。

不，是被触痛了。

是日，韦坚和皇甫惟明被不由分说地拿下诏狱，李林甫立刻命杨慎矜、王鉷、吉温三个心腹一同出马，联手审理此案。

事情发展到这一步，太子李亨就危险了。因为吉温等人一出手，韦坚和皇甫惟明十有八九扛不住，一旦从他们嘴里抠出什么不利于太子的供词，东宫很可能就要再度易主了。

然而，让李林甫意想不到的是，吉温等人未及动手，玄宗就下了一道诏书，以“干进不已”（意为钻营求进、贪得无厌）的罪名贬韦坚为缙云（今浙江丽水市）太守，以离间君臣的罪名贬皇甫惟明为播川（今贵州遵义市）太守。

很显然，玄宗是有意在淡化这件谋反案。虽然他也疑心韦坚和皇甫惟明确有不轨图谋，可他却不愿相信太子李亨参与了此事。对于一个年过六旬的皇帝来说，他已经没有那份心力再去应付一场废立太子的风波了，更没有勇气再去制造一幕“白发人送黑发人”的人伦悲剧。所以，只要太子李亨没干什么太出格的事情，玄宗宁可抱着难得糊涂的心态，将这起案件大事化小，小事化了。

即便李林甫处心积虑，太子最后还是有惊无险地躲过了他的暗算。

然而，这起“韦坚谋反案”并没有就此划上句号。

因为，韦坚和皇甫惟明虽然遭到了贬谪，但他们毕竟还是一方太守，仍有卷土重来的可能；同时，以他们为首的整个东宫集团的实力也并未受到根本性的削弱。因此，为了防止他们反扑，李林甫就必须一鼓作气，把这场斗争进行到底。

能不能扳倒太子暂且不说，至少也要利用这起案件，把韦坚、皇甫惟明、李适之等人置于死地！

韦坚一落马，李适之立刻生出了唇亡齿寒的恐惧。

他终于不得不承认——自己压根不是李林甫的对手。

在李林甫的步步紧逼之下，连堂堂的帝国储君都朝不保夕、岌岌可危了，其他人还有什么本事跟李林甫斗?!

经过一番痛苦的思想斗争后，李适之终于无奈地向玄宗递交了辞呈，请求退居闲职。

天宝五年四月，玄宗解除了李适之的宰相职务，将其罢为太子少保。李适之带着满腔的幽怨离开了相位，随即写下一首《罢相》，借以抒发自己的满腹怨气：“避贤初罢相，乐圣且衔杯。为问门前客，今朝几个来？”

李适之非常好客，喜欢饮酒，据说有“一斗不乱”的海量，平日里经常邀朋喝友在家中聚宴。他这首《罢相》，既有自嘲之意，也不乏跟李林甫赌气和叫板的意味。他明明知道自己现在失势了，人们害怕得罪李林甫，肯定不敢再和自己来往，可他偏偏不信这个邪，故意在罢相之后举办了一次盛大的宴会，还命他的儿子、时任卫尉少卿的李霅写了一堆请柬到处去发——他就是想看看，平日里和他称兄道弟的那些朝臣们，到底还有几个是讲义气的，能够不惧李林甫的淫威，毅然登门喝他的酒！

为问门前客，今朝几个来？

很遗憾，答案是零。

满朝文武，亲朋故旧，没有一个人敢来喝他的酒。

岂料门前客，今朝无人来！

那天，李适之和儿子李霅眼巴巴地在大门口站了一天，愣是没等到一个客人上门。

桌子上的酒菜一点一点冷透的时候，父子二人的心也一点一点地凉透了。

这就是人情冷暖，世态炎凉！

怪谁呢？

其实不能怪李适之跟李林甫赌气叫板，怪只怪他宦海一生，对人性居然还抱有如此不切实际的幻想。

李适之从此心灰意冷，决定在太子少保的闲职上安度晚年，再也不和任何人赌气，再也不和任何人叫板了。

然而，树欲静而风不止。尽管他已经急流勇退，主动离开了相位，并且决意夹起尾巴做人，可李林甫还是时时刻刻惦记着他……

天宝五年秋天，韦坚在朝中任职的两个弟弟韦兰、韦芝不甘心他们的哥哥就此失势，忽然联名上奏喊冤，并且在奏章中还扯上了太子，说太子李亨说过什么什么话，对玄宗的做法也怀有极大的不满云云。

韦氏兄弟并不知道，他们这是在把太子往火坑里推，也是在给他们自己挖掘坟墓。

奏章呈上，玄宗勃然大怒。老子好不容易才把这事给压下去，你们这两个不知好歹的猪头，怎么哪壶不开提哪壶呢?!

数日后，韦坚再度被贬为江夏（今湖北武汉市）别驾，韦兰和韦芝均被流放岭南。

太子李亨吓坏了，赶紧宣布和韦妃离婚，并郑重声明——自己绝不以亲废法。

民间女子离了婚还可以改嫁，可韦妃却没有这份自由。她被太子休掉后，唯一的出路就是遁入空门落发为尼，伴着青灯古佛了此一生。

趁着玄宗正在气头上，李林甫又进言说："韦氏兄弟居然敢上疏喊冤，说明他们在朝中的势力不可小觑，据臣所知，李适之等人都是韦坚的朋党，正所谓除恶务尽，陛下应该对他们采取手段。"

随后，韦坚再度被流放临封（今广东封开县），李适之被贬为宜春（今属江西）太守，还有数十个平日与他们交厚的朝臣，也全部遭到了贬谪流放。

至此，太子的羽翼几乎已被剪除殆尽。

然而，李林甫似乎没有罢手的意思。因为他的目标绝不仅仅是把他们逐出朝廷，而是要把他们斩尽杀绝！

正当太子李亨被韦坚一案搞得一夕数惊、惶惶不可终日的时候，他的岳父杜有邻又陷进了一件案子，同时把他也牵扯了进去。杜有邻是李亨的另一个妃子杜良娣的父亲，时任赞善大夫，不知为何忽然成了一则流言的攻击目标，说他"妄称图谶，交构东宫，指斥乘舆"。（《资治通鉴》二一五）意思是说杜有邻捏造神秘言论，并与太子勾结，指摘诽谤皇帝。

很显然，这则流言的杀伤力丝毫不亚于韦坚谋反案。

李林甫无声地笑了。

老天爷似乎也在帮他。不需要他动手，一个又一个打击东宫的机会就自动送到了他面前。李林甫随即命吉温负责此案。吉温的效率出奇地高，一下子就把流言的始作俑者逮住了。

让太子李亨万万没有料到的是，这个流言的制造者竟然是他的连襟、杜有邻的另一个女婿——柳勣。此人生性疏狂，一直和杜有邻关系不好，所以总想找机会整治老丈人。可谁也没想到，这小子竟然会在这个节骨眼上出此阴招！真是让太子李亨欲哭无泪。

李林甫又一次无声地笑了。

都是你们自家人窝里斗，可别怪我李某人心狠手辣！

很快，吉温就把柳勣、杜有邻全部捉拿归案，并且通过柳勣株连了裴敦复、李邕、王曾等一大批朝野知名的官员。

天宝五年年末，吉温拿到上述这些人自诬有罪的口供后，便将他们全部杖杀于大理狱，并奏请玄宗，将他们的妻儿子女全部流放边地。

幸运的是，到最后，吉温也没有真正掌握对太子不利的证据，所以也无法证明太子有罪。可尽管如此，太子李亨还是吓破了胆，赶紧宣布与杜良娣离婚，以此洗刷自己的清白。

杜良娣旋即被逐出皇宫，贬为庶人。

不到一年时间，李亨就接连陷入两起大案，失去了两个妻子，同时丧失了一大批亲信，成了一个孤零零的光杆司令。当太子当到这个份上，实在是有够窝囊。

不过，在李林甫无孔不入、无坚不摧的“罗钳吉网”之下，李亨能保住太子之位和一条性命，就已经是阿弥陀佛上帝保佑了，其他的一切，他都不敢顾及，也无力顾及了。

天宝六年（公元747年）春，李林甫乘胜追击，在奏请玄宗同意后，派出以罗希奭为首的一大批酷吏，分道前往韦坚兄弟和皇甫惟明的贬所和流放地，将他们全部赐死。罗希奭从京师一路走到岭南，所过之处，凡是因韦坚案和杜有邻案而遭牵连的所有官员全部人头落地，“州县且闻希奭到，无不惶骇”。（《旧唐书·李适之传》）

罗希奭经过宜春时，李适之风闻杀人魔头来了，为了保住最后一丝尊严，只好喝下了他一生中的最后一杯酒——毒酒。

李适之死后，他的儿子李霅护送父亲的灵柩北上，准备运回长安安葬。可刚刚走到洛阳，就被李林甫派出的酷吏截住了，然后又被胡乱安了一个罪名，活活杖死于河南府衙。

可怜李适之堂堂宰相，父子二人竟然双双死于非命，并且死无葬身之地。

当时，像李适之这样自我了断的人不在少数。值得一提的是，其中一个就是当年被玄宗清除出朝的功臣——王琚。自从开元初年被贬谪后，王琚辗转了十几个州，始终只能担任地方刺史和太守，一直没有机会回朝。王琚看破了，索性放开手脚纵情享乐，每到一地任职，除了贪污受贿就是花天酒地，在长达三十多年的时间里几乎就没干过一件正经事。可是，就连这么一个在政治上已经没有半点野心和能量的人，李林甫还是没有放过他。不为别的，只因为李林甫认为此人“负材使气”，看上去很不顺眼，于是就趁此大肆株连之机把他贬为江华（今湖南道县）司马。罗希奭途经江华时，王琚也和李适之一样，不愿死于酷吏之手，企图饮鸩自尽，可惜命大，没死成，只好改成上吊，这才终结了自己的性命。

通过韦坚谋反案，李林甫将朝野上下亲附太子的势力几乎连根拔起，对东宫造成了沉重的打击。然而，太子的地位却依旧岿然不动。

李林甫当然不会善罢干休。

他相信自己一定能找到一个最佳的突破口。

天宝六年的冬天，上一轮打击才刚刚平息下来，李林甫就再一次出手了。这一次，他锁定的对象是天宝初年帝国最耀眼的一颗将星——王忠嗣。

## 将星陨落：石堡城事件

王忠嗣，初名王训，太原人，出身于军旅家庭，父亲王海宾是开元年间抗击吐蕃的一员骁将，官任太子右卫率、丰安军使，以骁勇善战闻名于陇西一带。开元二年七月，唐军与吐蕃军队在渭州（今甘肃平凉市）附近进行了一场大规模会战，王海宾任先锋，在渭州西面的武阶驿与敌军遭遇，经过一番苦战，大破吐军前锋，杀获甚众。

吐蕃军队迅速反扑，出动主力将孤军深入的王海宾部团团包围。形势危急之时，后方的唐军诸将因嫉妒王海宾的军功，竟然全都按兵不动。王海宾力战多时，终因寡不敌众而壮烈殉国。其后，唐军主力才乘势发动反攻，大破吐蕃军队，斩首一万七千级，缴获战马七万五千匹、牛羊十四万头。

战后，玄宗感念王海宾的忠勇，追赠其为左金吾大将军。

王海宾为国捐躯的这一年，王训年仅九岁，玄宗就把他接到了宫中抚养，并授予朝散大夫、尚辇奉御之职，赐名忠嗣。正所谓将门出虎子，王忠嗣长大后，为人英武沉毅，稳重寡言，并熟读兵书，谋略过人。玄宗经常召见他，与他谈论兵法，王忠嗣“应对纵横，皆出意表”，玄宗不禁赞叹：“尔后必为良将！”（《旧唐书·王忠嗣传》）

开元中期，王忠嗣进入军界，先后效力于河西节度使萧嵩、朔方节度使李祎麾下，因勇猛善战，屡立战功，历任河西讨击副使、左威卫将军、代州都督等职，赐爵清源县男，并赐紫金鱼袋。开元末，因军功显赫升任河东、朔方节度使。天宝元年，又兼灵州（今宁夏灵武西南）都督，其后率部北伐突厥，数战皆捷，致使"塞外晏然，虏不敢入"。随后因功加授左武卫大将军。

天宝四年，又兼摄御史大夫，进爵清源县公。

王忠嗣年轻时颇以勇猛善战自负，但是随着年龄、阅历的增长，尤其是在担任节度使之后，其性格中沉稳持重的一面就显露出来了。他常说："国家升平之时，为将者在抚其众而已，吾不欲疲中国之力以徼功名耳。"（《旧唐书·王忠嗣传》）

很显然，王忠嗣并不是一个好勇斗狠、头脑简单的武夫，而是一个拥有政治眼光的军事家。他深知，战争只是维护国家安全的一种手段，并不是军人从军的唯一目的，更不能作为个人捞取功名利禄的工具。换言之，作为一个带兵打仗的将军，他并不缺乏勇悍的作风，但是作为一个身兼数职的封疆大吏，他就必须从政治、经济、国防、民生等多个角度，全面而理性地看待战争。

王忠嗣有一张重达150斤的漆弓，但从来不用，一直藏在袋子里，目的就是为了表明自己决不轻易使用武力。不过王忠嗣也知道，他手下的很多官兵都渴望建立军功，普遍存在好战情绪，不见得能理解他的思想，因此，王忠嗣并没有一味采取消极防御的战略，而是经常在必要的情况下主动出击。

但是，王忠嗣从不打无把握之战。每次出战之前，他都会派出大量间谍深入敌境，详细掌握敌方的各种情报，然后制订极具针对性的作战计划，最后再发兵奇袭。如此一来，不仅能够最大程度地减少己方伤亡，而且几乎能够做到每战必胜。在这种有勇有谋的长官手下打仗，官兵们当然都非常乐意。

然而，尽管王忠嗣的军事思想于兵、于民、于国都是有利的，可却与另外一个人的军事思想产生了冲突。

这个人就是玄宗李隆基。

差不过从开元中后期开始，李隆基就逐渐抛弃了姚崇当年提出的"不幸边功"的执政方略，变得好大喜功，一心想要开疆拓土，鹰扬国威。按理说，作为一个雄才大略的皇帝，拥有这样的思想和心态并不能算错，可问题是“上有所好，下必甚焉”，天子一旦好大喜功，军队必然会为了邀功而滋生好战情绪。在这种情况下，战争就不再是政治的延续，而有可能变成一匹脱缰的野马，失去理性的驾驭，最后为百姓和国家带来不必要的战争灾难。古今中外的历史上，这样的例子不胜枚举。远的不说，就说隋炀帝杨广，正是在好大喜功的心态的驱使下，才把隋帝国变成了一辆疯狂的战车，最终导致了王朝的覆灭。

也许，正是鉴于这样的历史教训，王忠嗣才会逐渐形成以防御为主的稳健的战略思想。可遗憾的是，这样的稳健最后必然会被玄宗视为保守和消极，也必然会与玄宗的激进思想产生冲突。

天宝五年，皇甫惟明因韦坚案遭到贬谪，其河西、陇右节度使之职旋即由王忠嗣兼任。一时间，王忠嗣“佩四将印，控制万里，劲兵重镇，皆归掌握，自国初以来，未之有也”。（《旧唐书·王忠嗣传》）

天宝初年，唐帝国总共设置了九大节度使，如今王忠嗣一人就占去了四个，实在是有够拉风。面对如此拉风的王忠嗣，有个人自然会感到强烈的威胁。

这个人就是李林甫。

从开元中期以迄天宝，许多人都是因为建立边功、受到玄宗赏识，从而出将入相、位登宰辅的，如张嘉贞、王晙、张说、杜暹、萧嵩、牛仙客，以及后来差一点入相的安禄山等。如今，王忠嗣一人身兼四节度，声势和威名如日中天，放眼天下，已经没有谁比他更有资格入朝拜相了。

李林甫深知，王忠嗣不像牛仙客那么好对付，一旦入相，自己的日子肯定不会好过。所以，他必须未雨绸缪，尽早将王忠嗣摆平。

可是，王忠嗣战功显赫，治军严整，既不贪赃纳贿，也不克扣兵饷，几乎一点毛病都没有，而且备受玄宗器重——这样的一个强人，要如何才能摆平？

一开始，李林甫确实是绞尽脑汁也无从下手，直到天宝六年“石堡城事件”的出现，李林甫才终于抓住了王忠嗣的软肋。

石堡城，位于今青海省湟源县西南，一座屹立在青藏高原上的边陲重镇。此城是唐军扼守河西走廊的咽喉要塞，也是吐蕃进军河陇的必经门户。从高宗时代起，一直到开元、天宝年间，这里就是唐朝和吐蕃的必争之地。双方在此反复争夺，数度易手，用无数士兵的鲜血和尸骸，不断向世人证明着它在战略上的重要性。

最近易手的一回合是：开元十七年春，朔方节度使李祎以一场奇袭拿下石堡城，从此，唐军的旗帜在这里飘扬了将近十三年，至开元二十九年年底，重新被吐蕃攻占。

这几年来，玄宗无时不在想着夺回石堡城，无时不在想着如何报仇雪耻，彰显国威。到了天宝六年十月，玄宗终于下了一道诏书给王忠嗣，命他制订一个夺取石堡城的作战计划。

在王忠嗣看来，石堡城固然重要，可是此城地势异常险峻，三面皆为断崖，唯有一条石径蜿蜒可上，可谓一夫当关，万夫莫开。几年来，吐蕃不仅在此屯驻重兵，而且构筑了极为坚固的防御工事，若要强攻，至少要牺牲数万唐军将士的生命，实在是得不偿失。因此，王忠嗣上疏表明了自己的看法，建议在石堡城后方的积石山一线构筑防御纵深，阻止吐蕃军队向东挺进，然后再厉兵秣马，静待反攻时机。

奏疏呈上，玄宗大为不快。

王忠嗣啊王忠嗣，没想到你也有消极怯战的时候。是不是朕给了你太多的荣华富贵和功名利禄，反而把你宠坏了？让你变得锐气尽丧、贪生惜命了？行，你不打，朕自然会叫别人打，总而言之一句话——石堡城非打不可！

当时，有一个叫董延光的将领贪功心切，遂自告奋勇要求出战。玄宗大喜，立刻将任务交给了他，并下令王忠嗣拨给他数万兵马，同时全力配合他的作战行动。王忠嗣万不得已，只好采取消极怠工的态度，对董延光虚与委蛇，一再敷衍。部将李光弼劝他不要得罪董延光，王忠嗣愤然道："岂以数万人之命易一官乎？"（《旧唐书·王忠嗣传》）

后来，董延光未能如期攻克石堡城，便把责任推卸到了王忠嗣身上，向玄宗告状，说王忠嗣阻挠他的军事行动，才导致任务失败。

玄宗勃然大怒。

就在这个时候，李林甫不失时机地出手了。

由于王忠嗣生长在宫中，与太子李亨从小一起长大，关系亲密，所以李林甫就授意手下人指控王忠嗣，说他之所以违抗圣命，消极避战，目的就是为了保存实力，然后再拥兵尊奉太子。

尊奉太子干什么？

当然是篡位登基了。

玄宗闻奏，真是气不打一处来，当即下诏解除了王忠嗣的兵权，并命他即刻回朝，接受御史台、刑部和大理寺的三堂会审。

很显然，李林甫在这起案件中采取的手法，跟去年的韦坚案一模一样，都是一边铲除威胁他地位的政敌，一边把火引向东宫，打算借机扳倒太子。

上次是企图一石三鸟，这次是准备一箭双雕。

然而，李林甫的如意算盘再次落空了。

三法司刚一开审，玄宗就给这起案件定了调子。他说："吾儿居深宫，安得与外人通谋？此必妄也！但劾忠嗣沮挠军功。"（《资治通鉴》卷二一五）明确宣布此案与太子无关，只须追究王忠嗣阻挠军事行动的罪责。

虽然这些年来，玄宗对李林甫打击异己的行为一贯采取了默认和纵容的态度，但在废黜太子的问题上，他却始终保持坚定的立场和难得的清醒，从未被李林甫的谗言蛊惑。这其中的原因，首先当然是因为太子一直夹着尾巴做人，没什么真正的把柄落在李林甫手里；其次是因为东宫每次遭遇险情，都有高力士在玄宗面前力保；而最后，也是最重要的原因，当然还是在于玄宗本人的态度。

对玄宗来说，宰相与东宫关系不和对他并不是什么坏事，因为只有这两股政治力量互相牵制，他才能坐稳自己的皇位；只有他们一直处于剑拔弩张却又相持不下的状态，玄宗才能让自己始终处于仲裁者的地位，也让自己的皇权始终保有决定性的力量，从而对双方都形成一定的制约和威慑，进而维护政治上的平衡与稳定。

这就是玄宗的帝王术。

假如李林甫和太子李亨不是目前这种敌对状态，而是成为政治上的盟友，那玄宗势必落入危险的境地。因为太子已经年近四旬，其迫切渴望入继大统的心态可想而知。倘若有了宰相做靠山，他就完全有可能动用武力迫使玄宗下台。作为一个靠政变上台的皇帝，玄宗这方面的神经特别敏感，所以绝对不会让宰相和东宫拧成一股绳。

而居于同样的理由，玄宗也不会让李林甫真的把太子整垮。因为李林甫的权势已经非常大了，从玄宗即位以来，还没有哪个宰相拥有他这样的权势，倘若再让他扳倒李亨，另行拥立太子，那他的权力岂不是大过天了？日后还不得把皇权玩弄于股掌之中？所以玄宗绝不会允许这样的情况出现。

综上所述，除非太子李亨自己出了问题，否则不管李林甫再怎么折腾，其结果都是瞎子点灯白费蜡。

太子李亨总算又躲过了一劫，但是王忠嗣这回却是在劫难逃了。

负责审讯王忠嗣的官员都知道，皇帝很生气，后果很严重。所以，他们都很清楚自己该怎么做。

很快，三法司就得出了结论——王忠嗣“沮挠军功”属实，论罪当诛！性命攸关的时刻，有个人站出来替王忠嗣说话了。这个人，就是当时正在大唐军界冉冉升起的新星——时任陇右节度使的哥舒翰。

哥舒翰，西域突骑施人，将门之后，其父哥舒道元官任唐朝的安西副都护。由于父亲官位高，家境殷实，所以哥舒翰就成了典型的“富二代”，天天游手好闲，领着一帮纨绔子弟到处瞎混，除了喝酒就是赌博，几乎没干过一件正经事。

不过，哥舒翰也不是完全没有优点。他性格豪爽，仗义疏财，重然诺，好任侠，天生就是当大哥的料。

哥舒翰就这样逍遥自在地混到了四十岁。直到有一天，他老爸死了，他才从浑浑噩噩的生活中猛然清醒过来。哥舒翰知道，再这么混下去，迟早有一天会坐吃山空。无奈之下，他只好跑到京师，准备找一份差事养活自己。没想到，在长安整整住了三年，身上的积蓄差不多花光了，他却连一份养家糊口的工作也没找到。有一次，不知道因为什么事得罪了长安县尉，还被对方狠狠羞辱了一番。

到这一步，活了大半辈子的哥舒翰才真正意识到了生存的艰难，也开始模模糊糊地思考做人的意义。最后，哥舒翰痛定思痛，毅然决定到边疆从军。（《旧唐书·哥舒翰传》：“慨然发愤折节，仗剑之河西。”）

此时的哥舒翰恐怕连自己也不会想到，四十多岁才当兵的他，竟然在短短几年后就成了享誉朝野的名将。

哥舒翰到河西从军后，在攻克新城（今青海门源县）的战役中一战成名，从此崭露头角，历任衙将、大斗军副使、左卫郎将。有一次，吐蕃军队大举入寇，哥舒翰奉命在苦拔海一带进行阻击。两军遭遇时，吐蕃人分成三个纵队，从山上向下冲锋。哥舒翰一马当先，与敌人展开激战。交战中，哥舒翰的长枪折为两段，可他毫无惧色，毅然手持断枪奋勇拼杀。吐蕃士兵一个个被他挑落马下，“三行皆败，无不摧靡”。经此一战，哥舒翰更是声名鹊起。

天宝六年，哥舒翰因屡建战功而擢升陇右节度副使，兼关西兵马使、河源军使。

就是在这一年，哥舒翰赢得了著名的积石山战役。

积石山，位于甘肃省西南部，处在青藏高原和黄土高原的交界地带，坐落于黄河之滨，峭壁千仞，危石险峰，是保卫陇右地区的重要屏障，唐朝常年在此驻军屯田。当时，每当积石军的麦子熟了，吐蕃必定发兵袭击，将粮食抢劫一空。年年如此，当地驻军莫之能御，嚣张的吐蕃人便把这个地方叫做“吐蕃麦庄”。

天宝六年十月，哥舒翰决定在此打一场伏击战。他亲自率部进驻积石山，同时命副将杨景晖等人率兵埋伏在山外。这一次，吐蕃出动了五千骑兵，仍旧像往年那样大摇大摆地前来抢粮，哥舒翰突然出击，一下子就将猝不及防的吐蕃军队杀得人仰马翻。吐蕃残部匆忙抱头鼠窜，又被早已埋伏在山外的杨景晖截断了退路。哥舒翰一马当先，挺一柄长枪紧追不舍，每追上一个敌兵，就用枪头拍拍对方的肩膀，等敌人骇然回头之际，就一枪刺入咽喉，然后把整个人挑到三到五尺的空中，再重重掷下。

哥舒翰有一个小家奴，名叫左车，年纪才十五六岁，但臂力惊人，每次出战，都会扛一把大刀跟在哥舒翰身边，主子一路挑人下马，他就一路砍人脑袋。哥舒翰挑一个，他就砍一颗，每战皆然，配合默契。对吐蕃人来讲，这主仆二人活脱脱就是一对凶神恶煞！

积石山一战，吐蕃全军覆没，五千骑兵没有一人生还。

从此，吐蕃人再也不敢来光顾这座“麦庄”了。

通过数年的浴血奋战，哥舒翰迅速成为大唐军界中最引人注目的后起之秀。

玄宗当然也注意到了他。

天宝六年十月末，玄宗在骊山华清宫亲自召见了哥舒翰，一番交谈后，对他非常欣赏，旋即擢升他为陇右节度使，兼鸿胪卿、摄御史中丞。此时，王忠嗣正被关在诏狱里，接受三法司的审讯。

就在哥舒翰奉召入朝前，王忠嗣麾下的许多将领就建议他多带些钱，以便入朝打点，想办法营救王忠嗣。可哥舒翰很清楚，王忠嗣此次犯的事，绝不是靠区区金钱的贿赂就可以摆平的。因为他得罪的不是别人，是当朝天子。所以，哥舒翰两手空空就上路了。他知道自己该用什么办法解救王忠嗣。

得到陇右节度使的任命后，哥舒翰照例要入宫拜谢。他借此机会，极力向玄宗陈述王忠嗣的冤情。玄宗不耐烦，起身就走，哥舒翰紧跟其后，并且一步一叩首，声泪俱下地请求——愿以自己的官爵替王忠嗣赎罪。到最后，玄宗终于被感动了，只好网开一面，下诏贬王忠嗣为汉阳（今湖北武汉市）太守。

王忠嗣虽然逃脱了天子的翻云覆雨手，但却没能逃过死神的魔爪。天宝八年（公元749年），王忠嗣在地方太守的任上暴卒，年仅四十五岁。天宝初年最耀眼的一颗将星就此陨落。

天宝八年六月，也就是王忠嗣刚刚去世不久，玄宗就再次下令，命哥舒翰集结了六万大军强攻石堡城。哥舒翰苦战多日，最终以牺牲数万将士的代价，攻下了这座尸积如山、血流成河的坚城。

当哥舒翰踩着遍地的鲜血和尸骸登上石堡城的一瞬间，不知道他的内心深处会不会闪过一丝疑惑——这么干，值得吗？

其实，如果玄宗肯采纳王忠嗣的建议，在石堡城后方的积石山一线构筑防御纵深，就能有效阻止吐蕃向东扩张，那么石堡城的战略地位就不会那么重要了。可惜在玄宗眼里，石堡城早已不止是一座边境要塞，而是他鹰扬国威、炫耀武力的对象，更是他的盛世棋盘上不可或缺的一枚棋子，所以他才会不惜一切代价占有它。

具有讽刺意味的是，据史料记载，吐蕃守卫石堡城的士兵只有区区数百人，而且战后被唐军俘虏的就有四百，可见战死者最多也就几百个人。这说明什么呢？这说明石堡城一战，唐军与吐蕃的伤亡比是100：1。

一切正如王忠嗣当初的预言："若顿兵坚城之下，必死者数万，然

后事可图也。臣恐所得不如所失……”（《旧唐书·王忠嗣传》）

当然，王忠嗣已经看不到这一幕了。

倘若王忠嗣地下有知，不知道会作何感想。他是该为自己的不幸言中而摇头苦笑，还是该为自己的一语成谶而扼腕伤悲？

没有人知道。

也许，只有飘荡在石堡城上空的数万唐军将士的冤魂，才能真正理解王忠嗣。而活着的人，心里除了功名利禄和高官显爵，除了厮杀的快感和胜利的喜悦，还能有什么呢？就算哥舒翰曾经有过一丝困惑，但在建功立业的豪情之中，在加官晋爵的利益面前，这样的困惑也只能是萤火虫试比阳光，只能是一滴水汇入汪洋，跟从来没有存在过一样。

天宝中期，当胡将哥舒翰在帝国的西北部跃马横刀、屡立战功的时候，在帝国的东北方，也有一个胡人因为日益显赫的边功而逐渐受到玄宗的赏识和宠幸。

从天宝初年开始，这个胡人就奉玄宗之召，一次又一次来到了富贵浮华、歌舞升平的长安，进入了九重宫阙，登上了金銮宝殿，走到了唐玄宗和杨贵妃的身边，给他们带来了无穷的欢乐和笑声，并很快就成了他们最宠爱的干儿子。

在世人的想象中，这个勇悍的胡人很可能跟其他胡将一样，长着一脸横肉和络腮胡子，说话时其声如雷，顾盼间目露凶光。

可事实并非如此。

这个胡人长得又白又胖，大腹便便，生性幽默诙谐，不管在什么场合，脸上始终洋溢着一个真诚而憨厚的笑容。

由于这家伙实在是胖得有些滑稽，所以玄宗有一次忍不住拿他开涮，说：“你这个胡人肚子里到底装了什么，为何大到这种程度？”（《资治通鉴》卷二一五：“此胡腹中何所有，其大乃尔？”）

他马上一脸正色地回答：“什么都没有，只有一颗红彤彤的忠心！”（《资治通鉴》卷二一五：“更无余物，正有赤心耳！”）

众所周知，这个信誓旦旦地宣称自己硕大的肚子里只有赤胆忠心而别无他物的大胖子，就是安史之乱的缔造者、盛世唐朝的掘墓人——安禄山。

# 第四章
# 安禄山的骚动

## 安禄山：偷羊贼的祸福人生

安禄山，武周长安三年（公元703年）出生，是营州柳城（今辽宁朝阳市）的杂种胡人。说他是杂种并非对他进行人身攻击，而是事实。因为他父亲是西域康国人，历史上称为粟特人，这个民族擅长经商，估计就是因为做生意才来到了营州；他母亲是突厥巫师，姓阿史德，以占卜算命为业。由于安禄山是两个少数民族的混血儿，所以《旧唐书》就称他为“杂种胡人”。

据说他母亲婚后很久没有生育，就到阿荦（luò）山下祈祷，后来果然生下一个白白胖胖的男婴，便为他取名阿荦山。在突厥语中，“阿荦山”是战神的意思。此时，阿史德女巫当然不会知道，很多年后，这个以突厥战神命名的孩子，将给大唐帝国带来一场生灵涂炭、血流漂杵的战争灾难。

阿荦山的父亲早死，他母亲就带着他改嫁突厥将军安延偃，从此阿荦山就以“安”为姓，并按“荦山”的谐音改名“禄山”。后来，安延偃的部落被打散，安禄山就逃到了幽州，在边境的贸易市场上做了“互市牙郎”。所谓互市牙郎，就是为胡汉各族商人提供翻译和中介服务的经纪人。

安禄山之所以选择经纪人的工作，是因为他有三项优势：一、他父亲是擅长经商的粟特人，他当然也遗传了一些从商的基因；二、他生性狡黠，善于揣测他人心理；三、语言能力超强，据说通晓六种蕃语（还有人说是九种）。

虽然安禄山有这么多优势，但是他做生意的运气却很背，干了十多年中介，还是没挣到什么钱。到了开元二十年（公元732年），安禄山已年届而立，依旧两手空空，一事无成。为了早点发财，他决定在中介之外再搞一份兼职。

什么兼职？

偷羊。

反正安禄山手头上客户很多，不愁销赃。晚上偷羊，白天就可以把它卖掉。这份兼职要是干好了，绝对比单纯干中介要强得多。

只可惜，安禄山既不是做生意的料，也不是当贼的料。有个月黑风高的夜晚，他正在专心致志地干活，忽然被人麻袋一蒙，打倒在地，然后就是一顿痛扁。第二天一早，这个浑身青一块紫一块的偷羊贼就被五花大绑地押到了幽州节度使张守珪的公堂上。

这是安禄山人生中的第一次劫难。

如果不出意外，安禄山的人生履历将只有这么短短的一句话：少孤，家贫，流落市井，为互市牙郎，后盗羊事觉，棒杀，结束。

但是谁也没想到，偷羊贼安禄山非但没有结束，反而转祸为福，从此迎来了一个全新的人生。

那天在威武森严的公堂上，幽州节度使张守珪问明案情之后，二话不说，当场命人将这个偷羊贼棒杀。就在那根行刑的大棒高高挥起的一瞬间，安禄山忽然鼓起勇气，扯着嗓子厉声高喊："大人不是想消灭奚和契丹吗？奈何打杀壮士？"

安禄山长得壮硕魁梧，本来丹田气就很足，加上人之将死的那种绝望和恐惧，这一声嘶喊真是震耳欲聋，撼人心魄。

行刑手登时一愣，连张守珪也颇有些意外。他心念一动，随即饶有兴味地走上前去，把这个气壮如牛的偷羊贼从头到脚打量了一遍。

眼前这小子生得白白胖胖，膀大腰圆，看上去还有几分胆识，应该是块当兵打仗的料。

当时，奚人和契丹人常年入寇唐朝的东北边境，是帝国的一大边患。骁将张守珪之所以被朝廷派驻幽州，就是为了对付这两个凶悍的异族。值此用人之际，安禄山这一声喊确实提醒了张守珪。

是啊，与其打杀壮士，还不如让他上阵杀敌，立功赎罪。

就这样，张守珪赦免了安禄山，并把他留在了自己麾下。

一只脚已经踏进鬼门关的安禄山，就这样捡回了一条命，从此踏上了一条与过去截然不同的人生道路。

随后，安禄山在张守珪的军队里当上了捉生将。

所谓捉生将，顾名思义，就是专门捉活口、抓舌头的侦察兵。安禄山的职务，很可能就是侦察排长或特务连长之类的。

不能不说，张守珪识人用人的眼光确实很好，他让安禄山当侦察兵，真是把好钢用到刀刃上了。安禄山早年干中介的优势及其积累的经验，现在全都派上了大用场。他通晓多种蕃语，跟形形色色的人打过交道，熟悉当地各族的风土人情，对山川、道路、地形等等都了如指掌，派这样的人出去抓舌头，当然是一抓一个准。

安禄山每次出去执行任务，通常只带数骑，回来的时候，身后总是绑了数十个奚人或契丹人。无论张守珪需要抓什么样的俘虏，了解哪方面的敌情，安禄山总能手到擒来，圆满完成任务。没过多久，安禄山就获得了张守珪的赏识，被提拔为偏将。由于他生性狡狯，善于逢迎拍马，知道张守珪老是嫌他长得胖，于是就偷偷减肥，连饭也不敢吃饱。很快，他的减肥计划取得了显著成效，满身的赘肉去掉了不少，更得张守珪的欢心，随即被认作养子。

开元二十四年（公元736年），安禄山因骁勇善战、屡立军功而升任平卢讨击使、左骁卫将军。

当年那个混得一塌糊涂的中介商，那个险些被人打死的偷羊贼，如今终于咸鱼翻身，否极泰来，成了幽州地面上屈指可数的头面人物。

这就叫大难不死，必有后福！

然而，古人也经常说一句话——祸兮福所倚，福兮祸所伏。

就在安禄山风生水起、志得意满的当口，又一场杀身之祸就从天而降了。

人在遭遇困境时，脑袋通常会比较清醒，可一旦得意了，就很容易忘形。这是人性的普遍弱点，安禄山自然也不会例外。

就在升任平卢讨击使不久，安禄山奉张守珪之命讨伐奚和契丹，因为这些年从没打过一次败仗，所以就骄傲轻敌，贪功冒进，结果被打得丢盔弃甲，大败而回。张守珪念其骁勇，不忍诛杀，就把他执送东都（当时玄宗住在东都洛阳），交给朝廷发落。

这是安禄山的第二次劫难。

正常情况下，将领出征因主观原因而打了大败仗，就必须按军法论处，其结果只能是两个字——杀头。

但是，安禄山的命运奇就奇在——每当大祸临头、身处绝境的时候，总有人把他从阎罗王手里头抢回来，并且将他的人生推上一个新的台阶。

上一次的贵人是张守珪。

而这一次的贵人，就是唐玄宗李隆基。

安禄山被押到东都后，当时的宰相张九龄亲自审问他。两个人对答许久，张九龄深感此人绝非善类，就在他的案卷上写下批语："守珪军令若行，禄山不宜免死。"（《资治通鉴》二一四）意思是按照军法，张守珪本来就应该把安禄山就地处决，现在就算把他送到了朝廷，也不可能从轻发落，还是一个字——死。

关键时刻，玄宗发话了。

他认为，安禄山作战英勇，而且立过战功，理应特赦，只须免除官职，让他以"白衣"之身回军中效命，戴罪立功。

张九龄坚决反对，说："禄山狼子野心，面有逆相，臣请因罪戮之，冀绝后患。"（《旧唐书·张九龄传》卷一）

张九龄不是神仙，他当然不可能预见十九年后的安史之乱。但是，作为一个阅人无数的宰相，凭直觉看出安禄山"外若痴直，内实狡黠"的本性，预感他日后有可能危害社稷，这倒也在情理之中。更何况安禄山本来就犯了死罪，就算他将来不造反，现在杀他也不能算错。假如玄宗能够采纳张九龄之言，当时就把安禄山除掉，那么后来的唐朝历史，乃至整个中国历史，或许就将因此改写了。

然而历史没有假如——玄宗最后还是把安禄山放了。

安禄山再一次死里逃生，并且因祸得福。

为什么说因祸得福?

因为他得到了天子的关注。

偌大的帝国，像他这个级别的武将不知凡几，皇帝哪能认得过来？而安禄山却因触犯死罪而受到皇帝的瞩目和关照，不是因祸得福是什么？

又一次逃出鬼门关后，安禄山终于悟出了一个道理。

他意识到，光靠在战场上拼死拼活是没有用的，即便拿命换来一官半职，一着不慎就会前功尽弃，满盘皆输。也就是说，要想出人头地，不仅要会打仗，更要会做人。

怎么才叫会做人？

答案就一个：钱。

具体而言是四个字：学会花钱。

每个人都喜欢钱，那些有权的人更喜欢。所以，只要你学会给有权的人送钱，他们自然就会喜欢你，而且乐于拿手中的权力和你交换，让你也变得更加有权。

从古到今，社会一直在变，制度一直在变，但是这条真理则亘古常在，历久弥新，永远不会过时，永远在支配着这个物欲横流、权力至上的世界……

从此，安禄山一边打仗，一边不遗余力地贿赂前来视察的每一个朝廷使臣。“上（玄宗）左右至平卢（营州）者，禄山皆厚赂之，由是，上益以为贤。”（《资治通鉴》卷二一四）

开元二十八年（公元740年），安禄山升任平卢兵马使。次年，御史中丞张利贞出任河北采访使，赴平卢视察军情，“禄山谄佞，善伺人情，曲事利贞，复以金帛遗其左右。”（《安禄山事迹》卷上）张利贞回朝后，拼命替安禄山说好话，玄宗对他的印象越来越好，旋即擢升他为营州都督、平卢军使，兼奚、契丹、渤海、黑水四府经略使。

天宝元年（公元742年）正月，唐朝廷将整个帝国边境从西到东、由北至南划分为十大藩镇，设置了安西、北庭、河西、朔方、河东、范阳、平卢、陇右、剑南九大节度使，外加一个岭南五府经略使。其中，安禄山正式出任平卢节度使，负责镇抚室韦、靺鞨两大部落，统辖平卢军、卢龙军、榆关警备区（榆关守捉）、安东都护府，军队屯驻营州（今辽宁朝阳市）和平州（今河北卢龙县），总部设在营州，总兵力三万七千五百人。

安禄山就此强势崛起，成为手握重兵、坐镇一方的封疆大吏。

这一年，他刚好四十岁。

此时，距离安史之乱爆发，还有十三年。

## 一个男人的心灵G点被撩动了

天宝二年（公元743年）正月，安禄山奉玄宗之召入朝觐见。

这是安禄山生平第一次来到长安。

秦中自古帝王州。大唐帝京的高贵、繁华与富庶给这个北地胡人留下了深刻印象，尤其是龙首原上那座巍峨壮丽的大明宫，以及凝结在大明宫上空那股磅礴雄浑的帝王气，更是让安禄山激动莫名、叹为观止，并且前所未有地撩拨着他内心深处某个隐秘的角落，让他周身的血液不由自主地开始了一种无声的沸腾……

在大明宫的含元殿，安禄山第二次见到了玄宗，第二次见到了他事业上的明主、生命中的贵人。为了向天子表达自己的感恩之念和忠诚之心，安禄山对玄宗讲了一个故事。

他说："去年秋天，营州闹了蝗灾，蝗虫遮天蔽日，把禾苗都吃光了。臣焚香祝祷，面对苍天说：'臣如果心术不正，事君不忠，就让蝗虫把臣的心吃掉；倘若臣不负天地神灵，就请让蝗虫赶快消失吧。'臣刚刚说完这句话，就有一群大鸟从北方飞来，顷刻间把蝗虫吃得一干二净，臣欣喜万分，感动不已。陛下，这是稀世祥瑞啊，请陛下宣付史官，载诸史册。"玄宗大悦，立刻命史官载录。随后的日子，玄宗对安禄山"宠待甚厚，谒见无时"。（《资治通鉴》二一五）旋即又加封他为骠骑大将军。

离开长安的那天，满载着天子眷宠欢喜而归的安禄山走出了很远，忽然又回头遥望了一眼。

他望着大明宫阙那一角华丽的飞檐，目光中有一种微妙难言的东西在闪动。

这一眼的风情，要到十二年后，才能让大唐君臣读懂——用血泪浸泡的心去慢慢读懂。

毫无疑问，此次长安之行已经准确无误地撩动了安禄山的心扉，给他的生命打开了一个全新的空间——一个足以让欲望起舞、让野心飞扬的充满想象的空间。

后来的几年中，安禄山频频出击奚和契丹，并屡屡获胜，因而在朝野的声望直线飙升。与此同时，他对朝中高官的贿赂也从来没有停止。到后来，不仅是钦差们说他好话，连首席宰相李林甫、户部尚书裴宽、礼部尚书席建侯等人，也都众口一词地盛赞安禄山。

在玄宗看来，这就叫众望所归。

此时的安禄山，已经被玄宗视为“镇清边裔”的“万里长城”。（《安禄山事迹》卷上）

既然是万里长城，当然就要赋予他更大的权力和使命了。

天宝三年（公元744年），玄宗又让安禄山兼任了范阳节度使。

在当时的十大藩镇中，范阳镇绝对是最牛的一个。因为，无论是它所节制的军队，统辖的州境，还是拥有的兵力，都是十大藩镇中最多的。“范阳节度临制奚、契丹，统经略、威武、清夷、静塞、恒阳、北平、高阳、唐兴、横海九军，屯幽、蓟、妫、檀、易、恒、定、漠、沧九州之境，治幽州，兵九万一千四百人。”（《资治通鉴》二一五）

当时，十大藩镇的总兵力是四十九万人，而安禄山兼统两镇，兵力相加已经将近十三万人，占了四分之一。

然而，玄宗对安禄山的宠信还远远没有到头。

毋宁说，这才只是一个开始。

天宝六年（公元747年），安禄山又以平卢、范阳节度使兼摄朝廷的御史大夫。随着权势和地位的提升，他奉召入朝的次数越来越多，对玄宗的巴结谄媚也日渐升级，甚至不惜以得罪太子为代价，曲径通幽地向玄宗表达他的忠心。

有一次，安禄山上殿觐见玄宗，当时太子也在场，可安禄山却视若无睹，只拜皇帝，不拜太子。旁人提醒他，他却装作一脸懵懂地说：“臣是胡人，不懂朝中礼仪，不知太子是何官？”玄宗笑着向他解释：“这是储君，朕千秋万岁后，将代朕君临天下。”安禄山似懂非懂地说：“臣愚钝，向来唯知有陛下一人，不知道还有储君。”说完才不情不愿地向太子行礼。

其实，谁都看得出来，安禄山这是在演戏。但是这出戏却没人愿意拆穿。因为安禄山不可能不知道太子是什么人，但他偏偏要装傻充愣，目的就是要拐着弯儿向玄宗表达赤胆忠心。在场的人大多受过安禄山的好处，当然也会帮他一起演戏。而对于玄宗来说，安禄山竟然为了讨好他而不惜得罪未来的皇帝，这份忠心当然也是无人可及的。

玄宗当时正宠着杨贵妃一家子，如今又宠了安禄山，于是干脆把他们撮合在了一块，叫杨贵妃的两个哥哥和三个姐姐都和安禄山结拜为兄弟姐妹。从此，安禄山更加频繁地出入宫禁，和杨贵妃的关系也日渐亲密。不久后，他又向玄宗提出了一个请求——要认杨贵妃为干妈。

玄宗当然是笑呵呵地同意了。

随后，安禄山每次入宫，都是先拜贵妃，再拜皇帝。玄宗不解，问他何故。安禄山恭恭敬敬地说："我们胡人的习俗，都是先拜母亲，后拜父亲。"玄宗释然，对安禄山的憨厚和朴实又平添了几分好感。

史称安禄山"晚年益肥壮，腹垂过膝，重三百三十斤"，连走路都要左右两个人搀扶着他。但是，每当在玄宗面前跳胡旋舞的时候，安禄山却总能"疾如风焉"。（《旧唐书·安禄山传》）要论当时胡旋舞跳得最好的人，天下只有两个——安禄山和杨贵妃。

"中有太真外禄山，二人最道能胡旋。"（白居易《胡旋女》）

为什么一个连走路都显得有困难的人，能把胡旋舞跳得跟杨贵妃一样完美呢？

因为他是为皇帝而跳的。

天宝十年（公元751年），玄宗为了方便安禄山入朝觐见，就命有关部门在亲仁坊为他建立一座宅邸，并下令只求富丽堂皇，不必顾惜财力。豪宅落成后，里面的所有家具器物全部是御赐的，而且极尽高档豪华之能事，连厨房里头的锅碗瓢盆、马厩里头的筛子箩筐等物，都是用金银打造的。从开始修建豪宅的第一天起，到竣工之后的种种器具添置，玄宗本人都跟得很紧，而且经常对监工的宦官说："胡人眼高，别让他笑我吝啬。"

这一年正月二十，是安禄山的生日。玄宗和杨贵妃作为干爹干妈，当然赏赐了很多珍宝、衣服、酒食。三天后，杨贵妃命人用锦绣绸缎缝制了一件特大的襁褓，然后召安禄山入宫，让宫女和宦官用襁褓把他团团裹住，装在彩轿里抬着走。玄宗听见后宫忽然一片嬉戏喧哗，忙问在搞什么名堂，左右说："这是贵妃分娩的第三天，所以在给禄儿洗澡（民间的"洗三"习俗）。"玄宗赶紧跑过去看热闹，一看三百多斤的安禄山被严严实实地包裹在襁褓里头，仅露出一张憨厚的胖脸，不禁捧腹大笑。

干儿子洗三了，他这个干爹当然要有所表示。玄宗随即赐给了杨贵妃"洗儿钱"，又厚赐了安禄山，"一家三口"又嬉闹了大半天，才尽欢而罢。

从杨贵妃为安禄山"洗三"的这一天起，安禄山就有了自由出入宫禁之权，过后他经常陪杨贵妃一起吃饭，有时候甚至彻夜不归，留宿宫中。日子一长，宫中自然就传出了绯闻。朝野上下的人们私底下议论纷纷，都怀疑皇帝被那个大胖子戴了绿帽。然而，不知道为什么，玄宗自始至终没起过半点疑心。（《资治通鉴》卷二一六："禄山出入宫掖不禁，或与贵妃对食，或通宵不出，颇有丑声闻于外，上亦不疑也。"）

天宝十年二月，安禄山又向玄宗提出了一个请求——兼任河东节度使。在旁人看来，这绝对属于非分的请求，只能用得寸进尺、贪得无厌来形容。

可出人意料的是，玄宗居然一口答应了，并随即把当时的河东节度使调回朝中，任左羽林将军，然后立马把职务给了安禄山。

河东镇，负责与朔方镇互为掎角，共同防御突厥，统辖天兵、大同、横野、岢岚四军及云中警备区，屯驻忻、代、岚三州之境，总部设在太原，兵力五万五千人。

至此，安禄山已一人身兼河东、范阳、平卢三镇节度使，辖下的总兵力已达到十八万五千人，足足占了全国藩镇总兵力的三分之一强。

除了三镇节度使，安禄山还兼任河北采访使，受封上柱国，赐爵东平郡王。

大唐开国一百年多来，外姓武将封王者，唯安禄山一人。

安禄山不仅本人权倾天下、位极人臣，而且一家老小也都跟着他鸡犬升天。他母亲、祖母皆赐国夫人，十一个儿子都由玄宗赐名，长子安庆宗官任太仆卿，次子安庆绪官任鸿胪卿，安庆宗后来又娶了皇族的荣义郡主……放眼当时满朝文武，安氏一门可谓显赫无匹、荣宠绝伦！

有谁能料到，此时的安禄山已经“包藏祸心，将生逆节”了呢？史称，安禄山每次入宫，“常经龙尾道，未尝不南北睥睨，久而方进。”站在大明宫前的龙尾道上，这个昔日的偷羊贼正在以一种睥睨天下的姿态南北眺望，并且久久伫立，迟迟不舍得离开……

他在看什么？他在想什么？

史书的回答是——“凶逆之萌，常在心矣。”（《安禄山事迹》卷上）

是谁撩动了安禄山的野心？

答案只有一个——唐玄宗李隆基。

正是他对安禄山毫无原则的宠信、无休无止的纵容，才孕育了安禄山觊觎皇位的野心，助长了安禄山睥睨天下的欲望。

此时，历史的指针正指在天宝十年，距离安史之乱爆发还有四年……

差不多在这个时候，还有一个朝臣也日益受到玄宗的宠幸，正在朝着帝国的权力巅峰跑步前进。

这个人的到来，将对天宝末年的帝国政局产生决定性的影响。而且，正是因为他的所作所为，才在客观上给安禄山提供了起兵的借口，并加快了安禄山反叛的步伐。

这个人就是杨国忠。

## 杨国忠：小混混的华丽转身

杨国忠，本名杨钊，蒲州永乐（今山西永济市）人，杨贵妃的远房堂兄。他的父祖辈皆默默无闻，但却有一个舅父大名鼎鼎，就是女皇武曌的晚年男宠张易之。张易之得宠的时候，杨钊尚在襁褓，没能沾上舅舅的光，等他稍微大一点，张易之早就在神龙政变中翘了辫子，而且身后还留下了恃宠乱政、死有余辜的骂名，所以这层关系对杨钊丝毫没有帮助。

虽然杨钊的祖上也是名门望族弘农杨氏，可杨钊这一支比杨玉环那一支败落得更厉害。杨玉环她父亲好歹还是个七品官，相当于今天的处级公务员，可杨钊的父亲却是个平头老百姓，家境还很不好，所以杨钊从小就没受到什么正规教育，成天在社会上瞎混，长大后别的本事没有，就只学会了喝酒跟赌博。

不过，一个人要在社会上生存，没有文化不可怕，没有文凭也不可怕，怕就怕没有一技之长。杨钊喜欢赌博固然不是什么有益身心的爱好，可他却从赌博里面玩出了一样本事，那就是——对数字的敏感，以及出众的运算能力。

我们千万别小看这种本事，因为当时还没有电子计算器，甚至连算盘都还没有（现在的算盘大致是北宋时期才出现的，唐代使用的计算工具是用竹签削成的筹码），如果一个人眼睛一眨就能给你来个多位数的加减乘除运算，你当然要惊呼他为天才了。

后来的事实证明，正是因为这样的本事，以及在此基础上发展出的理财能力，加之杨贵妃的裙带关系，杨钊才从一个小混混一步步登上了权力巅峰，成了天宝末年的天子宠臣和帝国宰辅。

然而，尽管杨钊很早就具有数字才能，可亲戚朋友和街坊邻居却认识不到他的天才。在他们眼里，他始终只是个不学无术、狂饮滥赌的混混，所以一直对他敬而远之。

由于长期遭人白眼，杨钊的自尊心受到了严重伤害。终于有一天，他发愤图强了——老子要去从军，当一个大官回来给你们瞧瞧！

杨钊发愤的情形，大致与哥舒翰类似。不过人家哥舒翰是浪子回头金不换，一跑到边境就噌噌地立功，可他杨钊却恶习难改，到了四川当兵后，还是喝酒赌博两不误，有一回估计是因此触犯了军纪，还被上司狠抽了一顿鞭子。

所幸杨钊还有一技之长——理财能力，所以入伍之后没被送上前线，而是留在后方负责屯田工作。屯田是当时边防军队的主要经济来源，一贯受到军方和朝廷的高度重视。在这个岗位上，杨钊总算有了用武之地，干出了一些成绩，随即受到上峰赏识，被提拔为新都县尉。

杨钊在这个职位上干了三年，可惜一直没能升迁。按当时的人事制度规定，官员任职期满，若无升迁或调动，就只能暂时赋闲在家，每年到吏部去挂号，得到补缺机会再出来任职。杨钊在新都县尉任上干满三年后，赋闲了，经济来源一下子中断，过了一段坐吃山空的日子，手头越来越拮据，以至连回蒲州老家的路费都没有，于是被困在了川中。

就在杨钊陷入窘境、一筹莫展的时候，有个人及时向他伸出了援手。这个人叫鲜于仲通，不仅见多识广，才智过人，而且家财万贯，在当时的剑南节度使章仇兼琼麾下担任采访支使，是节度使的心腹幕僚。这个鲜于仲通为人非常精明，他见过杨钊几次面后，就认定杨钊绝非久居人下之辈，便时常慷慨解囊，不遗余力地接济他。

鲜于仲通相信，杨钊是个很好的政治投资对象。所以，必须在他万分饥渴的时候给予他滴水之恩，以此换取他日后的涌泉相报。

天宝四年（公元745年），杨玉环被册封为贵妃，章仇兼琼决定搭上这根“天线”，就把鲜于仲通找来商量，说：“我现在很受皇上器重，可要是上面没人，很容易受到李林甫的排挤。最近我听说杨贵妃正受皇上宠幸，这是一个很好的机会，你若能替我到长安跑一趟，跟杨家人结交，我就有备无患了。”

鲜于仲通立刻意识到，只要让杨钊走这一趟，这个年轻人日后必定飞黄腾达，而自己的投资也必将取得丰厚的回报！果然不出鲜于仲通所料，短短几年后，已然成为天子宠臣的杨国忠就给了他一个绝对超值的回报——剑南节度使之职。这是后话。

主意已定，鲜于仲通就对章仇兼琼说：“我是蜀地人，从来没去过京师那种大地方，恐怕会坏了大人的事。”他瞟了章仇兼琼一眼，顿了顿，又接着说，“不过，我可以为大人举荐一个人，此人若出马，一定不会让大人失望。”

杨钊的好运就这么来了。

章仇兼琼闻言，随即召见杨钊。一见之下，章仇兼琼大喜过望。他发现，这个杨钊不仅长得仪表堂堂，而且口才伶俐，为人异常机敏，确实是入朝打点的合适人选。此外，还有最重要的一点是——他是杨贵妃的族兄。裙带关系在任何时候都是官场上最好用的通行证，所以，啥也别说了，就是这小子了！

随后的日子，章仇兼琼不仅任命杨钊为推官，有事没事还经常召见他，并且总是嘘寒问暖、关照有加，把杨钊搞得感激涕零、受宠若惊。

天宝四年秋天，章仇兼琼命杨钊负责运送贡品入朝，临行前，忽然用一种不经意的口吻对他说：“我有一点东西放在郫县，可以给你作几日盘缠之用，你路过时顺便带走吧。”

杨钊到达郫县后，一看到章仇兼琼所说的那“一点东西”，顿时惊呆了。

那可是满满几十大车的礼品啊，都是蜀地的著名特产和奇珍异宝，杨钊凭着自己的心算能力大致估算，价值起码在千万（一万缗）以上。

杨钊明白了——这趟差事不仅是向朝廷上贡，更是向贵妃一家子上贡，不仅是帮章仇兼琼“搭天线”，更是帮自己“跳龙门”啊！

天下还有比这更好的美差吗？

杨钊欣喜若狂，随即拉上几十车礼物，昼夜兼程直奔长安。

抵达长安后，杨钊带上礼物马不停蹄地走访了三个堂妹，告诉她们：“这都是节度使章仇大人送的。”杨氏三姐妹喜笑颜开，当即笑纳，随后天天在玄宗跟前吹风，极力鼓吹章仇兼琼如何有才、如何能干等等。不久后，章仇兼琼就如愿以偿地调入朝中，荣任户部尚书了。

在杨氏三姐妹之中，杨钊并没有将礼物平均分配，而是把其中的一半给了二堂妹（也就是后来的虢国夫人），另外一半才给其他两个堂妹平分。虢国夫人之所以占了大头，是因为她和杨钊并不仅仅是堂兄妹的关系。

早在她们三姐妹还待字闺中的时候（当时杨玉环还小），杨钊就常去她们家串门，并且跟这个二堂妹有了私情。后来二堂妹嫁人了，杨钊自己也混得很不像样，两人的关系就中断了。如今，好多年没见的这位远方堂兄再次出现时，居然带来了这么贵重而丰厚的见面礼，怎能不让虢国夫人心花怒放？并且巧合的是，虢国夫人不久前刚刚守寡，满怀寂寞正无处安放，杨钊居然就在这时候出现了，又岂能不让她旧情复燃、芳心荡漾？

所以，一到长安，杨钊就顺理成章地住进了虢国夫人的家里。

接下来的日子，杨氏三姐妹就经常跟玄宗提起她们的这位堂兄，尤其是虢国夫人，更是不遗余力地向玄宗推荐杨钊，宣扬了他的一大堆优点，而其中最能打动玄宗的一点就是——杨钊善玩樗（chū）蒲。

所谓樗蒲，是一种类似于掷骰子的博彩游戏，但规则比普通的掷骰子复杂得多，胜负结果需要有精密的计算，正是杨钊所擅长。

玄宗当时最喜欢玩，一听说有人善玩樗蒲，立马召见，随后就任命杨钊为金吾兵曹参军，并准许他以供奉官的身份出入禁中。从此，每当玄宗在宫中玩樗蒲，杨钊就专门在一旁负责计算点数和输赢，每次都算得又快又准，玄宗不禁大为赞叹：“好度支郎！”（《资治通鉴》卷

二一五）

度支郎就是财政官员的意思。当时玄宗除了爱玩就是爱钱，谁要是能帮他大把大把搞钱，保管一夜之间平步青云，比如早年的宇文融，以及后来的韦坚、杨慎矜、王鉷，都是因为善于聚敛而成了天子跟前的大红人。

杨氏三姐妹随即抓住玄宗的这句话不放，天天缠着他，要他给杨钊封个管财政的官。玄宗拗不过，只好让杨钊到户部当差，不久又擢升他为度支郎中兼侍御史，让他在御史中丞、京畿采访使王鉷的手下任职。

后来的事实证明，玄宗的决定是相当英明的。因为杨钊搞钱的本事不仅没有让他失望，而且还远远超出了他的期望。

从杨钊被任命为度支郎中的这一刻开始，他就彻底告别了穷愁潦倒、郁闷不堪的过去，从此左右逢源、顺风顺水，就好比从艰险崎岖的蜀道直接拐上一览无余的高速一样，周遭景物豁然开朗，前程顿时变得无限远大……

在此后的几年中，杨钊使尽浑身解数，细心窥伺玄宗好恶，千方百计加以迎合，同时拿出看家本领大肆聚敛，迅速博得玄宗的赏识和宠幸，于是不断获得升迁，在短短几年间就兼任了十几个财政职务。

天宝七年（公元748年），杨钊又“迁给事中，兼御史中丞，专判度支事（主管全国财政工作），恩幸日隆”。（《资治通鉴》卷二一六）

从前混迹市井、狂饮滥赌的小混混，几年前还抑郁不得志的这个蜀中小吏，如今已然脱胎换骨，成了位高权重的当朝大员。当初对他敬而远之的那帮亲戚朋友和街坊邻居，现在肯定懊悔不迭——过去怎么就没看出这小子有这么大的本事呢?!

为了让天子对自己的政绩有一个直观而美好的印象，杨钊自从当上财政大臣后，就下令全国各地一律将上缴中央的粮食兑换成绸缎，同时又用各种苛捐杂税的收入购买布帛，全部收进国库，然后频频上奏玄宗，宣称国库中的财帛已经堆积如山，达到了有史以来最富裕的程度——“帑藏充牣，古今罕俦！”（《资治通鉴》卷二一六）

国家不差钱了，玄宗当然高兴。天宝八年（公元749年）二月，玄宗召集文武百官，兴高采烈地前去参观国库，一看之下，果然如同杨钊所说——府库盈满，财物山积，放眼古今，罕有其匹！

目睹如此盛况，满朝文武无不咋舌，大唐天子也止不住两眼放光——如今的大唐帝国岂止是不差钱，简直是富得流油、富得冒烟了！

玄宗兴奋得无以言表，当即宣布：满朝文武通通有赏，一律按官阶大小赐给相应布帛；同时赐给杨钊三品紫袍和金鱼袋，以示无上恩宠。

自开元后期以来，玄宗在赏赐宠臣的时候就已经是不把钱当回事了，自从这次“国库观摩”之后，其思想更是获得了空前解放，达到了视金钱如粪土的境界，“赏赐贵幸之家，无有限极。”（《资治通鉴》卷二一六）俨然把国库当成了一座取之不尽、用之不竭的宝藏。

天宝九年（公元750年），杨钊向玄宗呈上一道奏疏，请求为他的舅舅张易之、张昌宗平反昭雪。玄宗二话不说，当即准奏，以二张当年曾劝武皇迎回中宗、对社稷有功为由，下诏追复二张的官爵，并赐其一子为官。数日后，杨钊又以自己名字中含有“金刀”，暗合某图谶，对天子和朝廷不吉为由，请求玄宗赐给他一个新名字。玄宗有求必应，立刻赐名为“国忠”。

有道是名正则言顺，杨国忠之所以在这个时候搞出这两个花样，绝不是一时心血来潮的产物，而是几年来深思熟虑的结果。换言之，他这么做的目的就是要重新包装自己，为日后攫取大权铺平道路。首先，通过为二张平反，他就不再是逆臣余孽，而是摇身一变，成了功臣之后，从此拥有了一个非常光荣的出身；其次，通过改名，既能告别不堪回首的过去，和从前的自己一刀两断，又能通过皇帝赐名，让所有人意识到他的身份是何等尊贵与不同凡响。

从今往后，这世上就不再有那个叫杨钊的小人物了，取而代之的是天子亲自赐名的这个功臣后代杨国忠。

昔日的小混混就此华丽转身。

往事不要再提，人生已多风雨。

真的要断了过去，让明天好好继续。

从今往后，杨国忠就将以全新的姿态出现在世人眼里，向权力之巅发起冲锋。

当然，通往权力之巅的道路从来都是险峻而狭窄的。正如自古华山一条道一样，你要想在这条仅容一人通过的小道上快速攀登，就必须千方百计把挡在你前面的家伙从悬崖上挤下去。直到你毫不留情地把所有挡路者推入万丈深渊，你才能先于众人到达无限风光的绝顶。

事实上，从天宝六年开始，杨国忠就已经在这么做了。

在幕后策划并且与他配合无间的人，就是李林甫。

天宝中后期，他们联手掀起了一场又一场血雨腥风的大狱，强力打击一切政治上的反对派，“所挤陷诛夷者数百家”。（《资治通鉴》卷二一六）

而在被他们铲除的异己中，死得最难看的，就是先于杨国忠受到玄宗宠幸的两大理财高手——杨慎矜和王鉷。

## 天宝大狱

杨慎矜，隋炀帝杨广的玄孙，为人沉毅有才干，尤其是财政工作方面，能力特别突出，历任监察御史、太府出纳、含嘉仓出纳使、京畿采访使、户部侍郎、御史中丞等职。天宝五年，杨慎矜在李林甫的授意下，整垮了另一个理财高手韦坚，进而将其取代，成为玄宗心目中最能干的财政大臣。

毫无疑问，在李林甫的手下干活，有一条高压线是绝对不能碰的，那就是得到天子的信任和赏识。而韦坚一死，杨慎矜又渐渐“为上所厚”，自然就引起了李林甫的嫉恨。

对李林甫来讲，这世上没有永远的朋友，也没有永远的敌人，只有永远的利益。他的整个宰相生涯，几乎都是在为这句话作注脚。

如今，杨慎矜既然无视前车之鉴，再次走到五百万伏高压的边缘，李林甫当然要想办法让他领教一下碰触高压的滋味。

李林甫的整人手法是相当高超的，不管什么人，他都能准确捕捉你身上的弱点。即便你是刀枪不入的阿喀琉斯，他也能找出你身上最脆弱的那个脚踵。一旦找到你的阿喀琉斯之踵，他就能像阿波罗那样一箭把你射穿。

那么，杨慎矜最脆弱的脚踵在哪呢？

结交术士。杨慎矜最致命的弱点，就是他经常和一个叫史敬忠的术士暗中交往。

为什么大臣不能与术士交往？

因为早在开元十年，玄宗就曾经颁下一道诏书，宣布“卜相占候之人，皆不得出入百官之家”。（《资治通鉴》卷二一二）

虽然早有明令禁止，但杨慎矜还是一直把史敬忠奉若上宾。因为在他眼中，这个史敬忠和芸芸众生大不相同，简直就是个神人。

据说有一次，杨慎矜祖坟旁边的草木忽然流出红色的液体，看上去就像流血一样，十分可怕和诡异。杨慎矜极为不安，就问史敬忠该怎么办。史敬忠马上告诉了他一个禳解之法，让他在家中的后花园设置一个道场，然后每天退朝后，必须赤身裸体、披枷戴锁在道场中静坐。杨慎矜依言而行，一直坐了十天，祖坟旁边的草木果然就止血了。杨慎矜顿时对史敬忠佩服得五体投地，从此不管碰到大事小事，必定要让史敬忠帮他预测吉凶。

杨慎矜自以为皇帝不可能知道他结交术士的事情，所以也就没把几十年前颁布的那道禁令当一回事。

然而，纸终究包不住火，没过多久，玄宗还是听说了杨慎矜与术士暗中交往的事。玄宗很恼火，但考虑到他在财政工作方面一直干得很出色，也只好隐忍下来，没有发作。

可是，玄宗不发作，不等于杨慎矜就太平无事了。

因为，一心想让他死的人不是玄宗，而是另外三个人。一个是李林甫，一个是杨国忠，还有一个就是杨慎矜的表侄——王鉷。

王鉷，太原人，武后时期的名将王方翼之孙，是玄宗一朝继宇文融、韦坚、杨慎矜之后的又一个理财高手，历任监察御史、户部郎中、户口色役使、京畿采访使、关内采访使、御史中丞等职。在户部任职期间，王鉷曾在正常赋税之外，拼命向百姓搜刮，一年就给玄宗的内库增收了上百亿的收入，专供玄宗赏赐之用。尽管民间为此怨声载道，他却因此备受玄宗赏识。

当然，王鉷之所以能在政坛上崭露头角，除了他自己聚敛有术之外，也要归功于他表叔杨慎矜的引荐。

杨慎矜既是王鉷的长辈，也是他入仕的恩人，可没有人会想到，王鉷最后竟然会恩将仇报，亲手把杨慎矜置于死地。

这对叔侄最终之所以反目，说起来双方都有责任。

刚开始，其实王鉷对杨慎矜也是感恩戴德、敬重有加的，可自从当上御史中丞后，在官职上就和杨慎矜平起平坐了，心气自然也就高了，对杨慎矜的尊重便日渐淡薄；再加上他后来又攀上了李林甫，自以为有了更坚实的靠山，于是越发不把杨慎矜放在眼里。

具有讽刺意味的是——王鉷受人恩惠没有记住，可杨慎矜却偏偏是个给人恩惠牢记不忘的人。在他眼中，王鉷能有今天都是他的功劳，而且官当得再大也是他的晚辈，所以丝毫没有给予这个表侄起码的尊重，总是在朝堂上直呼其名。此外，王鉷是私生子，平常最怕人提起他的出身，偏偏杨慎矜又喜欢揭他的疮疤，总在人前人后嫌王鉷的母亲出身微贱。久而久之，王鉷不但把杨慎矜对他的恩情忘得一干二净，而且对他产生了越来越深的恨意。

而对于王鉷的这种内心转变，杨慎矜却丝毫没有察觉，平常还是习惯跟这个表侄聊一些家常话，甚至把他与史敬忠交往的一些细节，也毫不隐瞒地透露给了王鉷。

杨慎矜绝对没想到，他这是把自己的身家性命交到了王鉷手里。

对于杨慎矜和王鉷的恩恩怨怨，李林甫和杨国忠始终洞若观火。

李林甫是因为杨慎矜碰触了高压线而想收拾他，杨国忠则因为杨慎矜是老资格的财政专家，挡了他的升官之道，所以要把杨慎矜扳倒。

他们两个人都在寻找杨慎矜的破绽，自然对他和王鉷的关系特别关注，此外，杨慎矜与史敬忠暗中交往的事情，也没有躲过他们的眼睛。后来，当杨国忠得知玄宗对杨慎矜结交术士一事甚为不满时，就意识到收拾杨慎矜的机会来了。他当即把消息透露给王鉷，告诉他皇上很生气，时机很合适，要下手就赶紧。

紧接着，李林甫也向王鉷暗示，可利用杨慎矜系隋炀帝后人的这层关系做做文章。王鉷依计而行，随即在长安坊间到处散布流言，说杨慎矜与术士往来密切，并且在家中暗藏谶书，计划复兴祖先隋炀帝的帝业。流言不胫而走，很快传进了玄宗的耳中。

玄宗暴怒，马上命人把杨慎矜扔进监狱，命刑部、大理寺和御史台进行三堂会审。

代表御史台出面审讯的官员有两个，一个是杨国忠，另一个叫卢铉，也是个心狠手辣的酷吏。案子开审后，卢铉立刻逮捕了杨慎矜的一名亲信——时任太府少卿的张瑄，对其百般拷打，逼他承认与杨慎矜合谋造反。没想到张瑄是条硬汉，不管怎么打，死活不说一个字。卢铉大怒，命人动用酷刑，将张瑄的双腿绑在木头上，然后命几个壮汉抓住他脖子上的枷锁，同时用力往后拉。

可想而知，这种酷刑的作用与五马分尸类似，都是把人的身体拉长撕裂。可是，五马分尸是让人当场毙命，痛苦较为短暂，这种酷刑却是只把人拉长而不把人撕裂，让你在咽气之前感受长时间的痛苦，比五马分尸更为残酷，可谓酷刑中的极品。

据《资治通鉴》记载，张瑄的身体当场就“加长数尺”，而且“腰细欲绝，眼鼻出血”。不可否认，史书的描写是有些夸张了。暂且不论几个壮汉的力量能否把人拉长“数尺”，就算能够，人也早死了；而且最先被拉长拉细的部位肯定不是腰，而是脖子。但是，即便史料记载失实，我们也不难想见这种酷刑的可怕程度，并且有一点可以确定——这种刑罚手段并不以致人死命为目的，而是要让人在清醒状态下感受痛苦。然而，尽管动用了这种令人发指的酷刑，卢铉还是没能从张瑄嘴里抠出一个字。

没有人证和口供，案子就定不下来。而史敬忠早在案发时就已逃之夭夭，不知所踪，李林甫和杨国忠顿时有些犯难。

怎么办？

关键时刻，吉温上场了。

杨慎矜案发后，史敬忠当即潜逃，一口气逃到了老家汝州。当时所有人都不知道他的去向，所以三法司也一筹莫展。而吉温接受任务后，没有经过任何调查，就带上人马直奔汝州，并且直接在史敬忠家里将其抓获。

吉温之所以这么厉害，并不是他料事如神，而是因为史敬忠是他父亲的世交，吉温小时候没少被史敬忠抱过，所以史敬忠躲在哪里他最清楚。只是史敬忠没料到朝廷会派这个知根知底的吉温来抓他，否则他无论如何也不敢躲在家里。

吉温逮捕史敬忠后，一句话也没说，命人用铁链锁了他，给他戴上头套，然后押了就走。一直走到临近长安的时候，吉温才命人对史敬忠说：“杨慎矜已经招供了，现在就差你一个人的证词，你要是聪明的话，也许还能保住一命，否则只有死路一条。前面不远就是骊山了（当时玄宗在骊山华清宫），要是到了那儿，你想自首也来不及了。”

史敬忠吓傻了，恳求给他一张纸，他全部招供。可吉温还是没搭理他，继续拍马往前走。史敬忠一路上拼命哀求，吉温都装聋作哑。直到距离骊山十里开外的地方，吉温才停下来，给了史敬忠三张纸，然后按照自己的意思，让史敬忠一五一十写下了供状。

拿到供词后，吉温才除去史敬忠的头套，下马向他行礼，说：“在下皇命在身，请世伯千万不要怪罪！”

史敬忠归案后，杨慎矜就彻底屈服了，乖乖承认了他和史敬忠交往的所有细节。可当问到阴谋造反的谶书时，杨慎矜却矢口否认。三法司派人搜遍了杨宅，也没找到谶书。

李林甫随即指示卢铉再去搜一遍。

卢铉心领神会，在袖子里藏了本谶书，进入杨宅转了一圈，然后骂骂咧咧地走了出来：“这个叛贼真狡猾，原来把谶书藏在了密室里。”

至此，人证物证全都有了，杨慎矜死定了。

天宝六年十一月底，玄宗颁布诏书，将杨慎矜和两个在朝为官的哥哥同日赐死，将史敬忠杖打一百，妻儿老小全部流放岭南，同时还株连了数十个朝臣。

李林甫、杨国忠和王鉷虽然联手除掉了杨慎矜，但这并不意味着他们将因此成为同盟。

因为在政治的角斗场上，从来没有真正的同盟，更何况他们的利益联结本来就是短暂而脆弱的——一旦共同的敌人消失，他们必然会拔刀相向，展开新一轮的权力厮杀。

不杀到剩下最后一个，这种残酷的权力斗争就不会停止。

唯一的问题只是——谁会笑到最后？

杨慎矜死后，最大的受益者莫过于王鉷了。他先是被玄宗擢升为户部侍郎、御史大夫，赐紫金鱼袋，继而封太原县公，又兼殿中监、京兆尹，同时在短短几年间陆续兼任了二十几个特使之职，可谓权宠日盛，连李林甫的风头都被他抢了大半。

面对王鉷的强势崛起，李林甫心里虽然颇为忌恨，但却始终没有采取任何行动。

李林甫之所以一反常态，没有对王鉷下手，按照史书的解释，原因是“鉷事林甫谨”，所以李林甫“虽忌其宠，不忍害也”（《资治通鉴》卷二一六）。就是说王鉷虽然得势，但对李林甫依然毕恭毕敬，所以李林甫不忍加害。

其实，《资治通鉴》提供的这个原因是很没有说服力的。众所周知，从李林甫就任首席宰相以来，任何一个在客观上对他构成威胁的人，最终都没能逃脱他的“口蜜腹剑”和“罗钳吉网”。按照《旧唐书》的说法，李林甫“性沉密，城府深阻，未尝以爱憎见于容色”，是玩弄权术的绝顶高手。这样的人，绝对不可能被王鉷表面上的尊重和恭敬所迷惑。所以，李林甫不对王鉷下手的真正原因，不是因为他“不忍”，而是因为他“不能”。

因为他知道——如今的政治格局早已非同往日了。

以前，他在朝中一人独大，可以为所欲为地大唱独角戏，可如今，王鉷和杨国忠显然已经跟他形成了三足鼎立之势。尽管从表面上看，李林甫的权位最高，仍然是首席宰相，可事实上他已年届古稀，斗志和锐气都已大不如前，其政治能量已属强弩之末；反之，王鉷和杨国忠不仅年富力强，而且皆以其突出的理财能力深得玄宗宠幸，在仕途上正处于快速上升期。在此情况下，李林甫当然不能轻举妄动，而只能采取守势，以不变应万变。如果说李林甫在以前的政治斗争中总是主动出击、以攻为守的话，那么鉴于目前的这种复杂形势，他所能采取的最佳策略也只能是按兵不动、以守为攻了。

当然，李林甫之所以按兵不动，还有一个重要的原因是——他料定，目前这种三足鼎立的态势不可能维持太久，因为杨国忠迟早会对王鉷发难。

既然如此，李林甫何必急着动手呢？等他们两个人先干起来，他再相机行事不是更明智吗？

这就叫一动不如一静。

这就叫保存实力，后发制人！

正如李林甫所料，对于王鉷的日渐坐大，最感到愤怒和不安的人就是杨国忠了。

从杨国忠入朝以来，王鉷就始终是他的顶头上司：王鉷当户部郎中时，杨国忠是他的手下判官；王鉷升任御史中丞时，杨国忠是他的手下御史；到了杨国忠升任御史中丞了，王鉷又成了御史大夫……可以说从头到尾，王鉷都压着杨国忠一头。

此人不除，他杨国忠岂能有出头之日？

但是，王鉷的资格比他老，帮玄宗搞钱的本事又不比他低，这些年创造的政绩工程又不比他逊色，一时间，杨国忠也找不到什么有效的办法对付王鉷。

天宝十一年（公元752年）四月，当李林甫、王鉷和杨国忠这几个帝国大佬正处于紧张对峙的状态中时，三足鼎立的平衡局面忽然被打破了。其实，他们三个人谁也没有先动手。

局面是被一个局外的小人物打破的。

这个不知天高地厚的小人物就是王鉷的弟弟王銲。

王銲，时任户部郎中，平日里仗着王鉷的权势，经常横行霸道，为非作歹。有关部门碍着他老哥的面子，不敢拿他怎么样，于是这小子越发狂妄。有一天心血来潮，他忽然把一个叫任海川的术士叫到家中，没头没脑地问了一句："你说，我有王者之相吗？"当场就把任海川雷得晕头转向。

大哥啊，这种话是随便说着玩的吗？这可是要杀头的啊！

当然，任海川没敢这么说，他只是哆哆嗦嗦地应付了两句，然后就屁滚尿流地跑了。

任海川没敢回家，当天就跑没影了。

这事很快被王鉷得知，他意识到弟弟闯了大祸，立刻派人追查任海川的下落。刺客在离长安不远的冯翊郡追上了任海川，旋即将其灭口。

可王鉷没有料到，知道这件事情的居然不止任海川一人。还有一个叫韦会的朝臣不知从哪里得知了此事，就在家里面议论。本来韦会在自己家里嚼舌头，王鉷也不会知道。可偏偏这个韦会倒霉，说的话都被一个婢女听了去，婢女马上又把事情告诉了一个相好的佣人。这个佣人平日很不受韦会待见，常对他怀恨在心，现在一听说这事，立马跑去跟王鉷告了密。

王鉷一听，眼睛都直了。真他妈好事不出门，坏事传千里！而且让他感到棘手的是——这个韦会又不是普通人，而是中宗女儿定安公主之子，也算是皇室成员。

然而，事情都到这个地步了，不采取手段也不行了。王鉷随即找了一个罪名逮捕了韦会，并且当天夜里就派人把他勒死了。

本以为这回总算把屁股擦干净了，可王鉷万万没有料到，这个丧门星王銲马上又给他捅了一个天大的娄子。

什么娄子？

政变。

王銲居然想发动政变！

这已经不是叫异想天开了，而是叫丧心病狂。

王銲交了一个和他一样脑袋发热的朋友，名叫邢縡，两个人又结交了一些禁军士兵，然后就三天两头在一块策划，准备刺杀禁军将领，夺取兵权，发动政变，目标是刺杀李林甫、杨国忠、和当时另外一个宰相陈希烈。

没有人知道王銲这么干的动机是什么，也许他是以为，把这三个人干掉，他老哥王鉷就能当上宰相了。可他也不用脑袋想一想，一旦他发动政变，就算成功诛杀了李林甫等三人，可他老哥和他就全都成逆党了，还当什么宰相？如果说他是准备挟持皇帝，号令天下，玩一把曹操模仿秀，可就凭他这几十号人，又怎么可能挟天子以令诸侯呢？

无论我们从什么角度看，王銲准备发动的这场政变都像是小孩子在玩过家家，毫无逻辑，毫无常识，毫无道理！或许我们只能说，这个宝贝王銲和他那帮可爱的哥们，都是用脚趾头在想事情的，若非如此，就是他们的脑袋通通被驴踢了。

精明强干的王鉷居然有这么一个活宝弟弟，也活该他倒霉。

由于王銲策划的这场阴谋只是过家家的水平，保密性太差，所以未及动手就被人告发了。

这一年四月九日的朝会上，玄宗当着满朝文武的面，把告状信交给了王鉷，然后面无表情地下了一道命令，让王鉷亲自带兵，由杨国忠配合，一起去缉拿乱党。

王鉷登时傻眼了。

居然有这样的事?!

可事已至此，说什么都没用了，当务之急就是想办法保住王銲一条小命。王鉷立刻暗中派人通知王銲逃跑，然后故意磨磨蹭蹭地拖到了日暮时分，才和杨国忠一起率兵包围了邢縡的家。邢縡慌忙带着几十个党羽突围。他知道这回八成是逃不掉了，情急之下脑袋忽然开了窍，于是一边突围，一边命他的党羽互相喊话，说："不要伤了王大人。"

很显然，邢縡的目的是想让官兵误以为王鉷和他勾结，因而不敢放手追击，让他有机会逃出生天。

果然，杨国忠一听就中计了。他本来和王鉷就已经势不两立了，眼下王鉷要是真和乱党勾结，那自己岂不是就危险了?!

杨国忠疑心一起，追击的力度自然就弱了。邢縡一帮人且战且退，眼看就要逃之夭夭了，可就在这时候，他们被另一队禁军堵住了去路。

这是高力士率领的四百名飞龙禁军。由于玄宗不放心王鉷，所以特地派高力士前来压阵。至此，邢縡一帮人是插翅难飞了。没两下，邢縡就被砍了脑袋，其他党羽也全部被擒。

杨国忠回宫后，向玄宗汇报了整个经过，最后咬牙切齿地说了一句："王鉷必定参与了这个阴谋！"

此时玄宗仍然信任王鉷，就说："他受了朕那么大的恩遇，没理由参与谋反。"一直在冷眼旁观的李林甫此刻赶紧发话，也赞同天子的判断，认为王鉷肯定不知道他弟弟的事情。

李林甫之所以力保王鉷，首先当然是为了随顺玄宗，但最重要的是——一旦王鉷就这样被除掉，杨国忠接下来肯定会把目标转向他，所以他必须保住王鉷，让他来制衡杨国忠。

最后，玄宗决定不追究王鉷的责任，但为了维护法纪，希望王鉷做得漂亮一点，主动上表请求将王銲治罪，这样大家都有个台阶下。他让杨国忠把这个意思传达给王鉷。

如果王鉷识相的话，这时候绝对是要就坡下驴、丢卒保帅了，可他居然聪明一世、糊涂一时，回了一句让玄宗和李林甫都目瞪口呆的话——我不忍心对亲弟弟下手。

玄宗勃然大怒。

给脸不要脸，你王鉷真的是活腻了！

随后，玄宗立刻命人逮捕了王鉷，让杨国忠取代了他的京兆尹之职，并让杨国忠和陈希烈会审王鉷。

既然是让杨国忠来审，那结果就毫无悬念了。王鉷不但被坐实了谋反罪名，而且连同以前杀任海川和韦会的事情也都被抖了出来。玄宗旋即下诏，赐王鉷自尽，然后把王銲绑到朝堂上活活打死，党羽全部诛杀；同日，王鉷的两个儿子被流放岭南，数日后就被杀死在了流放路上。后来，有关部门派人查抄王鉷的家产，居然一连数日都清点不完。

王鉷一死，杨国忠就彻底熬出头了。

天宝十一年五月，玄宗把原属王鉷的二十几个职务，如御史大夫、京畿采访使、关中采访使等等，通通给了杨国忠。

不出李林甫所料，杨国忠取代王鉷之后，立刻就把枪口掉过来对准了他。

杨国忠利用王鉷的案子大作文章，指控李林甫和王鉷兄弟暗中勾结，并且和突厥叛将阿布思也有瓜葛。阿布思是突厥降将，曾一度归顺大唐，后来因与安禄山有隙而再度叛回漠北。

为了彻底扳倒李林甫，杨国忠还怂恿陈希烈和哥舒翰一起出面指证。对于杨国忠等人的指控，玄宗当然是不会轻易采信的。可尽管如此，从这个时候开始，玄宗还是逐渐疏远李林甫了，转而把全部的信任和恩宠都给了杨国忠。

至此，杨国忠入相已成定局，而李林甫也成了他必欲拔除的眼中钉。“国忠贵震天下，始以林甫为仇敌矣……”（《资治通鉴》卷二一六）

在这场激烈的政治角斗中，杨国忠很可能会笑到最后。

面对如此恶劣的形势，李林甫不可避免地产生了临深履薄之感。

他生平第一次感到了恐惧。

这个位极人臣、势倾朝野、主宰帝国政局长达十多年的一代权相，生平第一次感到了一种强烈的恐惧……

## 李林甫把自己吓死了

综观李林甫十九年的宰相生涯，大致可以划分为三个阶段：

第一个阶段属于“锋芒初露”时期，时间是从开元二十二年到二十四年，在此期间，他千方百计整垮了张九龄，登上了首席宰相的宝座；第二个阶段属于“固权保位”时期，时间大致是从开元二十四年到天宝五年，在此期间，他运用“口蜜腹剑”的高超权术和“罗钳吉网”的高压手段，铲除了一批又一批对他构成威胁的政敌，牢牢把持着一人之下、万人之上的权柄；第三个阶段属于“权势熏天”时期，时间大致是从天宝五年到天宝十一年。

也就是说，差不多从李适之罢相、陈希烈入相开始，他的权势就逐渐臻于全盛了。

陈希烈，睢阳郡（今河南商丘市）人，由李林甫引荐，于天宝五年四月以门下侍郎衔入相。此人精通老庄之学，为人柔顺谦和，专以神仙符瑞之说讨好皇帝，除此之外毫无过人才干，李林甫以其“柔佞易制，故引以为相”。陈希烈入相后，果然成了牛仙客第二，对李林甫唯命是从，“政事一决于林甫”。（《资治通鉴》卷二一五）

依照旧例，宰相每天在朝堂办公必须到午后六刻（下午一点半）才能下班。李林甫此前也一直严格遵守这个上下班制度，从未迟到早退。并不是说他很敬业，而是因为不待在朝堂上他不放心，怕其他宰相私自揽政，把他架空。可自从天宝五年陈希烈来了以后，李林甫就完全放心了，他给玄宗打了份报告，声称当今天下已经太平无事，他也不用老是守在朝堂了。

从此，李林甫每天巳时（上午十点）便打道回府，命三省六部将一切军国要务直接送到他府上，然后就在家里办公，把所有文件都批复了，最后再让有关官员拿去给陈希烈过目。当然，陈希烈能做的唯一一件事情，就是在李林甫批复的意见后面签个名字而已，这样就算走完宰相联署办公的法定程序了。

差不多与此同时，玄宗对李林甫的宠幸也达到了无以复加的程度，不仅加封李林甫为开府仪同三司，赐食邑三百户，而且还把京城内外最上等的宅邸、田庄、园林、别墅，以及天下各种奇珍异宝大量赏赐给他，“前后赐与，不可胜纪”。（《旧唐书·李林甫传》）

那几年里，李林甫的权势达到了巅峰。凡是没上朝的日子，文武百官都会争先恐后地往他的家里跑，一个个忙着向他请示汇报，以致台省各级主要官员普遍都不在岗，经常只剩下陈希烈一个人孤零零地坐在朝堂上。对此，《旧唐书》评价说，李林甫“久典枢衡，天下威权，并归于己”，“宰相用事之盛，开元已来，未有其比！”

天宝六年岁末，临近春节之时，天下各郡县进献的所有贵重贡品先后运抵尚书省，玄宗命文武百官前去参观。可还没等众人看够，玄宗就忽然间大手一挥，命人把贡品全部装车，通通拉到了李林甫的府上。

百官们面面相觑。

原以为皇上叫他们来是要发年终福利的，没成想只是让他们过了一回眼瘾。

这不是拿咱耍着玩吗？皇上，您也忒偏心了吧？

作为玄宗一朝任职时间最长的一个宰相，李林甫虽然表面上权倾天下、威风八面，可实际上他的内心始终处于紧张状态之中。

因为在他眼里，这个世界就是一座丛林，每一个角落很可能都隐藏着敌人，而且随时会跳出来咬他一口，所以他必须时刻小心提防。

他总是用尽一切手段把自己严严实实地包裹起来，直到只剩下一双眼睛和一对鼻孔，然后冷冷地窥视着丛林的每一个角落，小心翼翼地嗅着每一种危险的气息……

到了天宝中后期，由于权宠过盛，树敌太多，李林甫的儿子李岫经常有一些不祥的预感。有一次，父子俩在后花园散步，李岫忽然指着那些正在埋头修葺亭台楼阁的工匠杂役，忧心忡忡地对李林甫说：“父亲大人，您久掌大权，怨仇满天下，倘若哪天灾祸降临，恐怕连做一个像他们这样的杂役都不可得了。”

李林甫当即面露不悦之色，说：“势已如此，将若之何？”（《资治通鉴》卷二一五）

此时的李林甫绝对不会想到，儿子李岫的这句话最终竟然会一语成谶。因为结怨太多，李林甫总担心会有刺客暗杀他。于是白天出行，他总要带上一百多名步骑兵，分左右两翼护卫，而且命令巡防京城的金吾卫提前开道，数百步外的前行卫队所到之处，就算公卿百官也要赶紧回避，更不要说普通百姓了。

由于经常处于警觉状态中，所以李林甫不仅白天紧张兮兮，连夜里也总是无心睡眠。

每天晚上，李林甫的府邸四周总是岗哨林立，而且宅邸中到处设有重门复壁和暗道机关。每天夜里，李林甫都要换好几个地方睡觉，以至连他的妻妾子女都不知道他在什么地方。换言之，李林甫晚上的大部分时间都不是在睡觉，而是在换床，频繁地换床。

李林甫或许可以如此宣称：每天晚上，如果我不是在这张床或那张床上，就是在这张床到那张床的路上……

自大唐开国以来，许多有能力的朝臣都是先外放为边帅，取得战功后再入朝为相的，玄宗一朝尤其如此。李林甫很早就意识到，如果不封死这条“出将入相”的通道，自己就很难长久把持朝政。所以，早在开元后期，李林甫就曾向玄宗提出了一条重大的人事建议，他说：“文臣为将，不敢身先士卒地抵挡敌人的弓箭炮石，不如起用那些出身寒微的胡人为边防将帅。这么做有两个好处：其一，胡人勇猛善战，远比文臣更适合驰骋沙场；其二，这些胡人没有显赫的门第，势单力孤，难以在朝中交结朋党。因此，陛下若能以恩义感召他们，他们必定能为朝廷效死。”

玄宗闻言大悦，觉得李林甫说得很有道理，当即采纳了这项建议。于是，自开元末年以至天宝年间，一大批胡人迅速被提拔为帝国的高级将领，并纷纷出任边镇节度使，成为手握重兵的封疆大吏。这其中，除了高仙芝、哥舒翰等人外，还有一个即将改写唐朝历史的重要人物，当然就是安禄山了。

在唐玄宗之前，大唐朝廷为了防范胡将，一般都会用德高望重的名臣来加以控制。如突厥降将阿史那社尔、契苾何力等人，虽然骁勇善战、对大唐忠心不二，但朝廷还是没有委以大将之任，而是“多以重臣领使以制之”（《旧唐书·李林甫传》），足见对胡人的防范之严。除此之外，朝廷还有三条不成文的规定制约边帅，即：不能在一地长久任职，不能在朝中遥领远地，不能由一人兼统多镇。

这就像三条绑在边帅身上的绳子。有了这三条无形的绳子，帝国就不会有强枝弱干之虞，朝廷也不会有尾大不掉之患。

然而，到了开元、天宝年间，唐玄宗李隆基却亲手解开了束缚边帅的这三条绳索。

从开元后期开始，边防将帅在一地长年任职的已经比比皆是、不胜枚举，而朝中宰相遥领远地的也已屡见不鲜（如萧嵩、牛仙客、李林甫等），节度使兼统他镇的更是习以为常（如王忠嗣、哥舒翰、安禄山等）。

由此可见，正是因为李林甫的自私和弄权，加上唐玄宗的自负和麻痹，才导致了“诸道节度使尽用胡人，精兵尽戍北边，天下之势偏重”的危险局面，使得中央与地方的军力对比产生了严重失衡——从“居重驭轻”“强干弱枝”一变而为“外重内轻”“强枝弱干”！

从这个意义上说，导致安史之乱爆发的罪魁祸首，无疑就是李林甫和唐玄宗。

然而，如果没有后来杨国忠的擅权乱政，安禄山也不会那么快就狗急跳墙。事实上，在李林甫当政期间，安禄山对他一直是又敬又怕、甘拜下风的。不要说让他起兵造反，就算让他跟李林甫过过招，恐怕他都没那个决心和胆量。

安禄山这个人，外表粗犷豪放，大大咧咧，其实内心细如针尖，既狡黠又阴险。从心机、城府和谋略上来说，满朝文武没有一个被安禄山放在眼里，可唯独李林甫是个例外。

说李林甫是安禄山的克星，恐怕也不算夸张。因为安禄山狡猾，李林甫比他更狡猾——“安禄山以李林甫狡猾逾己，故畏服之。”（《资治通鉴》卷二一六）

对付安禄山这种人，李林甫自然有他的手段。

每一次安禄山入朝，李林甫都会盛情邀请他到府上聚会，宾主之间经常就共同关心的话题互相交换看法，而且会谈也总是在亲切友好的气氛中进行的。可是，往往是在宾主双方言谈甚欢的当口，李林甫总会冷不丁地冒出一两句话。就是这一两句话，常常会一举道破安禄山心中某种隐秘的想法。

每当这种时候，安禄山脸上的表情总是颇堪玩味。

久而久之，安禄山就不得不在心里说——服了你了。

他终于不得不承认，在李林甫面前，自己几乎就是个半透明体。

从此以后，凡是宾主双方再次进行亲切友好的会谈时，安禄山总是战战兢兢、如坐针毡，乃至大冬天里也会冷汗直冒。（《资治通鉴》卷二一六：“虽盛冬，常汗沾衣。”）当然，作为一个热情而又体贴的主人，李林甫对客人的关怀一向是无微不至的。每当看见安禄山又不知何故暴汗不止了，李林甫总是会“抚以温言”，并且“自解披袍以覆之”，也就是脱下自己的袍子披在安禄山的身上，给他送去春天一般的温暖。

不知道安禄山披上袍子后，是感觉到温暖还是感到更加寒冷，反正他的表情是相当的受宠若惊和感激涕零。而且，自从披了一回袍子后，安禄山就不拿自己当外人了，从此不再称呼李林甫为“大人”，而是十分亲切地叫他“十郎”（李林甫排行第十）。

此后，每逢安禄山派手下入京办差，他总会特地吩咐手下人一定要来拜见十郎。手下回去后，他就会忙不迭地问：“十郎都说什么了？”

如果李林甫给了他几句鼓励的话，安禄山就会高兴得手舞足蹈；要是听到手下转述李林甫的话说：“告诉安大夫，一定要好自检点！”他就会吓得脸色苍白，口中喃喃自语：“完了完了，这回我死定了！”

在李林甫当政的最后几年，他就是以这种胡萝卜加大棒的手段，把安禄山收拾得服服帖帖。基本上可以说，只要李林甫在相位上一天，安禄山就一天也不敢轻举妄动。

但是到了天宝末年，随着杨国忠在帝国政坛上的强势崛起，李林甫独揽朝纲的时代就一去不复返了……

天宝十一年（公元752年）冬天，杨国忠日益得宠，其拜相之势已经非常明显。正当李林甫在苦思应对之策时，剑南道忽然传来战报，称南诏军队多次入寇，蜀地军民一致要求遥领剑南节度使的杨国忠回去镇守。李林甫大喜过望，立刻奏请玄宗，命杨国忠出征。

杨国忠虽然当过兵，可从没打过仗，假如真的让他去边境指挥作战，就算不把命搭进去，百分百也是个输。一门心思要当宰相的杨国忠当然不想去接这个烫手山芋，于是哭哭啼啼地跟玄宗说，李林甫建议让他出征，摆明了就是要陷害他。同时，杨贵妃也一再帮杨国忠求情。玄宗赶紧安慰他说：“你先去走一趟，把军事防御部署一下，我掐着日子等你回来，你一回来我就任命你为宰相！”

有了天子的承诺，杨国忠总算吃了颗定心丸，于是不情不愿地出发了。得知杨国忠入相已成定局，李林甫大为忧惧，可是又计无所出，惶悚之下顿时一病不起。

这个在帝国的权力巅峰呼风唤雨很多年的政治强人，如今终于无可挽回地倒了下去。

杨国忠到了剑南，没待几天，玄宗就迫不及待地把他召了回来。

一回朝，杨国忠就听说李林甫病得爬不起来了。他心中窃喜，可同时却又满腹狐疑。

这老小子诡计多端，会不会是装病，想诈我？

杨国忠带着十二分的谨慎和疑惑去探望李林甫，在他的病榻前用极为僵硬的动作行了一个跪拜礼。李林甫睁开一双浑浊无光的老眼，盯着杨国忠看了很久，最后有气无力地说了一句："林甫死矣，公必为相，以后事累公！"（《资治通鉴》卷二一六）

我就要死了，您必定会当上宰相，以后的事情就麻烦您了！

杨国忠被李林甫盯得浑身发毛，可他始终不敢确定这老家伙真的快死了。"不敢当不敢当……"杨国忠连连摆手，满头大汗，脸上的表情那叫一个尴尬。

很显然，直到此刻，杨国忠仍然怀疑李林甫是在诈他、诳他、试探他。可他实际上是错怪李林甫了。

有道是：人之将死其言也善，鸟之将死其鸣也哀。在生命的最后时刻，李林甫确实是真心实意要和杨国忠和解了。因为他现在最关心的事情已经不是谁当宰相，而是不管谁当宰相，他都希望这个人能够帮他保住身后的哀荣，及其子孙的功名利禄和荣华富贵。如今，杨国忠入相既然已是铁板钉钉的事了，李林甫还有什么理由加以阻挠呢？

他当然希望跟杨国忠和解。

可问题在于——杨国忠愿意跟他和解吗？

天宝十一年十一月二十四日，当了十九年首席宰相、把持了大唐朝政将近二十年的李林甫，终于无力地松开了握着权柄的那双手。

他死后，玄宗以隆重的礼节将他入殓，让他躺在一口宽敞舒适的贵重棺椁中，还在他嘴里放了一颗璀璨的珍珠，身旁放着御赐的金鱼袋、紫衣等物。在大唐，这些殉葬物象征着无上的恩宠和巨大的哀荣。

盖棺论定之际，《资治通鉴》给了李林甫这样的评价："上（玄宗）晚年自恃承平，以为天下无复可忧，遂深居禁中，专以声色自娱，悉委政事于林甫。林甫媚事左右，迎合上意，以固其宠；杜绝言路，掩蔽聪明，以成其奸；妒贤疾能，排抑胜己，以保其位；屡起大狱，诛逐贵臣，以张其势。自皇太子以下，畏之侧足。凡在相位十九年，养成天下之乱，而上不之寤也。"

本来，李林甫的故事到这里就该结束了。

这个"怨仇满天下"、总是无心睡眠的李林甫，现在终于可以把过度绷紧的神经放松下来，好好享受一场宁静而安详的长眠了。

可是，李林甫绝对不会想到，就算死后他也享受不到宁静和安详。

因为杨国忠不想让他这么好死。

天宝十二年（公元753年）正月，李林甫还未及下葬，已经就任宰相的杨国忠就再次翻起旧案，派人游说安禄山，一同指控李林甫和突厥降将阿布思同谋造反。

一听说李林甫死了，安禄山欣喜若狂。他忙不迭地与杨国忠联手，迫使阿布思的手下到朝廷作伪证，同时还采取软硬兼施的手段，胁迫李林甫的女婿杨齐宣作假证出卖了他老丈人。

面对这么多来势汹汹的指控，老迈昏聩的玄宗也懒得去求证一个死人的清白了，随即颁下一道诏书，将李林甫生前的所有官爵全部削除，子孙中在朝为官的也全部罢免、流放边地，所有财产全部充公。更有甚者，玄宗还命人剖开了李林甫的棺椁，夺去御赐珍珠、紫衣、金鱼袋等物，最后还把他塞进了一口小棺，跟普通百姓一样随便埋在了长安郊外的乱葬岗上。

李林甫一辈子机关算尽，却算不到自己身后会是一个如此凄凉的结局。不过，从某种意义上说，李林甫是幸运的。

因为他死得非常及时。

短短三年后，不管是唐玄宗和杨国忠，还是满朝文武和天下百姓，都将共同遭遇一场难以想象的浩劫，整个歌舞升平的盛世帝国也将陷入一场万劫不复的历史性灾难……

而这一切，李林甫都已经感知不到了。

## 最后的博弈：狼来了吗？

当然，对于即将到来的一切，杨国忠也是感知不到的。

杨国忠如今已经是帝国宰相兼吏部尚书，此外还兼任了四十多个特使之职，可谓权倾天下、贵宠无匹。有道是小人得志便猖狂，这位昔日的小混混自从当上宰相，在朝堂上走路都是横的，“居朝廷，攘袂扼腕，公卿以下，颐指气使，莫不震慑。”（《资治通鉴》卷二一六）

杨国忠当政后，台省六部官员中，凡是稍具才干和名望的，只要不为他所用，立马就被踢出朝廷；而那些无才无行、多年不得升迁的庸碌之辈，则纷纷凭借入仕多年的资历、以及对杨国忠的巴结谄媚而升上了高位。对于杨国忠的用人政策，有人深表鄙视，但却有更多的人极力赞同。因为在这个世界上，庸人和马屁精历来占大多数。

据说杨国忠为相不到一年，他们家的门槛就快被那些逢迎谄媚的人挤破了，因此收受的各种贿赂数不胜数，其中仅绸缎就多达三千万匹，简直比国库还壮观。

杨国忠有个儿子叫杨暄，和他一样不学无术。天宝十二年，杨暄参加了“明经”科考试，由于学业荒陋，成绩自然是一塌糊涂。当时的主考官是礼部侍郎达奚珣，这位老兄捧着杨公子的不及格试卷左看右看，真是一则以喜，一则以忧。

喜的是他终于碰上了一个巴结杨国忠的良机，只要动动手脚让杨公子登第，自己在仕途上至少可以少奋斗十年；忧的是要怎么做才能让杨国忠领他这份情呢？如果杨国忠不知道是他达奚珣做了手脚，还以为儿子是凭能耐考上的，那他的人情岂不是白做了？

达奚珣决定，还是要先把杨暄的真实成绩告诉杨国忠，然后再让杨暄登第，这样就能把人情做在明处了。随后，达奚珣就命儿子达奚抚去找杨国忠。

次日，达奚抚一大早就等在了杨国忠的家门口。杨国忠出门要去上朝时，远远看见达奚抚，不禁心头暗喜，以为肯定是自己的儿子名列前茅，所以达奚珣才派他儿子报喜来了。可他没有想到，达奚抚屁颠屁颠地跑到他面前，竟然说了这么一句：“我奉父亲大人之命，前来转告相爷，令郎的考试成绩不太理想，不过请相爷放心，我父亲一定不会让他落榜。”

杨国忠一听，脸上一下子挂不住，顿时勃然作色：“我儿子何患不富贵，还需要你们这帮小人来卖人情?!”说完鞭子一挥，策马绝尘而去，把吓得不知所措的达奚抚扔在了原地。

达奚珣万万没料到，本想好好地拍一回马屁，居然一不留神就拍到了马腿上。儿子达奚抚劝他说：“杨国忠依仗权势，根本没把咱放在眼里，咱还是该做什么就做什么吧，跟这种人哪里有道理好讲？”

过后，达奚珣还是无奈地修改了试卷，让杨暄顺利登第了，而且还让他名列榜首。但是人情算是白做了，因为杨国忠父子压根就没领他的情。不过话说回来，这事要怪也不能怪杨国忠，只能怪达奚珣自己。

怪他的马屁功没练到家。

如今的大唐天下，争着要拍杨国忠马屁的人多了去了，如何才能拍得上、拍得好、拍得妙呢？最关键的，就是要讲究所拍的方式和角度，既要拍得恰到好处，又要拍得不露痕迹，如此方为上乘之马屁功，如此才能让杨国忠觉得爽。至于说达奚珣这种不上道的马屁，杨国忠压根就不稀罕。

天宝末年，杨国忠的恃宠弄权和飞扬跋扈，于此可见一斑。

然而，不管天下有多少人忌惮杨国忠，可至少有一个人是对他极度鄙视、相当不屑的。

没错，这个人就是安禄山。

自从天宝十年安禄山兼领平卢、范阳、河东三镇以来，他在广袤的河北大地上俨然就成了一个无人制约的土皇帝，“赏刑己出，日益骄恣”，“见（唐朝）武备堕弛，有轻中国之心。”（《资治通鉴》卷二一六）

但是，随着势力的急剧膨胀，安禄山内心的忧惧也不免日渐加深。

因为，玄宗的年纪一年比一年大，随时有可能翘辫子，一旦驾崩，太子李亨即位，那安禄山还能如此逍遥自在地坐拥河北三镇吗?

很难。

因为安禄山当初为了讨好玄宗，连太子都不拜，等于是把太子往死里得罪了。那太子一旦御极登基，岂能有安禄山的好果子吃?!

所以，安禄山必须未雨绸缪，居安思危。

这几年来，安禄山已经有意识地招揽了一大批文武将吏作为心腹爪牙：文有严庄、高尚、张通儒等人，武有史思明、安守忠、蔡希德、崔乾祐、田承嗣、阿史那承庆等。将来一旦起事，这些人就是安禄山倾覆天下的骨干力量。

此外，安禄山还从奚、契丹等部落的降将中遴选了八千名勇士，平时作为近卫亲兵，战时就充当敢死队，然后又从这些人中精选出一百多人，作为贴身侍卫。按照《资治通鉴》的说法，这些人都是“骁勇善战、一可当百”。

在积极招募人才的同时，安禄山也一直在大力扩充军备。他不但蓄养了数万匹战马，囤积了大量的兵器铠甲，而且还分道派遣了许多商队与诸胡进行贸易，从中每年获取数百万利润作为军费。除此之外，安禄山还命人暗中制造了数以百万件的三品官袍和金鱼袋……

所有这一切，只为了一个目的——造反当皇帝！

当初李林甫在的时候，安禄山心中还存有忌惮。如今李林甫一死，安禄山就再也没有任何顾忌了。至于那个“为人强辩而轻躁，无威仪”的杨国忠，根本就没被安禄山放在眼里。

安禄山对他的态度只有五个字——“视之蔑如也”。（《资治通鉴》卷二一六）

安禄山想造反，其实很多人都有所察觉，可就是没人敢跟玄宗讲。

最早向玄宗发出警告，而且警告过不止一次的人，就是杨国忠。

不过，杨国忠之所以这么做，并不是出于什么忧国忧民之心，而纯粹是出于固权保位之计。他怕的是安禄山的权势不断膨胀，总有一天会入朝拜相，威胁他的地位，所以才会一次又一次在玄宗的耳边喊——狼来了，狼来了，狼来了！

可是，狼真的会来吗？

玄宗对此总是持保留态度。

像安禄山这么忠诚乖巧的人，玄宗根本不相信、或者不愿意相信他会造反。

天宝十三年（公元754年）正月，为了向玄宗证明安禄山确实怀有狼子野心，杨国忠就跟玄宗打赌，说：“陛下可以下诏召见安禄山，看他敢不敢来，臣敢保证，他一定不敢来！”

安禄山来了吗？

来了。

一接到玄宗的诏书，他就风驰电掣、马不停蹄、日夜兼程、披星戴月地从范阳赶来了。

一见到玄宗，安禄山就声泪俱下地说：“臣本是胡人，承蒙陛下宠爱，擢升到今天这样尊贵的地位，因而遭到杨国忠的嫉恨，臣真不知道哪天会死在他的手里！”

看到干儿子哭得如此楚楚可怜，玄宗大起恻隐之心，马上赏赐给他一千万钱。

从此，玄宗对这个干儿子更加宠信。而杨国忠不断发出的“狼来了”的警告，则被玄宗当成了耳旁风。

很显然，杨国忠根本不是安禄山的对手。

过去李林甫和安禄山过招时，几乎可以把安禄山当成面团来捏，要他圆他就圆，要他扁他就扁。可如今，在杨国忠与安禄山展开的这场最后的博弈中，双方的位置已经完全颠倒过来了，杨国忠频频出手，却未能伤及安禄山一根毫毛，而安禄山不动声色，却能把大唐的天子和宰相玩弄于股掌……

安禄山入朝的几天后，玄宗又觉得干儿子受的委屈太大了，光赏赐金钱好像还不足以弥补，于是又准备擢升安禄山为宰相，命太常卿、翰林学士张垍草诏。杨国忠吓坏了，当即力谏：“安禄山虽有军功，但目不知书，岂能当宰相?!臣担心诏书一下，四夷将轻我大唐无人！”

玄宗想想也有道理，于是悻悻作罢，但还是加封安禄山左仆射之职，并赐他一子为三品官，一子为四品官。

紧接着，安禄山又得寸进尺，要求兼任御马总监和全国牧马总管。我们说过，在冷兵器时代，战马的作用不亚于今天的坦克，所以，这两个职位具有怎样的军事价值和战略意义是不言自明的。

既然如此，玄宗会给他吗？

几乎没有经过任何考虑和犹豫，玄宗就答应了安禄山的要求。

随后，安禄山派遣了几名亲信，命他们在御马监中挑选了数千匹最强健的战马，悄悄转移到了别的地方饲养。

又过了几天，安禄山又奏：“臣所部将士，在与奚、契丹、铁勒九部、同罗等部落的作战中，立下了很多功勋，臣请求破格提拔他们，希望朝廷提供一些空白的委任状，臣可带回军中，直接授予他们。”

如果是一个智力正常的皇帝，在听到这样的请求时肯定会生出极大的警觉，可玄宗却丝毫不起疑心，一下就给了他几千张空白的委任状。后来安禄山回到范阳时，一口气就任命了五百多个将军，两千多个中郎将，彻底收买了全军将士的心，也把他麾下的这十几万帝国军队彻底变成了自己的私人武装。

没有人知道玄宗为何会对安禄山纵容到这个地步。

唯一的解释只能是他脑子进水了，或者是他鬼迷了心窍。

在朝廷捞了个钵满盆满之后，安禄山准备开溜了。

该表的忠心已经表了，该捞的实惠也都捞了，再待下去已经毫无意义，只会夜长梦多。

天宝十三年三月，安禄山向玄宗奏请回范阳，玄宗依依不舍，亲自脱下身上的御袍赐给了安禄山。曾几何时，安禄山披上李林甫的袍子时，心底感到的是一种莫名的恐惧；而今，当安禄山披上皇帝钦赐的御袍时，心里却在发出一阵仰天狂笑……

其实，从某种程度上说，安禄山是很感激大唐天子李隆基的。

因为这个慈祥而慷慨的老人不仅曾经挽救了他的生命，而且给了他人臣所能拥有的一切。人非草木，孰能无情？安禄山打心眼里，其实是非常尊敬，甚至喜爱这位老人的。

然而，感情从来只是一个男人生命中极小的一部分。尤其是像安禄山这种以打仗为业、以政治为生命、以权力为人生目标的男人，感情就更是一种虚无缥缈的东西，或者说是一种很不实用的奢侈品。安禄山从来不会让感情这种东西影响自己的意志，更不会让它左右自己的决定。

所以，尽管他尊敬甚至爱戴李隆基，但这并不妨碍他悍然起兵，夺取李隆基的江山和臣民，夺取本属于李隆基的一切！

是的，这并不矛盾。

因为这就是人性。

安禄山回范阳的时候，比他来长安时走得更快。

由于担心杨国忠又在玄宗面前叽叽歪歪，以致玄宗生出疑心，安禄山恨不得插上翅膀立刻飞回范阳。

安禄山疾驰出关以后，改走水路，乘船沿黄河东下，命纤夫十五里换一班，昼夜兼程，片刻不息，日行三四百里，所过郡县概不停留，一口气跑回了老巢。

安禄山临走时，玄宗曾派高力士为他送行。高力士回宫后，玄宗问他："此次回朝，安禄山应该感到满意吧？"

高力士答："看他的样子，似乎有些怏怏不乐，定是知道本来命他当宰相，可又中途变卦了，所以感到不快。"

杨国忠一听，马上说："这件事没人知道，肯定是负责草诏的张垍把消息走漏了。"

玄宗勃然大怒，立刻把张垍贬为远地司马，同时把他哥哥刑部尚书张均贬为地方太守。

由于出了这件事，玄宗更加感觉对不起安禄山。所以从此以后，凡是有人控告安禄山谋反的，玄宗就直接把人绑了，送到范阳给安禄山处理。自此，天下人人皆知安禄山将反，可人人只能保持缄默。

天宝十三年六月，剑南道与南诏的战争已经持续数年，唐军屡战屡败，前后战死的士兵多达二十万，可身兼剑南节度使的杨国忠却隐瞒了所有战败的消息，还向玄宗谎称大捷。满朝文武纷纷摇头叹息，可没人敢说出事实。

有一天，玄宗和高力士在闲聊。玄宗说："朕今老矣，朝事付之宰相，边事付之诸将，夫复何忧！"（《资治通鉴》卷二一七）

高力士却答道："臣听说，云南屡屡战败丧师，此外，诸道边将又拥兵太盛，陛下将如何防范他们？臣担心，一旦出现祸乱，将难以挽救，怎么谈得上无忧？"

玄宗面露不悦，说："你不用再说了，朕自有分寸。"

天宝末年，满朝文武、宫廷内外，还敢说真话的人也许就只剩下高力士一个了。

高力士虽然是个权倾内外的大宦官，连太子也要称呼他为"兄"，王公大臣也要称呼他为"翁"，驸马一辈则全都称他为"爷"，可谓尊贵已极，但是，和中唐以后那些弄权乱政的宦官比起来，他的品质实在要好得多。而且，高力士一贯小心谨慎，除了关键时刻向玄宗进几句忠言外，从不敢肆意揽权干政，因而满朝士大夫对他并无恶感，而玄宗也始终信任他。正因为此，当百官在杨国忠的专权之下噤若寒蝉的时候，就只有高力士敢秉公直言了。

然而，即便高力士能说真话，此时的玄宗也未必听得进去。就算听得进去，也未必会采取什么有益的行动。

天宝十三年七月，杨国忠为了进一步扩大权力，又迫使资格比他老的陈希烈主动辞位，然后引荐了性格温和、较易控制的兵部尚书韦见素入相，从此把朝政完全控制在了手中。

当时，京畿地区已连续一年多遭受严重的洪涝灾害，导致关中大饥，玄宗甚为忧虑，杨国忠不思赈灾，却找来了一株颗粒饱满的稻穗献给玄宗，说："雨水虽多，但还不至于伤害庄稼。"玄宗一看那株长势喜人的稻穗，顿时转忧为喜。

后来，扶风（今陕西凤翔县）太守房琯报告辖区内灾情严重，杨国忠立刻把房琯抓到御史台控制了起来。

随后，各地再也无人敢上报灾情。

这一年秋天的一个午后，玄宗站在寝宫中，仰望从铅灰色的穹苍中不停落下的雨水，心中的某个地方忽然动了一下，然后不无伤感地对身边的高力士说："淫雨不已，卿可尽言。"

很显然，玄宗已经意识到——自己被杨国忠忽悠了。

所以他现在想听真话。

高力士看了看淫雨霏霏的天空，又看了看日渐苍老的皇帝，轻轻地说了一句："自陛下以权假宰相，赏罚无章，阴阳失度，臣何敢言！"（《资治通鉴》卷二一七）

高力士谦称他不敢言，其实这寥寥数语，已经把该说的话都说了。

如果是一个彻底昏庸的皇帝，听到如此逆耳之言，一定会暴跳如雷。而如果是一个勇于反省的皇帝，听到如此忠直之言，也必定会有所行动。

然而，此时的唐玄宗李隆基既非彻底昏庸的皇帝，也不是能够反躬自省的皇帝，而是一个既糊涂又清醒、既骄傲又伤感、既强大又脆弱的皇帝。

所以，对于高力士的忠言，他唯一的反应只有两个字——默然。

此时的唐玄宗，似乎对一切都心知肚明，又似乎对一切都懵懂不知。因为他知道——自己老了，已经无力改变任何事物了。

所以，他只能做一天皇帝享一天乐，让一切顺其自然。

所以，他只能劝自己不要怀疑安禄山，以免自寻烦恼。

所以，他只能深深沉浸在盛世迷梦中，任由历史的惯性，把自己和帝国一步一步地推向某个充满宿命意味的终点……

与此同时，杨国忠正在乐此不疲地巩固权力、铲除异己。这年七月，他刚刚把陈希烈赶下了台；八月，他又把看上去很不顺眼的京兆尹李岘贬出了长安；十一月，他又担心河东太守兼采访使韦陟有可能会拜相，赶紧找了个罪名把他送进了监狱……

此时，距离“安史之乱”爆发还有一年。

可在杨国忠眼里，太平盛世无疑还会延续很久很久。就算现在有人告诉他乱世马上就要来临，恐怕也改变不了他那快乐无比的心境。

作为小混混出身的杨国忠，他的人生宗旨就是四个字——及时行乐。不管处在什么样的位子上，这一点从来没有改变过。杨国忠自己就曾经对人坦言：“吾本寒家，一旦缘椒房至此，未知税驾之所，然念终不能致令名，不若且极乐耳。”（《资治通鉴》卷二一七）

我出身贫寒，只因凭借贵妃的关系才有了今天，管他未来到底怎么样呢，反正我知道自己终究不能以美名传世，还不如抛开一切，尽享眼前极乐。

让这样的人来把持朝政，无疑是玄宗和所有臣民的不幸。

让这样的人来控制帝国前进的方向，无疑是历史的悲哀。

天宝十四年（公元755年），春天跟往年一样照常降临。

冰雪消融，江河奔流，百花盛开，万物复苏。

一切看上去都很美。

一切都与往日并无不同。

在生命的第七十一个春天里，李隆基并不知道，一匹北方之狼正傲然屹立在燕赵大地上，时而伸长脖颈仰天长嚎，时而呲牙咧嘴向西眺望。它亢奋的身体内躁动着不安的灵魂。它血红的眼睛里闪烁着死亡的火焰。它向天挥舞的利爪中，潜藏着攫取天下、撕碎一切的欲望……

## 第七十一个春天

没有人会否认，在唐玄宗李隆基在位的四十多年间，大唐帝国确实是一个政治清明、经济繁荣、社会稳定、文化昌盛的太平之世。自从李隆基用雷霆手段终结了“后武则天时代”动荡不安的政治局面后，煌煌盛世的斑斓画卷就在玄宗君臣的励精图治下迅速展开了……

开元年间，由于玄宗朝廷强力推行括户政策，并在“增殖户口”的同时积极“劝课农桑”，使人口数量获得了极大增长，并使得全国范围内的耕地面积显著增加。据诗人元结所言，当时四海之内，高山绝壑，到处可见繁忙的耕作景象。随着劳动力与耕地面积的大量增长，农业经济迅猛发展，“累岁丰稔”、“年谷屡登”，百姓安居乐业，国家财政收入大幅提高，大唐的国力从此蒸蒸日上！

唐代大诗人杜甫，就曾在那首脍炙人口的《忆昔》中，对这个盛况空前的黄金时代作出了一番形象的描绘：

忆昔开元全盛日，小邑犹藏万家室。
稻米流脂粟米白，公私仓廪俱丰实。
九州道路无豺虎，远行不劳吉日出。
齐纨鲁缟车班班，男耕女桑不相失。

农业的大发展又迅速带动了手工业和商业的发展。当时的手工业包括纺织、印染、矿冶、金工、造船、金银铜器、陶器、木器、瓷器、玉雕、制糖、制茶、造纸、印刷、皮革等行业。在许多行业中，都涌现出了精湛的工艺和巧夺天工的艺术品。如闻名于世的“唐三彩”，就是在开元、天宝年间发展到了高峰。唐三彩是一种低温釉陶器，在色釉中加入不同的金属氧化物，经过焙烧，形成浅黄、赭黄、浅绿、深绿、天蓝、褐红、茄紫等多种色彩，但多以黄、褐、绿三色为主，故名“唐三彩”。唐三彩的色釉有浓淡变化、互相浸润、斑驳淋漓的效果，在色彩的相互辉映中，展现出了堂皇富丽的艺术魅力。

社会经济的高度发展自然促进了文化与科技的繁荣。

玄宗时代，唐朝在诗歌、绘画、书法、音乐、歌舞等文化艺术的各个领域，都涌现出了一大批杰出的人才，创造了令人叹为观止的不朽作品，也达到了后世难以逾越的高度。

唐诗是中国古代文学史上公认的巅峰，而开元、天宝年间的盛世诗坛上，更是大家辈出，群星璀璨。其中，“诗仙”李白与“诗圣”杜甫在文学史上的典范意义自不待言，除了这两位大师之外，张九龄、王维、孟浩然、王昌龄、贺知章、王之涣、崔颢、岑参、高适等人，也都是风格独具、光芒四射的人物。

在绘画方面，也涌现了众多名师巨匠：有善画仕女图的张萱、周昉，其代表作《虢国夫人游春图》《簪花仕女图》等，以端庄华丽，雍容典雅著称，展示了“回眸一笑百媚生”的唐代美女众生像；有善画鞍马的曹霸、韩幹，曾获杜甫赠诗歌咏；有善画山水画的王维，被苏轼称为“画中有诗”；又有被后世尊为“画圣”的吴道子，兼擅人物、山水，尤擅佛道画，其画中人物栩栩如生、衣袂飘飘，故有“吴带当风”之说。

在书法方面，有性情豪放、嗜酒如命的张旭，相传其酩酊大醉之际便会呼叫狂走，然后落笔疾书，甚至以头发蘸墨书写，故有“张颠”雅称，后人尊其为“草圣”；在他之后，僧人怀素继承其笔法，亦以狂草惊世，史称其“运笔迅速，如骤雨旋风，飞动圆转，随手万变，而法度具备”，后人将张旭、怀素并誉为“颠张醉素”；此外，又有将篆、隶等笔法揉进楷书、独创“颜体”的颜真卿，他与初唐欧阳询、晚唐柳公权、元人赵孟頫被后世并誉为“楷书四大家”，和柳公权并称“颜筋柳骨”。

在音乐和歌舞方面，唐玄宗本人就是一个造诣精深的艺术家。大明宫太液池东边有一座梨花盛开的庭园，称为“梨园”，唐玄宗就在这里创建了皇家艺术中心，亲自遴选数百名具有艺术禀赋的乐工和宫人，共同进行教学、创作和演出，称为“梨园弟子”，其中以李龟年最为知名，后人称其为“歌圣”。玄宗本人精晓音律，善击羯鼓，尤其擅长作曲，中国艺术史上的经典之作《霓裳羽衣曲》，就是由李隆基亲手谱写，由杨贵妃编舞并演出的。

除了文化艺术以外，尤其值得一提的，就是在科技方面作出了卓越贡献的僧一行。

一行俗名张遂，自幼博览经史，精通天文历法，唐玄宗时受命主持历法修订，编成了《大衍历》，其体例结构一直为后代沿用。他是世界上第一个发现了恒星移动现象的人，比英国人哈雷发现恒星移动早了一千年。同时，他又倡议测量子午线的长度，虽然测量结果并不很准确，但却是世界上第一次实测子午线的记录。此外，他还与另一位科学家梁令瓒合作，制成了观察日月运动的“黄道游仪”，以及观察天象的“浑天铜仪”。后者也是世界上最早的用机械转动的天文钟。

……

这就是盛唐。

这就是锦天绣地、流光溢彩的盛唐。

这就是令无数后人心驰神往、魂牵梦绕的盛唐。

然而，到了公元八世纪中叶（天宝末年），当大唐帝国走过一百三十多年的辉煌与沧桑，在企及鼎盛与巅峰的同时，也无可挽回地走向了浮华、堕落与衰乱。

从一千多年后回头去看，透过岁月的尘烟与时光的帷幔，人们能否看清，哪一刻才是大唐帝国由盛而衰的转折点？

是不是从开元十三年泰山封禅的那一刻起，当玄宗李隆基以千古一帝的姿态伫立在人间绝顶的时候，一种器满则盈、盛极而衰的历史宿命就已经悄然埋下了伏笔？

是不是从开元末年李林甫独揽朝纲的那一刻起，当玄宗李隆基越来越耽于享乐、怠于朝政的时候，大唐帝国的马车就已经开始了盲目的奔驰、并日渐暴露出倾覆的危险？

又或者是从天宝初年安禄山强势崛起的那一刻起，当玄宗李隆基毫无原则地给予他越来越大的权力和荣宠时，一场极具颠覆性和毁灭性的历史悲剧就已经拉开了序幕？

再或者是从天宝末年杨国忠擅权乱政的那一刻起，当玄宗李隆基宁愿把自己埋在盛世迷梦中不愿醒转的时候，曾经繁荣强大的帝国就已经滑向了万劫不复的深渊？

也许，上述每个时刻都是决定历史走向的关键节点，只要唐玄宗李隆基能够在当时的每个节点上保持清醒，在“向左走还是向右走”的问题面前正确选择，那么他到最后就不会被迫面临“生存还是毁灭”的极端命题，更不会在马嵬驿陷入那个“要江山还是要美人”的人生困境……

不过，对于天宝十四年春天的李隆基来说，上面这些问题都是不存在的。

因为在他看来，“安禄山造反”是个不值一哂的伪命题。他绝不愿为此花费脑筋，让自己徒增烦恼。此时此刻，他正怀着跟年轻人一样的激情，在热烈拥抱自己生命中的第七十一个春天。

人生七十古来稀。既然上苍如此慷慨，赐给了他太平江山，赐给了他绝代佳人，又赐给了他享受这一切的长寿人生，那他有什么理由不好好享受呢?!

云鬓花颜金步摇，芙蓉帐暖度春宵。
春宵苦短日高起，从此君王不早朝。
（白居易《长恨歌》）

这样的春天，只宜享受纯净的艺术和无暇的爱情；这样的春天，只适合在恍如天籁的《霓裳羽衣曲》中，让一个灵魂与另一个灵魂比翼双飞、翩跹共舞，不能让世间一切俗务来搅扰，更不能让政治来插足、大臣来聒噪。

简言之，李隆基生命中的第七十一个春天，只属于他的爱人杨玉环，不属于他的帝国和臣民……

然而，让李隆基感到无奈的是——他毕竟是一国之君，而一国之君就不可能真正地摆脱政治。比如早春二月的某个早晨，朝廷又接到了安禄山的奏请，要求用三十二名蕃将替代汉人将领。李隆基懒得去操那份心，立刻下诏让有关部门颁发任命状。诏书一下，杨国忠和新任宰相韦见素立刻入宫，极言安禄山反迹已露，绝不可同意他的奏请。

李隆基大为不悦。

安禄山有什么不好，为什么你们这些人总是放不下对他的嫉恨和猜疑呢?

狼来了，狼来了……就会说这一句！你们就不能来点新鲜的?

李隆基不顾宰相的劝阻，仍旧把三十二份任命状颁给了安禄山。杨国忠和韦见素深感不安，最后只好想了一个明升暗降的办法，建议玄宗让安禄山入朝为相，然后将范阳、平卢、河东三个节度副使升任正使，借此解除安禄山的兵权，从根本上削弱他的势力。

李隆基拗不过两个宰相的力谏，只好勉强同意。可诏书草拟好后，玄宗却留着不发，而是悄悄派了心腹宦官辅璆琳去范阳，让他刺探安禄山的虚实。辅璆琳去范阳走了一趟，收受了安禄山的重金贿赂，回来后就极力向玄宗鼓吹，说安禄山“竭忠奉国，无有二心”。

李隆基笑了。他对杨国忠和韦见素说：“禄山，朕推心待之，必无异志。东北二虏，籍其镇遏。朕自保之，卿等勿忧也！”（《资治通鉴》卷二一七）

朕对安禄山推心置腹，料他必不会心生异志。东北的奚和契丹，全是靠他镇守遏制的。朕可以当他的保人，你们无须担忧！

天子都把话说到这份上了，杨国忠和韦见素还有什么好说的？

于是，征召安禄山入朝的计划就此不了了之。

在李隆基看来，安禄山势力再大，也是自己的赤胆忠臣；安禄山能量再强，也是帮自己镇守国门的一条看门狗。所以，安禄山绝不会是杨国忠臆想中的那头狼！

朕自保之，卿等勿忧！

这是多么掷地有声的话语、多么乐观自信的态度啊！

然而，事实很快就将证明——李隆基错了。

这个严重的错误不仅将彻底葬送锦天绣地、歌舞升平的盛唐，而且将开启一个长达一百四十二年的乱世——一个充满了流血、杀戮、黑暗、纷争和死亡的乱世。

# 第五章
# 安史之乱爆发

## 狼真的来了!

从天宝十四年(公元755年)的夏天起,安禄山对朝廷的态度就发生了一百八十度的转变。

本来安禄山还想再摆一下迷魂阵,没打算这么早动手,因为他觉得玄宗待他不薄,想等玄宗死后再起兵,可如今杨国忠天天喊说他要造反,终于把安禄山给彻底惹毛了。

这一年四月,玄宗派给事中裴士淹去“宣慰”河北,主要目的是去安抚安禄山,同时当然也想再摸摸安禄山的底牌。裴士淹抵达范阳后,安禄山声称身体不适,不但不出面迎接,还把这位钦差大臣晾在了宾馆里,而且一晾就是二十多天。

后来,安禄山虽然接见了裴士淹,但却故意把所有亲兵都召集起来,让他们全副武装进行警戒,摆出了一副如临大敌的架势。

一见这阵仗,裴士淹吓得魂都没了。

这是在接见天子使臣吗?这分明是在向朝廷示威啊!

裴士淹匆匆宣完圣旨,赶紧一溜烟跑回长安,向玄宗禀报了事情的经过,说安禄山包藏祸心,“无复人臣礼”。(《资治通鉴》卷二一七)

对于裴士淹的汇报,玄宗却不以为意。因为前不久心腹宦官辅璆琳刚从范阳回来，还信誓旦旦地说安禄山“竭忠奉国，无有二心”，时隔不过两个月，安禄山怎么可能就包藏祸心了呢？

在玄宗看来，裴士淹纯粹是夸大其词，危言耸听。

玄宗不把裴士淹的汇报当一回事，可有个人却如获至宝。

他就是杨国忠。

这些日子以来，杨国忠正“日夜求禄山反状”，如今听说安禄山怠慢朝廷使臣，总算抓住了把柄，立刻下令京兆尹出兵包围了安禄山在京师的宅邸，逮捕了安禄山的门客李超等人，并把他们扔进御史台监狱，连夜突击审讯。

可御史台审来审去，也没审出个子丑寅卯，杨国忠大怒，便命御史台把李超等人全部秘密处死。

如此一来，朝廷与安禄山的矛盾便进一步激化了。

当时，安禄山的长子安庆宗和宗室的荣义郡主订了婚，住在京师。他眼见杨国忠动了杀机，大为恐惧，赶紧派人密报安禄山。

得知门客被杀的消息，安禄山又惊又怒，遂下定起兵的决心。

六月，安庆宗与荣义郡主的婚礼举行在即，玄宗亲自下诏，召安禄山入朝参加婚礼，可安禄山却推说生病，拒不入朝。

实际上，事情发展到这一步，安禄山的狼子野心已经昭然若揭了。

玄宗当然不至于看不出这一点。然而，他还是抱着最后一丝侥幸心理，不愿意相信安禄山真的会造反。

七月，安禄山向朝廷上表，说要献上北地良马三千匹，每匹马配备两名马夫，并由二十二名蕃将率部护送马匹入京。

在这个节骨眼上献马，还兴师动众地派军队护送，安禄山的心思不言自明。河南尹达奚珣赶紧上奏玄宗，说：“请皇上诏令安禄山，若要献马，可由沿途各地官府供应差役，无须另派军队护送。”

安禄山这马献得实在是蹊跷，玄宗心里不禁犯起了嘀咕。恰在此时，宦官辅璆琳受安禄山贿赂之事又突然被人告发（很可能是杨国忠所为），玄宗才猛然有所醒悟，觉得自己是被辅璆琳和安禄山给结结实实地忽悠了一把。他勃然大怒，马上找了个借口杀了辅璆琳，然后又派另一个心腹宦官冯神威前往范阳，给安禄山带去了一道手诏，告诉他说献马可以，但没必要派军队护送；同时，玄宗还在手诏中情深意切地对安禄山说："朕最近专门命人为你新凿了一个温泉池，十月份在华清宫等你。"（《资治通鉴》卷二一七："朕新为卿作一汤，十月于华清宫待卿。"）

如果说玄宗此前对安禄山的宠幸确实是出于真心的话，那么这一次，玄宗显然是在给安禄山灌迷魂汤了。

可是，安禄山会上钩吗？到了这个时候，他还会稀罕玄宗给他新作的这一"汤"吗？

答案当然是否定的。

冯神威抵达范阳后，得到的待遇并不比裴士淹好到哪里去。他在宣读玄宗圣旨的时候，安禄山居然不跪拜接旨，而是一脸傲慢地踞坐床榻，只微微欠了欠身，淡淡地说了一句："圣人安好。"等冯神威宣完圣旨，安禄山又意味深长地加了一句："马不献也可以；你回去转告圣上，到了十月，我会昂首挺胸、精神抖擞地到京师去见他。"（"马不献亦可；十月灼然诣京师。"）

话说到这份上，已经是赤裸裸的威胁了。

安禄山随即安排冯神威住进了宾馆，之后就再也没有露面。心惊胆战的冯神威在宾馆里寝食难安，度日如年。几天后，冯神威终于接到了安禄山的逐客令，却没有接到照例应该呈上的谢恩表。

可此时的冯神威也顾不上什么谢恩表了，一接到逐客令便马不停蹄地跑回长安，一见到玄宗就哭哭啼啼地说："臣差一点就见不着皇上了！"

从冯神威离开范阳的那一天起，亦即天宝十四年八月开始，安禄山就把起兵计划提上了议事日程。为了防止泄密，安禄山只和心腹幕僚严庄、高尚和将军阿史那承庆加紧密谋，其他文武将吏一概被蒙在鼓里。

众人只是觉得奇怪，自从入秋以来，安禄山便频频犒赏士卒，并且三天两头搞军事演练，不知道他到底想干什么。直到这一年冬天，当有奏事的官员从长安返回范阳，安禄山才借机伪造了一道天子密诏，然后召集众将说："有密旨，命我举兵入朝讨伐杨国忠，诸君应全部随我出征。"

众将官相顾愕然。直到此刻，他们才终于明白——原来这几个月的好酒好肉都不是白吃的，比平时多好几倍的饷银也不是白给的，是通通要让他们拿命去抵的！

说白了，这世上本来就没有免费的午餐。

军人以服从命令为天职，上阵杀敌也是他们分内的事情，这本来没什么好说的，可让他们感到郁闷的是——这一次并不是跟敌人拼命，而是掉转枪口跟朝廷拼命！

然而，不管众将佐中有多少是仍旧忠于李唐、不愿追随安禄山造反的，现在都已经是身不由己了。除了硬着头皮跟安禄山登上贼船，他们没有别的选择。

天宝十四年十一月九日，安禄山集结了麾下的所有部队，并联合同罗、奚、契丹、室韦共计十五万人，号称二十万，正式在范阳起兵。

次日清晨，安禄山在蓟城（范阳治所）城南誓师，以讨伐杨国忠为名，宣布即日南征，同时告谕三军将士："胆敢反对起兵、扰乱军心者，一律屠灭三族！"

是日，安禄山命节度副使贾循留守范阳，然后亲率十五万铁骑从蓟城出发，大举南下，兵锋直指东京洛阳。

"安史之乱"就此爆发。

一场彻底改写唐朝历史，并将深刻影响整个中国历史的战乱就此拉开序幕。

《资治通鉴》称："禄山乘铁舆（防箭的铁轿），步骑精锐，烟尘千里，鼓噪震地。时海内久承平，百姓累世不识兵革，猝闻范阳兵起，远近震骇。河北皆禄山统内，所过州县，望风瓦解。守令或开门出迎，或弃城窜匿，或为所擒戮，无敢拒之者……"

狼烟滚滚，裹挟着安禄山觊觎九五的野心。

马蹄嘚嘚，裹挟着安禄山征服天下的欲望。

十五万范阳铁骑就这样以犁庭扫穴之势席卷燕赵大地，以所向无敌之威挺进中原。

盛世唐朝就在这一刻轰然崩坍……

狼来了。

这一次——狼真的来了！

可此时此刻，唐玄宗李隆基在干什么呢？

他在泡温泉。他正和他最心爱的杨玉环一起，在美丽而宁静的华清宫中泡着温泉。

自从开元后期以来，玄宗每年十月都要上骊山泡温泉，这个习惯已经保持了二十多年，可谓风雨无阻，雷打不动。然而此时的李隆基并不知道，这将是他与杨玉环的最后一次骊山之行。

外面的世界天寒地冻，可华清宫中却温暖如春；北方的大地正在安禄山的铁蹄下呻吟和战栗，可骊山的天子行宫中依然是一派歌舞升平。

李隆基和杨玉环一起沐浴在温泉池中，时而嬉水，时而畅游。池中热气弥漫、烟雾缭绕，美人肤如凝脂、巧笑嫣然，此情此景尽管已经看过无数遍，可玄宗还是忍不住心旌摇荡，一时间不知今夕何夕，亦不知人间天上……

如果时间就在这一刻悄然凝固该有多好。

如果人生就在这一刻进入永恒该有多好。

只可惜，时间是世界上最无情的东西，它可以让一个帝国在短短几年里走向繁荣和强大，也可以让一个太平盛世在一夜之间变得破碎支离，面目全非。

而人生同样是世界上最无常的东西，前一秒还在享受天堂般的快乐，下一秒就有可能陷入地狱般的煎熬。没有人知道哪一秒才是天堂地狱的转捩点，也没人知道是什么力量在主宰这一切。即使李隆基贵为天子，他也没有权力让时间停止不动；即使李隆基富有四海，他也无法用他的意志挽留住人生中的美好。

哪怕只是点滴。

哪怕只是一瞬。

安禄山率主力南下的同时，为了消除来自河东方面的威胁，派部将何千年率领一支小分队前往太原，以献神射手为名，设计掳走了北京（即太原）副留守杨光翙。太原守军大为惊骇，立刻将安禄山造反、长官被劫的消息奏报朝廷。与此同时，东受降城（今内蒙古托克托县）也向朝廷呈送了战报，称安禄山已起兵叛乱。

然而，面对来自前线的奏报，人在骊山的玄宗却依旧置若罔闻。按照《资治通鉴》的说法，玄宗“犹以为恶禄山者诈为之，未之信也”。也就是说，他仍然认为这是那些嫉恨安禄山的人在造谣，所以不肯相信。《资治通鉴》的说法符合事实吗？

恐怕未必。

事实上，早在宦官辅璆琳东窗事发，而裴士淹、冯神威等使臣连连在范阳遭受冷遇的时候，玄宗就已经察觉出安禄山的狼子野心了。而他之所以在危机来临的时刻还把军国大事抛诸脑后，不顾一切地陪着杨贵妃上骊山，甚至在接到前线战报时还执迷不悟，其原因恐怕不是因为他看不清现实，而是因为他在逃避现实。

是的，李隆基在逃避。

作为一个统治了大唐帝国长达四十余年的皇帝，李隆基对自己的能力和运气都太自信了。所以，他既不愿承认自己在识人用人上的严重错误，更不愿直面由于这种错误而导致的灾难性后果。换句话说，他宁可抱着最后一丝侥幸心理躲进温柔乡，宁可让自己变成一只自欺欺人的鸵鸟，也不想让残酷的现实剥夺掉他最后那点顽固而脆弱的自尊心。

可是，到了十一月中旬，当河北各郡县的战报像雪片般飞进华清宫的时候，玄宗终于不得不从醉人的温柔乡中百般无奈地抬起头来，勉强收拾精神，紧急召见宰辅重臣，询问他们御敌平叛之策。

对于安禄山的造反，满朝文武个个忧心忡忡、惶骇不已，唯独杨国忠得意洋洋、喜不自胜。

因为，他的预言成真了。他喊了这么久的“狼来了”，最后安禄山总算给他面子，真的来了。

“扬扬有得色”的杨国忠拍着胸脯对玄宗说：“今反者独禄山耳，将士皆不欲也。不过旬日，必传首诣行在。”（《资治通鉴》卷二一七）

如今真想造反的只有一个安禄山，将士们跟他都不是一条心。不出十天，必能将他的脑袋传送行宫。

听了杨国忠的话，玄宗如释重负，脸上迅速浮现出欣慰的笑容。其他几个宰辅大臣却人人相顾失色。

十天就能平定安禄山叛乱？你杨国忠这海口也夸得太大了吧？

接下来的事实马上就将证明，杨国忠这不叫夸口，而叫扯淡！

此后，唐朝政府军非但没有在十天内平定安禄山叛乱，反而在玄宗和杨国忠一错再错的决策之下，被叛军打得节节败退、损兵折将，而且很快就把洛阳和长安两座京城都给丢了，以致玄宗君臣不得不仓皇流亡巴蜀。更具有讽刺意味的是：安史之乱爆发刚刚两个月，安禄山就在洛阳堂而皇之地当上了大燕皇帝；而时隔不过半年，声称十天就能拿下安禄山脑袋的杨国忠，自己反而在马嵬驿被砍掉了脑袋。

安禄山刚刚起兵之时，尽管朝野上下都为之震骇，却还是没有人料到局势会恶化到后来那种地步，也没有人料到官军在叛军面前会那样不堪一击、一溃千里，更没有料到当时大唐军界最耀眼的三颗将星——高仙芝、封常清、哥舒翰，竟然没有一个能够阻遏叛军的兵锋！

尤其让忠于李唐的臣民们扼腕愤恨的是，这三个曾经叱咤风云、威震朝野的一代名将，最终竟然都不是死在御敌的战场上，而是死在了自己人的谗言下……

## 威震中亚：高仙芝的锋芒

高仙芝，高丽人，将门之后，从小随父至安西，稍长因父荫被授予游击将军。史称高仙芝“美姿容，善骑射，勇决骁果”，二十出头便因军功被提拔为将军，“与父同班秩”（《旧唐书·高仙芝传》），在军中传为一时佳话。

高仙芝曾先后在安西军事长官田仁琬、盖嘉运麾下效力，但一直没得到重用，直到夫蒙灵詧出任安西节度使，才对高仙芝的才华欣赏有加，屡屡对他进行提拔。到了开元末年，高仙芝已官居安西副都护、四镇都知兵马使兼节度副使。

此时的高仙芝虽然已经是安西唐军的二把手，但还称不上是名将。真正让他扬威西域、名动朝野的，当属千里奔袭小勃律的战役。

小勃律国位于吐蕃西北，大约在今巴基斯坦北部及克什米尔一带，介于吐蕃、中亚与安西四镇之间，战略地位十分突出，自从武周时代以来，这里便是大唐与吐蕃反复争夺的焦点。小勃律原本亲附唐朝，因而屡屡受到吐蕃的攻击。开元二十五年（公元737年），吐蕃再次出兵小勃律，迫使其投降，并将一个吐蕃公主嫁给了小勃律国王，从而牢牢控制了这个战略要地，同时也切断了中亚二十几个小国与唐朝的联系，大有称霸中亚之势。

毫无疑问，大唐帝国要想夺回对中亚的控制权，首先就必须夺回小勃律。

然而，从田仁琬到盖嘉运，再到夫蒙灵詧，连续三任的安西军事长官都曾经出兵征讨小勃律，但每次都无功而返，玄宗对此十分不满。

天宝六年（公元747年），夫蒙灵詧向玄宗推荐了高仙芝。玄宗立刻下诏，任命高仙芝为行营节度使，率一万骑兵远征小勃律。

天宝六年四月，高仙芝率部从安西都护府（治所在龟兹镇，今新疆库车县）出发，沿塔克拉玛干沙漠北缘向西南行进，经拔焕城、握瑟德、疏勒，越过葱岭（帕米尔高原）、播密川，最后抵达特勒满川，进逼吐蕃人控制的军事要塞连云堡（克什米尔西北），整个行军过程耗时三个多月。

连云堡是通往小勃律的必经之地，有吐蕃驻军一千余人，另外在城堡南部十五里处还有一座依山而建的吐蕃军营，驻兵八九千人。也就是说，吐蕃在连云堡一带的守军共约一万人，与高仙芝的兵力大体相当。吐蕃军队依险而守，以逸待劳，而唐军刚刚经过一百多天的长途跋涉，人困马乏，局面显然对唐军极为不利。

不过，唐军也有一个优势，那就是吐蕃军队无论如何也不会想到，唐军会奔袭千里，从天而降，所以唐军可以抓住先机，打吐蕃一个措手不及。

高仙芝兵分三路，于七月十三日拂晓会师于连云堡外。当地有一条河叫婆勒川，其时正逢涨水，唐军难以涉渡。高仙芝一边派人寻找河中水浅处，一边下令所有将士每人携带三日口粮，轻装上阵，准备强行渡河。将士们看着哗哗流淌的河水，都说高仙芝疯了。

暂且不说在没有船只的情况下怎么过河，就算勉强能过，万一连云堡的敌军察觉，打唐军一个“半渡”，这一万人马岂不是要全部扔到河里喂鱼?!

可军令如山，众将士没有办法，只好硬着头皮跟高仙芝走。

令将士们喜出望外的是，沿着河岸走了不远，果然找到了一处水浅可渡的地方，结果人不湿旗，马不湿鞍，一万人马全都安全渡过婆勒川。高仙芝大笑道：“倘若敌人趁我们半渡时发动袭击，我军必败无疑。可现在我军既已安全渡河，并集结成战斗队形，连云堡就是老天爷送给咱们的礼物了！”

随后，高仙芝下令全军对连云堡及南部军营同时发起强攻。面对唐军的突然袭击，吐蕃守军大为惊骇，但仍然凭借险要的地形和坚固的工事顽强抵抗，如蝗箭矢和巨石檑木纷纷而下，给仰攻的唐军造成了一定的伤亡。

正面进攻受阻，高仙芝立刻召来军中骁将李嗣业，命他率领一支陌刀敢死队，绕开正面之敌，从后山悬崖攀登上去，出其不意，攻其不备。李嗣业临行前，高仙芝给他下了死命令，要他必须在中午之前解决战斗。

所谓陌刀，就是两面开刃的长柄大刀，是唐军野战步兵的重要武器，既可以砍人，也可以劈马，列阵时“如墙而进”，在近身肉搏中具有极为可怕的攻击力。高仙芝麾下的这支陌刀队，是安西唐军中最精锐的部队，个个训练有素，勇悍过人；尤其是这个李嗣业，更是安西唐军中著名的善使陌刀的猛将。

正是由于陌刀队超强的战斗力，高仙芝才会在这个关键时刻将其投入战斗。

李嗣业受命后，手执战旗，率陌刀队从险峻之地攀上山岭，突然出现在吐蕃守军的后侧。与此同时，高仙芝亲率大军再度实施正面强攻。吐蕃人腹背受敌，加上李嗣业的陌刀队从背后杀了上来，他们已经无险可守，军心顿时涣散。唐军则越战越勇，从辰时（早晨七点）至巳时（十一点）左右，共歼灭吐蕃守军五千多，俘敌一千余人，吐蕃余众纷纷逃散。

此战唐军大获全胜，不仅顺利攻克连云堡，而且缴获了一千多匹战马和不可胜数的军资器械。

高仙芝的远征军虽然初战告捷，但是也等于向吐蕃人暴露了自己的行踪和作战意图。如果要完成既定的战略目标——征服小勃律，这支唐军势必要在敌人已经察觉的情况下，在吐蕃人的势力范围内孤军深入，其面临的危险是不言自明的。

军中将士开始生出畏难情绪。

尤其是玄宗派来的监军宦官边令诚，更是越想越怕，说什么也不敢再前进半步。

可高仙芝是不会退缩的。

不征服小勃律，他绝不会鸣金收兵。

这就是普通将领和名将的差别。一个人之所以能成为名将，不仅在于他能够战胜强敌，更在于他能够战胜自己内心的恐惧。就像有个哲人曾经说过的那样：勇气并不是不害怕，而是即使害怕也要去做。

高仙芝并非不知道孤军深入的危险，也并非不感到害怕，而是他知道——成功就是在别人选择放弃的时候，你选择坚持！

高仙芝没有强迫边令诚，而是让他和三千名伤病羸弱的士兵留守连云堡，自己则亲率六千余人继续向小勃律挺进。

三日后，唐军进抵帕米尔高原的坦驹岭（克什米尔吉尔吉特市西北）。这里山峦高耸，崎岖险峻，自然条件极为恶劣，将士们在艰难的行军过程中不断发出抱怨。而且，就在坦驹岭前方四十里处，还有一座名叫阿弩越的胡人城堡，也是亲附吐蕃的。将士们在疲惫和畏难情绪的影响下，内心的不满终于达到顶点，于是一个个驻足不前，并纷纷质问高仙芝："大帅这是要带我们去哪？您瞧瞧这路是人走的吗？！"

面对愤怒的士兵，高仙芝镇定自若地说："前面就是阿弩越城，我估计他们听到我军到来的消息，必定会开门投降，你们不必担忧。"

高仙芝话音刚落，就有哨探来报，说有二十余名身着胡服的骑手，从阿弩越城方向过来了。片刻后，胡骑被带到高仙芝面前，对着高仙芝和在场的将士说："听说大唐军队前来，阿弩越城主特地派我等前来迎接将军，并且砍断了婆夷河（印度河上游支流）上的藤桥，准备跟吐蕃人断交。"

众将士闻言，顿时转忧为喜，刚才的满腹牢骚全都一扫而光。

高仙芝笑了，下令全军立刻翻越坦驹岭，向阿弩越城进发。

其实，这是高仙芝演的一出戏。

所谓的阿弩越城主欢迎唐军、与吐蕃断交云云，纯属子虚乌有。这二十余名胡骑并非阿弩越人，而是高仙芝命人假扮的。他料定一路走到这里，将士们的忍耐力肯定会达到极限，而小勃律已经近在咫尺，高仙芝绝不允许自己功亏一篑，所以才暗中安排了这一幕，以便给大家打一针强心剂。

这个善意的谎言当然取得了很好的效果。

可问题是，阿弩越人真的会投降吗？万一他们闭门拒守，高仙芝的谎言被戳穿，他在军中的威信岂不是要彻底扫地？

这种可能性很大，但是高仙芝别无选择。

他只能赌——赌阿弩越人真的会投降。

命运之神最后还是站在了高仙芝这边。三日后，当唐军千辛万苦翻越坦驹岭，最后出现在阿弩越城下的时候，果然看见了列队迎接他们的阿弩越人，还有一个朝他们全然洞开的城门。

高仙芝让将士们在阿弩越城休整了一天，次日便命部将席元庆为前锋，率一千人向小勃律火速推进，并向小勃律国王传达了这样的信息："我们不占领你的城池，也不破坏你们的桥梁，只是要借个道，目标是大勃律国。"

小勃律国王当然不会轻易被高仙芝忽悠，可他又没有实力阻挡唐军，无奈之下，只好带着王后（吐蕃公主）和臣民们逃离王城，躲进了山区，准备在此等待吐蕃援军。

小勃律人的反应不出高仙芝所料。席元庆临行前，高仙芝就曾对他面授机宜："小勃律听说大唐兵至，其君臣百姓必定会躲进山谷，你要展开宣传攻势，呼吁小勃律臣民走出山谷，只要投降，就赏赐绸缎，并说明这是大唐皇帝的敕令，至于那些亲附吐蕃的大臣，你必须把他们逮捕关押，听候我的处置。"

席元庆依计而行。小勃律的多数臣民随即投降了唐军，国王和王后则逃进了深山的石窟中。高仙芝抵达后，将几名亲附吐蕃的大臣斩首示众，然后派兵封锁山区。与此同时，高仙芝还派人毁坏了小勃律与吐蕃之间的唯一通道——位于娑夷水上的一座藤桥。

数日后，当一支吐蕃援军马不停蹄地赶到娑夷河岸时，藤桥早已不复存在，吐蕃人只能望着湍急的河水干瞪眼。娑夷河面的宽度大约与一支箭的射程相当，吐蕃人随即拼命抢修这条桥梁，但是桥梁修成之后，时间已经过去了整整一年。

吐蕃人既已鞭长莫及，小勃律就彻底落入高仙芝的掌心了。

经过十多天的地毯式搜索，唐军终于在一处隐蔽的山洞中抓获了小勃律国王和王后。至此，亲附吐蕃的小勃律政权终于覆灭。高仙芝扶植了一个亲唐的新政府，彻底控制了小勃律，达成了此役的战略目标，圆满完全了玄宗交给他的使命。

此次长途奔袭小勃律，虽然战役规模不大，但却具有十分重大的战略意义。因为此役重新打通了唐朝与中亚诸国的联络通道，使大唐帝国重新获得了中亚的控制权，也极大地打击了吐蕃的扩张野心。

此役的胜利，确立了高仙芝作为大唐名将的地位。

天宝六年八月，高仙芝押着小勃律国王和王后班师回朝。得胜归来的高仙芝按捺不住心中的喜悦，行至播密川时，便派快马先行入朝，直接向玄宗呈上了捷报。

如果高仙芝是安西唐军的一把手，这么做当然没什么不妥。可问题是，他还有一个顶头上司夫蒙灵詧。高仙芝越过上司直接向皇帝奏捷，显然没把夫蒙灵詧放在眼里。

夫蒙灵詧为此暴跳如雷。

高仙芝回来后，夫蒙灵詧不仅没有半句表扬的话，反而指着他的鼻子一通臭骂："啖狗粪高丽奴！汝官皆因谁得，而不待我处分，擅奏捷书？高丽奴！汝罪当斩，但以汝新有功不忍耳！"（《资治通鉴》卷二一五）

你这个吃狗屎的高丽奴才！你的官位都是谁给你的，竟然不等我处置，就擅自奏捷?!该死的高丽奴，论罪当把你斩首，只是看在你新立大功的份上，不忍心杀你罢了！

面对这个满口污言秽语、近乎丧失理智的顶头上司，高仙芝无言以对，只好伏地叩首，不停地谢罪。

然而，此时的高仙芝已经不是过去的高仙芝了。无论夫蒙灵詧如何怒发冲冠、妒火中烧，也终究遏制不住高仙芝业已崭露的锋芒。

换句话说，此刻的高仙芝已经在玄宗心目中获得了比夫蒙灵詧更高的地位。

除了玄宗对高仙芝的赏识，还有一个人也在关键时刻帮了高仙芝。

他就是此次远征小勃律的监军宦官边令诚。

尽管边令诚到了连云堡就畏缩不前了，在这场奔袭战中几乎没起到任何作用，但在他自己看来，此役的胜利也有他一份功劳。如今夫蒙灵詧打压高仙芝，就等于把他也给打压了，所以边令诚立刻向玄宗呈上密奏，声称高仙芝深入敌国万里，为国家建立奇功，眼下却受到夫蒙灵詧的排挤，终日惶惶不安，实在是冤枉。

众所周知，自从开元中后期开始，玄宗就日益变得好大喜功，对于那些能够扬威异域、建立边功的将领，玄宗从来都是青睐有加、关怀备至的。而今高仙芝把前面三任节度使没有啃下的硬骨头啃下来了，玄宗自然是对他另眼相看。接到高仙芝的捷报后，玄宗正寻思着怎么犒赏他，现在突然接到边令诚替高仙芝喊冤的奏疏，玄宗当然对夫蒙灵詧大为不满。

随后，玄宗立即颁下一道诏书，征召夫蒙灵詧回朝，同时提拔高仙芝为安西四镇节度使，兼摄鸿胪卿和御史中丞，彻底取代了夫蒙灵詧。

高仙芝征服小勃律之后，吐蕃极为不甘，遂指使位于印度北部的朅师国进攻小勃律，切断了小勃律的运输通道。玄宗得到战报，马上把平定朅师国的任务交给了高仙芝。

天宝九年（公元750年）二月，高仙芝出兵，成功击破朅师国，俘虏其国王勃特没，另立其兄素迦为新国王，将朅师国师置于大唐的控制之下。

至此，高仙芝的声名已经威震中亚。

与此同时，他身上固有的缺点也开始逐渐暴露。

高仙芝虽然是一个智勇双全的人，但他却有两个很大的缺点：一是残忍，二是贪财。随着功名的日益显赫，高仙芝内心的杀戮欲和占有欲也随之日渐膨胀。

位于中亚锡尔河流域的石国（今乌兹别克斯坦塔什干市），就在这时候不幸成为高仙芝欲望的牺牲品。

由于大唐帝国在中亚的势力日渐强大，石国有心依附，便派遣使臣去见高仙芝，请求与大唐签署和平条约。高仙芝二话不说就答应了。签约仪式上，宾主双方都很愉快，高仙芝也表现得非常真诚和热情。可此时的石国使臣无论如何也不会想到，石国已经成了高仙芝眼中待宰的羔羊；而这纸所谓的和平条约，也无异于一张温情脉脉的死亡通知书。

在高仙芝看来，石国就是自己送上门来的一块肥肉，他当然乐得把它一口吞下。

天宝九年十二月，高仙芝悍然撕毁和约，亲自带兵入侵石国。

此时的石国君臣依然沉浸在那纸条约所营造的和平幻梦中，根本没有防备，加上军事实力本来就弱，所以短短几天就被高仙芝攻破了。

高仙芝占领石国后，不仅将国王、大臣、士兵和所有青壮年全部俘虏，押回国内，而且还干了两件十足令人诟病的事情：一是屠城，二是劫掠。

高仙芝纵兵屠杀了石国都城的所有老弱妇孺，随后又将石国的财富掳掠一空，其中仅钻石就有十余斛，黄金要五六匹骆驼来拉，其余的宝马和财物更是不计其数。而最让人不齿的是——所有这些财富，全都落入了高仙芝的私人腰包。

毫无疑问，这是一场彻头彻尾的侵略战争。高仙芝发动这场战争的目的，并不是为了国家，而纯粹是为了满足他那嗜血和贪婪的个人欲望。也就是说，这场战争非但对大唐的国家利益毫无增进，反而造成了极大损害。因为从此以后，大唐帝国在石国人，乃至所有中亚人心目中的道义形象就被彻底摧毁了。

作为一个高丽籍的优秀将领，高仙芝无疑深谙中国的兵法，但他显然没有学会中国的王道。要为一个国家树立起正义的旗帜，也许需要几代人付出上百年的努力；可要砍倒这面旗帜，只需要一个唯利是图的将军，还有一场被个人欲望驱使的毫无意义的战争。石国战争是高仙芝一生辉煌的顶点，同时也是他军事生涯的转捩点。

从此以后，幸运女神将离他远去，他在一系列对外战争中崭露出的耀眼锋芒将逐渐黯淡，直至萎缩和消亡；而厄运之神将如影随形地陪伴着他，直到他生命的终点。

高仙芝平灭石国的第二年，就在中亚一座古老的城市遭遇了他军事生涯中的滑铁卢。

这座城市名叫怛罗斯。

他的对手是黑衣大食。

## 怛罗斯之战

大食即阿拉伯帝国，建国时间略晚于大唐帝国。公元622年，亦即唐高祖武德五年，当李渊、李世民父子正忙于统一中国的时候，伊斯兰教的创始人穆罕默德正率领穆斯林弟子从麦加出走，沿着红海海岸，一路历经艰险抵达麦地那。从此，穆罕默德带领穆斯林圣徒开启了一个以武力传播伊斯兰教的时代，并最终建立了一个政教合一的国家。

在圣战的旗帜下，穆斯林军队以一往无前的勇气和惊人的战斗力统一了阿拉伯半岛，而且向西占领了北非、西班牙、巴尔干半岛，向东则把整个西亚和大半个中亚收入囊中，扩张为一个横跨欧、亚、非三大洲的强大帝国。

作为当时欧亚大陆上最强大的两个帝国，大唐与大食为了确立自己在中亚的霸权地位，注定会展开一场激烈的较量。

就在高仙芝平灭石国的这一年，即公元750年，大食帝国政局突变，阿巴斯王朝取代了倭马亚王朝。由于倭马亚王朝旗帜尚白，所以中国史书称其为“白衣大食”，而新崛起的阿巴期王朝旗帜尚黑，所以称为“黑衣大食”。

石国灭亡后，一位王子侥幸逃脱，随后奔走于中亚各国，到处控诉高仙芝的暴行，说他背信弃义，“欺诱贪暴”。唇齿相依的中亚诸国对高仙芝在石国的屠城和劫掠行径也深恶痛绝，遂迅速缔结成反唐联合战线，并遣使向黑衣大食求助，准备借助黑衣大食的力量，向东进攻大唐的安西四镇。

高仙芝很快得知了中亚诸国的反唐计划。

他决定先下手为强，主动出击黑衣大食。

这一次，高仙芝仍然跟从前一样充满自信。他仍旧准备使出自己的看家本领——长途奔袭。

然而，黑衣大食不是小勃律，幸运女神也不会一直站在高仙芝这边。这一次，高仙芝将遭遇他一生中第一次惨痛的失败。

天宝十年（公元751年）四月，高仙芝集结了安西四镇的两万精锐，同时征调了西域拔汗那国和葛逻禄部落的蕃兵，组建了一支胡汉混合兵团，共计六万人。同月，高仙芝与部将李嗣业、段秀实等人，率部从安西出发，越过葱岭和大沙漠，经过三个多月的长途跋涉，于同年七月进抵中亚古城怛罗斯（今哈萨克斯坦江布尔市附近）。

应该说，尽管高仙芝对此役充满自信，但他并没有因此而麻痹轻敌。从他投入的兵力来看，就足以证明这一点。

按照当时大唐军队的编制，安西四镇统辖的兵力只有二万四千人，而高仙芝一下就抽调了两万人，几乎可以说是倾巢而出了。同时，高仙芝又征调了大约四万的胡人，使远征军的总兵力达到了六万，这基本上是他可以动用的全部兵力。

换句话说，为了保证此役的胜利，高仙芝已经把自己的老本全都押上了。（关于怛罗斯之战唐军出动的总兵力，各种史料多有异说：阿拉伯史籍说是十万，《资治通鉴》和《唐历》说是三万，《段秀实别传》说六万，两《唐书》中的相关列传则说二万，杜佑的《通典》说七万。各家均有所凭，莫衷一是。今据有关学者的推测和考证，确定为六万人。）

然而，相比于黑衣大食出动的兵力，唐军在人数上还是居于明显的劣势。

据学者考证，阿拉伯出动的正规军大约五万人，雇佣兵也有五万，总计不下十万人。所以，双方在兵力上的对比还是比较悬殊的，这也是唐军在怛罗斯战败的主要原因之一。

高仙芝的远征军逼近怛罗斯之时，阿拉伯人就接到了情报。黑衣大食驻巴士拉的东方总督艾布·穆斯林立即下令，命部将塞义德率数千人进驻怛罗斯加强防守，从而为大军的集结赢得了时间。

等到唐军兵临怛罗斯城下，先机已失，战斗的主动权已经落入了阿拉伯人手中。因为阿拉伯人既有坚固的城防工事，又是以逸待劳，而且是主场作战，拥有源源不断的援军和补给。唐军要想从这样的敌人手中夺取怛罗斯，无疑是千难万难。

高仙芝命部队对怛罗斯城发起强攻，但始终未能攻克。双方就在怛罗斯城下对峙了整整五天，其间多次交战，但谁也没捞到便宜。

这种胶着状态显然对唐军极为不利。一旦不能速战速决，唐军必将因缺乏后勤补给而陷入困境。

随着时间的流逝，胜算一点一滴地从高仙芝的手中溜走了。

而随着后方大部队的陆续抵达，阿拉伯人的士气变得越来越高昂。

第六天，黑衣大食的援军全部进入战场，双方随即在怛罗斯河两岸展开了决战。东亚与西亚最强大的两个帝国，就在这里发出了最强烈的碰撞。

在兵力居于劣势的情况下，唐军依然顽强奋战。战斗开始后一段时间内，双方势均力敌，难分胜负。然而，就在战斗进行到最激烈的当口，唐军的阵脚突然一片大乱。

因为葛逻禄部落反水了。

这支为数不下两万人的胡人兵团在这时候倒戈，无疑是往高仙芝的心口上狠狠捅了一刀，也在顷刻间决定了这场战役的结局。

在阿拉伯人和葛逻禄叛军的前后夹攻下，原本还在竭力苦战的唐军再也支撑不住，瞬间全线崩溃，两万名汉人将士或战死或被俘，几乎全军覆没，只有高仙芝、李嗣业等几名主将在夜色掩护下逃离了战场。

当高仙芝等人逃至一处狭窄的山谷时，前方的道路被溃退的拔汗那士兵和大批车马牲畜挤得水泄不通。李嗣业担心黑衣大食的追兵杀到，就策马前驱，挥舞大棒击毙了一大片拔汗那士兵和马匹，硬是杀开一条血路，高仙芝才得以安然通过。

当时的情况混乱不堪，侥幸未死的残余唐军各自逃命，兵找不到将，将找不到兵，乱成了一锅粥。只有部将段秀实一直在黑暗和混乱中搜罗散兵游勇，想尽量抵挡黑衣大食的追兵，多挽救一些将士的生命。此时，段秀实恰好听到了李嗣业正在棒打拔汗那士兵的叱骂声，赶紧策马追到他跟前，大声说："避敌先奔，无勇也；全己弃众，不仁也。幸而得达，独无愧乎？"（《资治通鉴》卷二一六）

遇到敌人自己先逃跑，是无勇；保全自己抛弃士兵，是不仁。就算你幸而成功逃脱，能不感到惭愧吗?!

闻听此言，李嗣业羞惭不已，随即把陌刀一横，调转马头，和段秀实一起去寻找生还的士兵。随后，李、段二人集合了数千人，一边抵挡追兵一边撤退，最后终于把这几千人安全带回了安西都护府。

这场世界历史上著名的会战，就这样以阿拉伯人的全胜、唐军的惨败而落下帷幕。

怛罗斯之战的失败，并非唐军的战斗力弱于阿拉伯军队。相反，唐军在劳师袭远和兵力居于劣势的情况下，依然打得十分英勇和顽强，给了对手相当程度的打击和杀伤，倘若不是葛逻禄部雇佣兵突然倒戈，唐军绝不会遭遇近乎全军覆没的脆败。

作为主帅，高仙芝对此次战败虽不能负全责，但仍然要承担一定责任。首先，是他悍然撕毁和约，发动对石国的入侵，并残杀妇孺、劫掠财富，才导致了中亚诸国的同仇敌忾，并给黑衣大食提供了染指中亚的口实。其次，在面对黑衣大食这样的强势对手时，他仍然采用了过去那种长途奔袭的战略，不能不说是一种决策上的失误。

因为，深入敌境客场作战，在军事上是一种极大的冒险，只有像小勃律那种几乎没有任何抵抗力的弱国，才适合采用这个战略，而面对黑衣大食这样的强敌，唐军必然会暴露出一系列问题：一、因地理环境陌生而导致行动迟缓，从而让对手抢了先机；二、因客场作战而导致情报匮乏，无法准确判断敌人的兵力部署，从而未能及时改变战略，并制定相应的战术；三、孤军深入敌境千里，没有根据地，没有援军，没有后勤补给，没有休整再战的转圜余地和时空条件，因此唐军只能寄希望于一战拿下怛罗斯，而一旦战事陷入胶着状态，唐军的抗风险能力就降为零了。

葛逻禄人也许就是看出了唐军面临的诸多困境，才会断然倒戈的。

可是，即便没有葛逻禄人的倒戈，唐军取胜的机会也很小，因为高仙芝的战略决策已经从根本上决定了这场战役的结局。就算葛逻禄人不反水，唐军还是有可能战败，只不过不会败得那么惨而已。从这个意义上说，我们也许有理由作这样的假设——假如换成是阿拉伯人长途奔袭，而高仙芝坐镇安西、以逸待劳，也许这场战役的结局就会全然不同了。然而历史没有假如。唐军在怛罗斯战败后，中亚的命运被彻底改变。由于短短几年后安史之乱爆发，唐朝自顾不暇，不得不放弃对中亚霸权的争夺，再也无力染指帕米尔高原以西之地，原本亲附唐朝的中亚诸国转而臣服于阿巴斯王朝。从此，华夏文明彻底退出中亚，这一地区开始了整体伊斯兰化的过程。

怛罗斯之战后，唐军战俘中的造纸工匠被带到阿巴斯王朝第一任哈里发建在撒马尔罕的造纸作坊。从此，中国四大发明之一的造纸术传入阿拉伯，进而传播到中东和整个欧洲，对西方文明的进程产生了深远的影响。

正是由于上述原因，怛罗斯之战才会在世界历史上留下深刻的印迹。虽然华夏文明最终退出中亚的主因并非怛罗斯之战，而是后来的安史之乱，但无论如何，怛罗斯之战都是中亚命运的一个重大转折点，也是东西方文明发展史上的一个标志性事件。

如果没有后来的安史之乱，以当时盛唐的综合国力，要重新夺回中亚霸权是完全有可能的。

事实上，就在怛罗斯战败的两年后，安西唐军就迅速恢复了以往的实力，大唐帝国也再次把军事和政治触角伸进了中亚，开始了新一轮谋求霸权的努力。

当然，这新一轮努力的代表人物不再是高仙芝了，而是大唐军界的另一个后起之秀。

他就是封常清。

## 封常清：我很丑，可是我很努力

据说封常清是一个长得很丑的人。

按照《旧唐书·封常清传》的说法，是“细瘦颣目，脚短而跛”，意思就是干瘦、矮小、斜眼，而且还是个瘸子。除了长得相当对不起观众之外，封常清的命也相当不好。他好像从小就是个孤儿，只有外祖父一个亲人。他小的时候，外祖父犯了罪，被流放安西当守门吏，于是封常清就跟着外祖父来到了安西。

一个被流放边疆的老人，要养活自己，还要把一个孩子拉扯大，显然已经很不容易了，所以也就谈不上给封常清什么良好的教育。好在封常清的外祖父是个知书明理的人，他知道，再苦也不能苦孩子，再穷也不能穷教育。虽然没有钱供封常清读书，但还可以自己教。于是那些年里，无论春夏秋冬，每天经过安西南门的人，都可以听见门楼上有一个老人在教一个孩子读书。孩子的声音异常清脆，异常响亮。走出很远，人们仿佛仍然可以听见。

封常清长大成人后，和他相依为命的外祖父去世了，封常清从此孤身一人。他既丑陋，又贫穷，又没有社会关系，成了芸芸众生中最不起眼的一个。一直到三十多岁，封常清仍然是社会最底层的小人物，谁也看不出这个人将来会有什么出息。

当时的安西节度使是夫蒙灵詧，高仙芝在其麾下担任副节度使兼都知兵马使。我们都知道，高仙芝是个美男子，对自己的风度仪表极为看重，所以每次出巡，身后总要跟着数十个鲜衣怒马的随从。每当威风凛凛的高仙芝带着他的随从马队在安西街市上呼啸而过，那样子别提有多拉风了。封常清曾经在路上遇见过几次，心中艳羡不已，于是暗暗发誓——一定要成为这群人中的一员！

可是，封常清凭什么呢？

要背景没背景，要资历没资历，要钱财没钱财，个子又长得瘦弱矮小，两条腿还不一样长，甚至连眼睛都是斜的，这样的人想当高仙芝的随从，岂不是痴人说梦？

然而，这一切都阻挡不了封常清。

因为封常清有一个人生信条——只要付出比别人更多的努力，就能达成别人不可能达成的梦想。

正是怀着这样的信念，矮小丑陋的封常清来到了高仙芝的府上，从容递上了自己的名牒。高仙芝只看了他一眼，一股嫌恶之情就油然而生——人居然可以长成这样？

“你走吧，我的随从已经满了。”高仙芝面无表情地说。

封常清一句话也没说，扭头就走。

不是因为他负气不干了，而是因为他早就猜到了高仙芝的反应。所以，封常清一点也不觉得自尊心受到了伤害。第二天，封常清又来了，照旧递上名牒，仿佛昨天的事根本没发生过一样。

高仙芝火了：“不是告诉过你了吗，我的随从已经满了，干吗还来？”

这一次，封常清也火了。他梗着脖子对高仙芝说：“我仰慕您的高风亮节，情愿追随鞍前马后，所以在没人引荐的情况下，自告奋勇前来投奔，您何必拒人于千里之外？您若是以才取人，则士人信服；若是以貌取人，恐怕只会失去人心！”

高仙芝勃然作色，当即挥手送客。

见过脸皮厚的，可没见过这么厚的！

毫无疑问，封常清的努力失败了。

高仙芝是个眼高于顶、牛皮哄哄的人，怎么可能收留他这么一个又丑又贫又不要脸的人呢？

如果是普通人，到这个时候就该知难而退了。人要脸树要皮，再去投牒除了遭人羞辱之外，绝不会有什么好下场。

然而，封常清不是普通人。他是一个认准目标一往无前、不达目的誓不罢休的人。

第三天，封常清又来了。第四天、第五天、第六天……一连数十天，封常清都来高仙芝的府门前站岗。早上天不亮就来了，一直到夜幕降临才回去。天天如此，风雨无阻。

高仙芝纳闷了。

这世上怎么会有如此执著的人呢？这家伙如果不是脑袋被驴踢了，就肯定有什么异于常人之处。

高仙芝越想越觉得不可思议。后来有一天，当高仙芝打马回府的时候，忽然翻身下马，快步走到站得像根木桩一样的封常清面前，定定地看了他很久，然后说了四个字：

我收你了。

封常清成功了。

他用他那近乎不要脸的执著，最终敲开了高仙芝紧闭的心门。

这就叫精诚所至，金石为开！

封常清的故事告诉我们——做人有时候不能太要脸。

要成就一番事业，要当一个人上人，就不能太爱惜自己的羽毛。在这个世界上，面子是一种奢侈品，只适合有地位的人去讲究，不适合穷人消费。你固然可以在内心坚守人穷志不短的原则，但你没必要把这个原则时刻挂在脸上。甚至可以说，对于一个一无所有的穷人来讲，不要面子恰恰是他唯一可以凭借的资本。

今天，如果你一无所有，就请你不要太爱惜自己的羽毛。必要的情况下，你可以把脸皮扯下来，扔地上让人踩。只要记住封常清的故事，你日后就有可能把所有失去的面子都挣回来。韩信还钻过别人的裤裆，张良还捡过别人的鞋子呢，丢些面子又算得了什么？

总之，做人心不能黑，但脸皮不妨厚一些。

自从成为高仙芝的随从，封常清的人生就彻底不同了。

他有了俸禄，有了身份，有了地位，有了鲜衣怒马招摇过市的威风，有了苦尽甘来鸟枪换炮的成就感。

然而，封常清绝不满足于此。他想要的，是别人根本不敢想象的。

封常清梦想着有朝一日，自己能像高仙芝和夫蒙灵詧一样，成为驰骋沙场的名将，成为坐镇一方的封疆大吏。

成功学告诉我们：一个人的心有多大，他的舞台就有多大。

当然，前提是他要有才，并且够努力。而封常清恰好两者都不缺。如果人们还记得南门城楼上那个十几年如一日用功读书的孩子，就不难相信这一点。

在高仙芝麾下当了几年的随从兼幕僚后，封常清终于等到了一个机会。那是开元末年，西域的达奚部落发动叛乱，玄宗下诏命夫蒙灵詧出击，夫蒙灵詧把任务交给了高仙芝。高仙芝随即率领二千骑兵深入追击，在绫岭一带全歼了达奚叛众。回营后，高仙芝正准备写一份捷报呈送夫蒙灵詧，封常清忽然递给了他一份文书。

高仙芝打开一看，大为惊讶。

原来这正是高仙芝平定达奚的一份详细捷报，其中细述了高仙芝在舍井泉附近遭遇敌军的情形，以及高仙芝克敌制胜所采用的谋略，行文清晰，逻辑缜密，把高仙芝想说的话无一遗漏地写了下来，而且详略得当、文采斐然。

高仙芝万万没想到——这个形貌丑陋的封常清居然能写出如此漂亮的文章。

看来，古人常说人不可貌相确实是有道理的。

高仙芝回到安西后，夫蒙灵詧设宴犒劳。一见到高仙芝，夫蒙灵詧麾下的两个幕僚就忙不迭地追问他："那份捷报是谁写的？副大使幕下怎么会有如此人才？"

高仙芝非常自豪地笑了，随即召来封常清。那两个幕僚赶紧与封常清促膝长谈，一聊之下，竟然都有相见恨晚之感。从此，封常清在安西军中声名鹊起，高仙芝也对他刮目相看，日渐器重。

后来的几年里，封常清青云直上，从一个名不见经传的随从逐步成长为安西都护府的高级将领，并成为高仙芝最倚重的心腹。天宝六年，封常清追随高仙芝平定了小勃律。同年十二月，高仙芝取代夫蒙灵詧就任安西节度使，封常清也随之再获擢升，"充节度判官，赐紫金鱼袋"，不久，又加授"朝散大夫"，"专知四镇仓库、屯田、甲仗、支度、营田事"。（《旧唐书·封常清传》）

高仙芝每次出征，总是让封常清担任留后（代理节度使），相当于把安西四镇的军政大权全都交给了他。此时的封常清，显然已经成为安西唐军实质上的二把手。

由于出身寒微，封常清始终保持着勤俭的本色，不管有多少公款和财物从他手中经过，从来不会贪污一毫一厘。在这一点上，封常清与贪财的高仙芝恰成鲜明的对照。此外，封常清治军严整，赏罚分明。军中曾有两名将领触犯了军法，封常清当即毫不留情地将其斩杀，以致三军震骇。不管是谁，只要他胆敢轻视或挑战封常清的权威，立马就会大祸临头。

高仙芝的乳母有个儿子叫郑德诠，在军中担任郎将，与高仙芝亲如兄弟，平常在军中很是威风。由于封常清是高仙芝的随从出身，郑德诠打心眼里瞧不起他，总想找机会给他难堪。有一次，封常清带着一帮将领从外面回节度使府，众将都老老实实跟在身后，郑德诠见状，故意拍马追了上去，大摇大摆地走在封常清前面，等过足了瘾之后，才旁若无人地扬长而去。

封常清的脸色“唰”的一下就变了。

回府后，封常清立刻传召郑德诠，对他说：“我出身寒微，这一点你很清楚。但中丞（高仙芝的中央官职是御史中丞）大人既然让我坐在了留后的位子上，你就不能当众侮辱我。今天必须让你死一次，才能整肃军纪！”说完立刻命人把郑德诠拖下去，痛打六十军棍。

当时节度使府与高仙芝的家仅有一墙之隔，高仙芝的乳母和妻子闻讯，慌忙跑来救人，却发现大门紧闭，只好在门外拼命擂打哭号。

封常清却不为所动，直到打完六十军棍，才让人把半死不活的郑德诠拖了出去。

高仙芝的乳母和妻子过后立即写信向出征在外的高仙芝告状，高仙芝见信，大惊失色，赶紧问送信的人：“打死了没有？”

数日后，高仙芝回到安西，却只字未提郑德诠的事情。而封常清也是泰然自若，丝毫不向高仙芝表示歉意。其实高仙芝也知道，是郑德诠触犯军纪在先，封常清执行军法并无过错，所以只能让郑德诠吃哑巴亏。经过这件事之后，军中将士无不对封常清敬畏有加。

天宝十年，高仙芝调任河西节度使，安西节度使改由王正见担任。次年，王正见病逝，封常清升任安西副大都护，摄御史中丞，“持节充安西四镇节度、经略、支度、营田副大使，知节度事”。（《旧唐书·封常清传》）

天宝十一年（公元752年）十二月，封常清被正式任命为安西四镇节度使。

至此，封常清终于实现了自己的梦想，如愿以偿地成为帝国的封疆大吏。

此时距怛罗斯兵败已经一年多，安西唐军在此期间已经补充了有生力量，完全恢复了以往的实力。因此，一个使命自然而然地落到了封常清肩上，那就是——走出怛罗斯战败的阴影，从阿拉伯人和吐蕃人手中重新夺回大唐在中亚的霸权地位。

封常清把目光投向了中亚的大勃律国。

大勃律与小勃律相邻，很早就归附了吐蕃。当年高仙芝通过征服小勃律而威震中亚，如今封常清自然也要通过对大勃律的征服，来重振大唐在中亚的声威。

天宝十二年（公元753年），封常清与部将段秀实等人率部从安西出发，重新踏上当年高仙芝走过的漫漫征程，经过长达数月的艰苦跋涉，兵锋直抵大勃律的边陲重镇菩萨劳城（今克什米尔吉尔吉特市东南）。

封常清让大军稍事休整之后，便顺利攻克了菩萨劳城。而后唐军一路势如破竹，前锋不断传回捷报。封常清遂率领主力一直向大勃律的纵深挺进。

此时，身为斥候果毅（军情处长）的段秀实发现了一个奇怪的现象：跟唐军交手的几乎都是一些老弱残兵，而且一触即溃，纷纷往大路两侧的深山密林里逃。虽说大勃律军队的战斗力远远不及唐军，但也不至于连一个精壮士兵都没有吧？

段秀实觉得这里头有鬼，于是对封常清说："估计敌人是以羸兵诱我，然后在两侧丛林埋伏精锐，请大帅下令搜索左右山林。"

封常清也觉得这一路打来太过顺手，确实不太对劲，于是依言派出侦察骑兵，在道路两侧的密林展开拉网式搜索，果然发现了埋伏在丛林中的大批敌军精锐。

封常清立刻下令发起了攻击。在丛林中趴了好几天的大勃律士兵们不但什么好处都没捞着，反而被唐军打了个措手不及，很快就被悉数歼灭了。

大勃律国王眼见自己的如意算盘彻底落空，而且精锐尽丧，只好向封常清投降，转而归附唐朝，承认大唐宗主国的地位。

这是继高仙芝征服小勃律之后，唐朝在中亚取得的又一次重大胜利。尤其是在经历了怛罗斯兵败后，封常清此次远征的意义更是非同凡响。它不仅重新确立了大唐在中亚的霸权地位，而且用果断的行动向世人宣告——强大的唐朝绝不会因为一次战役的失败就一蹶不振，更不会因此中断强势扩张的进程。

然而，谁也不会料到，这样的宣告竟然会成为一种绝响。

因为短短两年之后，安史之乱就爆发了。

在盛世崩坍的那一瞬间，大唐帝国延续了一百多年的对外扩张史也随之戛然而止。而更令人意想不到的是，通过对外战争成长为一代名将的高仙芝和封常清，最终不仅在这场内乱中毁掉了一世英名，并且还枉死在了大唐天子李隆基的斩决令下……

## 东京洛阳的陷落

安禄山于范阳起兵的第七天，亦即天宝十四年十一月十六日，封常清恰好循例入朝觐见玄宗。在骊山的华清宫，玄宗向封常清询问平叛方略，封常清胸有成竹地说："我朝太平日久，所以百姓一旦风闻叛乱就恐惧不安，此乃人之常情，不足为虑。臣请求立刻前往东京，开府库，募骁勇，扬鞭奋马，北渡黄河，相信用不了几天，定能将逆胡之首献于阙下！"

此时的封常清和杨国忠如出一辙，丝毫没有把安禄山放在眼里。

但是他很快就会知道，安禄山并不是泥巴捏的，而他麾下的十五万铁骑更不是豆腐做的。

玄宗闻言大喜，随即任命封常清为范阳、平卢节度使，让他即刻前往东京组织防御。旬日之间，封常清就在东京招募了六万人。然而，仓促招募的这些人都没有经过任何军事训练，根本谈不上什么战斗力。即便封常清是纵横西域的名将，带着这样一群乌合之众上战场，也注定只能吃败仗。

十一月二十一日，玄宗从骊山匆匆返回长安，第一件事就是杀了安禄山的长子安庆宗，同时赐死荣义郡主。可怜这个皇室之女新婚还不到半年，就成了这桩失败的政治婚姻的牺牲品。在接下来半个月的时间里，玄宗朝廷用闪电般的速度进行了防御部署：

在长安北面，亦即河东、朔方一线，擢升朔方右厢兵马使、九原太守郭子仪为朔方节度使，任命羽林将军王承业为太原尹，金吾将军程千里为潞州（今山西长治市）长史，协同防御，阻挡叛军西进。

在长安东面，亦即河南一带，设置了两道防线：以卫尉卿张介然为河南节度使，领陈留（今河南开封市）等十三郡组建第一道防线，由封常清在东京洛阳构筑第二道防线。此外，任命右金吾大将军高仙芝为东征军副元帅（元帅由玄宗之子荣王李琬挂名），率五万人出镇陕郡（今河南三门峡市），准备由此东进，迎击叛军。

与此同时，玄宗掏出了他私人腰包（内库）的钱，旬日间在京师募集了十一万人，号称“天武军”。事实上，这十余万人原本都是游手好闲的无业游民和市井子弟，企图依靠这些人来拱卫京师，基本上就是个笑话。

做完这一切，玄宗总算松了一口气。

在他看来，这个防御计划还是比较周全的，就算不能在短时间内消灭安禄山的叛军，至少也可以挫其锋芒，保证两京无虞了。

可是，玄宗错了。

叛军的战斗力要比他想象的强大得多，而朝廷在西京、东京、陈留等地临时抓来的将近二十万人，只能是安禄山砧板上的鱼肉。

所以，这个看似严密的防御计划，很快就将被所向披靡的安禄山彻底粉碎。

十二月二日，安禄山大军进抵灵昌（今河南延津县古黄河渡口），随即命人用粗绳拴住一些破船、木头和杂草，从北岸拉到南岸。一夜之间，河水结成坚冰，浮桥自动形成。叛军顺利越过渡河，当天就攻陷了灵昌郡（今河南滑县）。当时，安禄山的军队漫山遍野，老百姓都不知道到底有多少人，只知道叛军所过之处，繁华热闹的城镇乡村都变成一片死寂的废墟。

新任河南节度使张介然刚到陈留没几天，叛军便已大兵压境，他仓猝带人登城拒守，可士兵们毫无斗志。五日，陈留太守郭纳开门出降，叛军随即蜂拥入城，生擒了张介然。

至此，河南的第一道防线宣告瓦解。

此时，安禄山得到了长子安庆宗被杀的消息，痛哭流涕地说：“我起兵讨伐杨国忠又有何罪？竟然杀我的儿子?!”

其实安禄山自己最清楚他有什么罪。他声称要清君侧，可玄宗却在第一时间杀了他儿子，这无疑是在天下人面前撕下了他的画皮。恼羞成怒的安禄山为了泄愤，旋即把投降的近万名陈留士兵全部砍杀，并将张介然推出营门斩首，随后率部继续西进，兵锋直指东京。

十二月七日，在得知陈留失守、第一道防线告破的战况后，玄宗大为忧惧。为了鼓舞前线士气，他不得不颁下一道诏书，声称准备御驾亲征，同时命朔方、河西、陇右各节度使亲率主力前来长安集结，限二十天之内抵达。

八日，安禄山挥师进至荥阳（今河南郑州市），立刻发起猛攻。荥阳太守崔无诐率众抵御，无奈官兵的战斗力实在太差，“士卒乘城者，闻鼓角声，自坠如雨”。（《资治通鉴》卷二一七）说守城士兵听见敌人的战鼓声就吓破了胆，自己纷纷从城墙上往下跳，这未免有些夸张，可当时的官兵在叛军面前毫无斗志、畏敌如虎则是不争的事实。

荥阳当天就被安禄山攻陷，太守崔无诐被斩杀，叛军的气焰更为嚣张。安禄山随即命部将田承嗣、张忠志、张孝忠为前锋，迅速扑向东京的最后一道屏障——虎牢关（今河南荥阳汜水镇西）。

此时驻守虎牢关的人就是封常清。

自从陈留失守、荥阳告急，封常清就率部抢占了虎牢，希望凭借这道天险阻遏叛军兵锋，等待高仙芝的东征军来援。然而，决定战争胜负的主要因素从来就不是险关要隘，而是军队的士气和战斗力。要命的是，此刻封常清麾下的这些人根本算不上是军队，充其量只能说是一群抄着家伙准备打群架的市井之徒。

让他们与身经百战的叛军铁骑交锋，无异于以卵击石。

虎牢关之战毫无悬念，封常清的官军在叛军铁骑的冲锋下一触即溃，虎牢旋即失守。封常清收集余众边打边退，但是却连战连败。史书用这样一段话记载了封常清的惨烈败绩：“常清收余众，战于葵园（虎牢西面），又败；战上东门（洛阳东门）内，又败。丁酉（十二月十二日），禄山陷东京，贼鼓噪自四门入，纵兵杀掠。常清战于都亭驿（洛阳城内驿站），又败；退守宣仁门（洛阳皇城东门），又败；乃自苑西坏墙西走……”（《资治通鉴》二一七）

这场洛阳保卫战绝对是封常清一生中最惨痛的一次失败。

面对所向披靡的安禄山铁骑，他不仅毫无还手之力，而且连招架之功都没有。

经历了一连串惨败后，封常清知道大势已去，只好从皇城西墙一处坍塌的缺口突围而出，亡奔高仙芝驻守的陕郡。

东京洛阳就这么丢了。

由帝国名将封常清构筑的第二道防线就此崩溃。

封常清退至陕郡时，当地太守已经弃城逃往河东，其他的官吏和百姓也四处逃散，此时的陕郡几乎变成了一座空城。封常清向高仙芝禀报："累日血战，贼锋不可当。且潼关无兵，若狂寇奔突，则京师危矣。宜弃此守，急保潼关！"（《旧唐书·高仙芝传》）

连日血战，叛军兵锋锐不可当。况且潼关又没有驻兵，万一叛军突入，京师危在旦夕。

而今之计，只有放弃无险可守的陕郡，火速退保潼关！

按照朝廷既定的作战计划，高仙芝应该自陕郡东进，主动迎击叛军。但是此时此刻，面对封常清的奏报，高仙芝意识到——如果按原计划继续东进，唯一的结果只能是羊入虎口，自寻死路！

所以，封常清的建议是正确的，只有暂时避敌锋芒，退保潼关，才能用空间换取时间，在确保京师无虞的情况下与叛军打持久战。

由于军情危急，高仙芝来不及向朝廷奏报，当即率部向潼关方向撤退。可高仙芝万万没料到，他们前脚刚刚出了陕郡的西门，叛军后脚就杀到了。官军猝不及防，顿时阵脚大乱，被叛军打得狼狈不堪，人人争相逃命，结果被自己的人马踩踏而死的，比死在叛军手里的还多。

高仙芝和封常清好不容易才逃脱了追兵，带着残部仓皇退入潼关，旋即命人抢修防御工事。等到叛军前锋进抵潼关时，发现官军已经严阵以待，方才悻悻退去。安禄山命部将崔乾祐驻守陕郡，准备随时进攻潼关。看着叛军马蹄扬起的滚滚黄尘渐渐东去，惊魂未定的官兵们才长长地松了一口气。

然而，此时的高仙芝和封常清无论如何也不会想到，就在他们进入潼关的这一刻，死神已经向他们伸出了冰冷的白爪……

十二月十六日，在听到东京洛阳沦陷的消息后，玄宗震惊得半晌说不出话来。

安禄山起兵仅仅三十多天，就以破竹之势席卷大河南北，并轻而易举地拿下东京洛阳，前锋甚至已经逼近潼关！如此严峻的形势，又怎能不让玄宗感到极度震惊？

从范阳到洛阳长达1600多里，就算是在和平时期，以正常的行军速度推进，也需要半个多月的时间，可现在安禄山一路过关斩将、攻城掠地，其推进速度竟然只比正常行军多出了十来天，这说明什么？

这足以说明安禄山这一路南下，几乎没有遇到任何实质性的抵抗！

玄宗困惑了。

难道偌大的帝国，竟然没有一个人是安禄山的对手？难道在盛世唐朝光鲜亮丽的外表之下，隐藏的竟然是如此脆弱而不堪一击的事实?!

此刻，玄宗的心头真是百味杂陈。所有的惊惶、困惑、懊悔、愤怒、忧愁、无奈，在同一时间向这个苍老的大唐天子汹涌袭来……

而更让玄宗近乎绝望的是——十天前向朔方、河西、陇右发布的集结令，居然没有得到任何响应，至今他也看不到边镇的一兵一卒。

无计可施的玄宗在这个时候做了两件事情：一是再次强调要御驾亲征；二是下诏命太子李亨监国，并向宰相们透露了传位之意。他对杨国忠等人说："朕在位已经将近五十年，对国事付出了太多的忧虑和辛劳，身心早已疲倦。去年秋天，本来已经打算把皇位传给太子，只因旱涝灾害接连不断，不想把灾祸留给子孙，才把事情拖到今天，只希望能等到一个丰收之年。可万万没想到，逆胡竟然会发动叛乱。朕自当御驾亲征，且命太子监国，等到叛乱平息，朕就要去过清静无为的日子了。"

对于玄宗的传位之意，多数大臣并不感到意外。因为此时的玄宗已经年逾古稀，而太子李亨也已经四十五岁，被立为储君已整整十七年，玄宗要是再抱着权力不撒手，也实在有点说不过去。

满朝文武中，只有一个人不希望玄宗传位。

他就是杨国忠。

因为他是玄宗一朝最大的既得利益者。正所谓一朝天子一朝臣，一旦李亨即位，他绝不可能继续保有目前的权力和富贵。所以，一听说玄宗要传位，杨国忠顿时大为恐惧。当天退朝后，杨国忠就迫不及待地找到韩、虢、秦三夫人，说："太子素恶吾家专横久矣，若一旦得天下，吾与姊妹并命在旦暮矣！"（《资治通鉴》卷二一七）

三夫人深有同感，随即入宫去找杨贵妃。杨贵妃也意识到此事关系到她本人和整个家族的命运，马上哭哭啼啼地向玄宗提出了抗议，千方百计要求他收回成命。

美人一落泪，老皇帝自然就心软了。

于是，太子监国之议就此搁置，所谓的亲征计划亦随即不了了之。

接下来的日子，安禄山与李唐朝廷陷入了短暂的对峙状态。

关键倒不是安禄山不想乘胜西进、攻取长安，而是因为他有更重要的事要做。

他想干什么？

他想当皇帝。

自从占领东京洛阳之后，安禄山就开始授意手下人张罗登基称帝的事了。在安禄山看来，虽然高仙芝和封常清扼守着关中门户潼关，但这并不等于能够阻止他进军长安的脚步。换言之，此时的安禄山已经把西京长安视为自己的囊中之物，早一天晚一天拿下长安，在他看来并不是最重要的。眼下的当务之急，就是要趁着一连串军事胜利之际，及时建立自己的王朝霸业，树立自己的政治旗号，正式与李唐朝廷分庭抗礼，从而名正言顺地号令四方，逐鹿天下！

安禄山在东京忙着称帝，这无疑为节节失利的玄宗朝廷提供了喘息的时间。如果玄宗能够利用这个宝贵的机会重新调整战略部署，并把临机专断之权大胆下放给前线的几个主要将帅，朝廷只在宏观上把握战略决策，对前线军队尽量做到不遥控、不干预、不掣肘，那么形势也许就会完全改观，而这场战争的结局也会全然不同。

但令人遗憾的是，玄宗并没有这么做。

他非但没有这么做，反而在最紧要的关头临阵斩将、自毁长城，致使战况进一步恶化，最终导致了潼关的失守和长安的沦陷。

玄宗之所以会犯下如此不可饶恕的错误，首先是因为多年不理朝政的他早已丧失了清明的政治理性，其次是因为听信了一个人的谗言。

这个人就是宦官边令诚。

## 名将之死：为帝国的不幸买单

说起来，边令诚也算是高仙芝的老搭档了。当年高仙芝远征小勃律，边令诚就是他的监军，在高仙芝受到夫蒙灵督打压的时候，边令诚还替他说了些公道话，使得高仙芝不但摆脱了困境，而且一跃而为安西四镇节度使。从这个意义上讲，边令诚也可以算是高仙芝命中的贵人了。然而，此一时彼一时。当初边令诚为了自己的利益，在客观上帮了高仙芝一个忙；如今他为了自己的利益，同样可以把高仙芝置于死地。

此次高仙芝东征，玄宗仍旧派边令诚去当监军。说起“监军”这个职务，实在是一种成事不足败事有余的角色。所谓监军，说好听点叫做中央特派员、天子特使，说难听点就是公开的特务，他们的使命就是专门给前线将帅找茬的，你要是不把他伺候舒服了，他动不动就会抓你的小辫子、打你的小报告。如果军队作战胜利，功劳自然有他们一份；要是败了，他们就会千方百计推卸责任，把屎盆子全部扣到将帅头上。

“监军”的设置始自汉朝，但历来一直由朝臣担任；而让宦官出任监军，其始作俑者正是唐玄宗李隆基。自从他开此先例之后，宦官监军就成了中晚唐历史上的一大弊政。在此后一百五十多年的时间里，李唐朝廷将一次又一次因为这项弊政而蒙受巨大损失，在政治上和军事上不断付出惨痛的代价。

当然，宦官也不见得都是卑鄙阴险的小人，但不可否认的是，由于出身和教育背景的不同，以及残缺的生理结构对人格心理产生的影响，再加上他们在政治上与皇权的微妙关系，使得宦官这个特殊群体在为人处世方面，通常会比一般的文臣和士大夫更缺乏原则，更注重私利，更容易干出一些见不得光的事情。

边令诚当然也不例外。

这个家伙不但对军事一窍不通，而且生性怯懦贪鄙。当年随同高仙芝远征小勃律，这家伙跟到连云堡就不敢再往前半步了，极为贪生怕死。后来高仙芝悍然发兵洗劫石国，狠狠发了一笔不义之财，边令诚估计也没少敲他的竹杠。史称“边令诚每事干之，仙芝多不从”。（《旧唐书·封常清传》）

按照史书的说法，由于多次索贿不得，边令诚便怀恨在心，总想找机会报复。

其实，这种说法恐怕不是实情。据《旧唐书·高仙芝传》称，高仙芝此人虽有贪财的毛病，但并不吝啬，相反还颇为慷慨：“（高仙芝）家财巨万，颇能散施，人有所求，言无不应。”既然边令诚曾在客观上帮过高仙芝的忙，而且是深得玄宗宠信的宦官，拥有打小报告的特权，高仙芝当然没有理由得罪他。

所以，边令诚向玄宗进谗言的真正动机，应该是逃避责任，而不是索贿不得。

逃避什么责任？

逃避不战而退之责。

东京陷落后，高仙芝采纳封常清避敌锋芒的建议，在未及请示玄宗的情况下，主动弃守陕郡、退保潼关，这种事情说好听点叫做战略撤退，说难听了就是逃跑。

身为监军，边令诚很清楚，一旦天子怪罪下来，不光高仙芝和封常清难辞其咎，他边令诚必然也会吃不了兜着走。所以，边令诚唯一能够自保的方法，就是在玄宗问罪之前抢先入朝，把屎盆子扣在高仙芝和封常清头上！

因此，当高仙芝一退入潼关，边令诚便迫不及待地赶回长安，向玄宗打了小报告，极力夸大封常清和高仙芝的战败责任，声称：“常清以贼摇众，仙芝弃陕地数百里，又盗减军士粮赐。”（《资治通鉴》卷二一七）

封常清确实说过“贼锋不可当”的话，可那是建立在“累日血战”基础上的正确判断，并非畏敌怯战、动摇军心，而当时的陕郡也确实无险可守，潼关的防守又薄弱空虚，所以高、封二人才会主动放弃陕郡，退保潼关。若纯粹从军事角度来看，高仙芝和封常清的做法并没有错，可要是从政治上来讲，他们无疑已经犯下了三宗死罪。

第一宗：不战而逃，丢城弃地；第二宗：擅自行动，目无朝廷；第三宗：违背玄宗旨意，破坏东征计划。总而言之，在玄宗看来，高、封二人的做法对当时已经极为低落的民心和士气进一步造成了恶劣影响，实属罪无可赦！

光凭这三条，高仙芝和封常清的处境就相当危险了，再加上边令诚的一番密奏，玄宗更是暴跳如雷，郁积在他心中多日的所有恶劣情绪一下子找到了发泄的出口。此前由于东京失陷之责，玄宗已经削除了封常清的所有官爵，让他以“白衣”之身在高仙芝军中效命，现在潼关以东的大片国土又全部沦于敌手，玄宗的愤怒就更是达到了极点。

高仙芝和封常清的末日就此降临。

被满腔怒火灼烧得丧失理智的玄宗当即颁下一道敕令，命边令诚立刻前往潼关，将高仙芝和封常清就地斩首！

十二月十八日，边令诚怀揣圣旨，马不停蹄地赶回潼关，即刻宣封常清接旨。

这一天，乌云低垂，北风呜咽，形容憔悴的封常清跪伏在地，脸上的表情坚硬如铁。从开始听宣的那一刻，直到被押赴刑场的一路上，封常清脸上的表情始终没有改变过。

临刑前，封常清把早已写就的一道遗表交给边令诚，让他转呈玄宗，然后遥望着长安方向的天空，平静地说了最后一句话：“常清所以不死者，不忍污国家旌麾，受戮贼手；讨逆无效，死乃甘心！”（《旧唐书·封常清传》）说完即从容就戮。

一代名将就此含恨九泉。

这个长得瘦弱矮小，既跛足又斜眼的封常清，就这么结束了他努力奋斗的一生。

人们常说，努力一定有结果，但不一定有好结果。封常清的大半生，不停地凭借过人的努力赢得了原本不属于他的一切，可到了最后关头，他的努力却没有给他带来荣誉和功勋，反而给他带来了厄运和死亡。时耶？命耶？

说到底，封常清的努力并没有错。虽然最终的结果出乎很多人，包括他本人的意料，可作为一个帝国名将，他已经尽到了自己应尽的职责，可以无愧于天地，无愧于历史了。

封常清东京兵败、撤入潼关后，曾经三度上表，向玄宗陈述自己的兵败缘由，同时客观分析了当前的战局，并针对叛军的战略意图和战术手段，详细拟就了一份应对的方略。然而，这三份极具军事价值的奏表，却被玄宗弃之一旁。封常清不得不拍马入朝，准备当面向玄宗请罪并陈述平叛方略。就在他刚刚走到渭南时，恰好遇到玄宗派出的使臣。

使臣向他宣读了玄宗的敕令，命他回高仙芝军中，以“白衣”身份戴罪立功。

封常清怀着满腔的抑郁和失落，黯然折回了潼关。

走到这一步，封常清其实已经预感到了末日的降临。

于是他铺开一纸素笺，挥毫写下了一生中的最后一道奏表，也就是他的遗书。

在这份遗书中，封常清字字泣血、声声哽咽地抒发了他壮志难酬的激愤之情，同时也慷慨淋漓地展现了他对家国社稷的忠诚与忧思。

众所周知，封常清是一个才华横溢的儒将，尽管他这份遗表在历史上并不著名，但我们还是愿意将其节录于此。因为，通过这篇自表心志的绝笔，我们足以窥见封常清的磊落襟怀，也足以领略他的文学才华：

> 臣自城陷已来，前后三度遣使奉表，具述赤心，竟不蒙引对。臣之此来，非求苟活，实欲陈社稷之计，破虎狼之谋。冀拜首阙庭，吐心陛下，论逆胡之兵势，陈讨捍之别谋。酬万死之恩，以报一生之宠。岂料长安日远，谒见无由；函谷关遥，陈情不暇！
>
> ……昨者与羯胡接战，自今月七日交兵，至于十三日不已。臣所将之兵，皆是乌合之徒，素未训习。率周南市人之众，当渔阳突骑之师，尚犹杀敌塞路，血流满野。臣欲挺身刃下，死节军前，恐长逆胡之威，以挫王师之势。是以驰御就日，将命归天。一期陛下斩臣于都市之下，以诫诸将；二期陛下问臣以逆贼之势，将诫诸军；三期陛下知臣非惜死之徒，许臣竭露。臣今将死抗表，陛下或以臣失律之后，诳妄为辞；陛下或以臣欲尽所忠，肝胆见察。臣死之后，望陛下不轻此贼，无忘臣言，则冀社稷复安，逆胡败覆，臣之所愿毕矣。仰天饮鸩，向日封章，即为尸谏之臣，死作圣朝之鬼。若使殁而有知，必结草军前，回风阵上，引王师之旗鼓，平寇贼之戈鋋。生死酬恩，不任感激，臣常清无任永辞圣代悲恋之至！
>
> （《旧唐书·封常清传》）

封常清死了，接下来自然就轮到高仙芝了。

边令诚对高仙芝还是有几分忌惮的，所以前去宣敕的时候，特意带上了一百多名陌刀手，一副紧张兮兮、如临大敌的模样。

高仙芝跪地听宣后，和封常清一样，立刻被绑赴刑场。

到了刑场，看到封常清的尸身被随便裹了一张草席扔在那里，高仙芝顿时悲从中来，大声说："我遇敌而退，死则宜矣。今上戴天，下履地，谓我盗减粮赐，则诬也！"（《资治通鉴》卷二一七）

我遇敌而退，固然应该以死谢罪。可今日上戴青天，下履黄土，说我克扣粮饷和朝廷赐物，则是赤裸裸的诬蔑！

当时，边令诚故意把将士们全部召集到刑场周围，让他们现场观刑，企图以此震慑三军。高仙芝面对将士们大喊："我在京城招募了你们，虽然朝廷分发了一些物品，可事实上连起码的作战装备都不能凑足，本来打算与诸君一道破贼立功，博取朝廷高官重赏，不料敌人太过猖獗，只好引兵固守潼关。我如果真有克扣粮饷和赐物的行径，诸君就大胆揭发；可要是我没有这么做，诸君当替我喊冤！"

高仙芝话音刚落，将士们便不约而同地大呼冤枉，其声如雷，在整个潼关久久回荡。然而，欲加之罪何患无辞？既然边令诚手中握着天子亲自颁发的斩决令，任凭三军将士喊破喉咙，也挽救不了高仙芝的性命。最后的时刻，高仙芝对着封常清的尸体说："封二，子从微至著，我则引拔子为我判官，俄又代我为节度使，今日又与子同死于此，岂命也夫！"（《旧唐书·封常清传》）

说完这句话，刽子手的鬼头刀便已高高扬起。

而后，高仙芝双目圆睁的头颅便飞离身躯，滚落到了封常清早已冰凉的尸体旁。

其实，从安禄山悍然发动叛乱的那一刻起，像高仙芝和封常清这样的悲剧就已经注定了。因为，在盛世迷梦中浸淫日久的玄宗君臣和帝国军民，根本不具备丝毫的抗风险和抗挫折能力。所以，当盛世的美丽面纱被安禄山剥落殆尽，乍然露出苍白虚胖、萎靡孱弱的真实面目时，当歌舞升平、繁华富庶的太平图景被生灵涂炭、山河破碎的惨象彻底取代时，惊骇万分、恼羞成怒的唐玄宗就必然要抓几个人来背这口既难堪又沉重的历史黑锅。

换言之，总有人要为此付出代价，总有人要为帝国的不幸买单！

高仙芝和封常清确实是时运不济。因为他们在错误的时间、错误的地点，作出了一个在政治上极为错误的选择，所以注定要成为牺牲品。

然而，要为帝国买单的人绝不仅仅只是高仙芝和封常清。

在接下来的日子里，曾经飞扬跋扈的杨国忠，曾经“三千宠爱在一身”的杨贵妃，都将作为这场历史性灾难的牺牲品，与盛世唐朝一同埋葬。同时被埋葬的，还有唐玄宗李隆基引以为豪的帝王伟业，以及刻骨铭心的绝世爱情。

当然，最先步高仙芝和封常清之后尘的人还不是他们，而是另一个帝国名将——哥舒翰。

自从天宝八年（公元749年）成功夺取石堡城后，哥舒翰就成了帝国最知名的将领之一，并日益受到玄宗的赏识和器重。战后，已担任陇右节度使的哥舒翰旋即加封为特进、鸿胪员外卿，加摄御史大夫，并赐一子五品官，赐绸缎千匹，田庄、豪宅各一所；天宝十一年（公元752年），又加封开府仪同三司；十二年（公元753年），进封凉国公，实封食邑三百户，并兼任河西节度使，不久又晋爵西平郡王；十三年（公元754年），加拜太子太保，又加食邑三百户，与前共计六百户。

毫无疑问，如果没有后来的安史之乱，哥舒翰必将躺在他那辉煌的功劳簿上，度过逍遥自在、荣华富贵的一生。

然而，命运之神有时候是很小心眼的。她如果给了一个人太多东西，就必然要从他那里夺走另外一些东西。

安史之乱爆发前，哥舒翰最先被夺走的东西是健康。

跟出身孤寒、刻苦自律的封常清恰好相反，哥舒翰从小就是个衣食无忧的纨绔子弟，由于父亲给他留下了一笔可观的财产，所以哥舒翰前半生从不为钱发愁。直到四十岁以后，老本全都吃光了，哥舒翰才在穷困潦倒、走投无路的情况下愤然从军，没想到一不留神就成了名将。

功成名就之后，哥舒翰的纨绔习气又暴露无遗，“好饮酒，颇恣声色”（《旧唐书·哥舒翰传》），结果很快就把身体搞垮了。天宝十三年，哥舒翰突然中风，昏死了好久才苏醒过来。此后他便回到长安，一边寻医问药，一边安心静养，虽然头上挂着河西、陇右节度使的头衔，但实际上已经不再过问边务，而是“废疾于家”，在京师当起了寓公。

当寓公的日子虽然有些闷，但至少图个逍遥自在。可是，仅仅一年后，安史之乱就爆发了，所有人的命运都发生了巨大转折，哥舒翰当然也是在劫难逃。起初，哥舒翰根本没有料到命运会安排他走上前线——首先是因为身体状况不允许，其次是因为有高仙芝和封常清冲在前头，哥舒翰料想安禄山肯定蹦跶不了几天。

可他错了。

安禄山不仅一直在蹦跶，而且蹦跶得越来越凶！

得知东京陷落的消息后，哥舒翰就感到情况不妙了；紧接着，潼关又传来令他更为震惊的消息——高仙芝和封常清居然被玄宗双双砍掉了脑袋！

哥舒翰预感到——自己的太平日子马上就要到头了。

果不其然，高、封二人被杀数日后，玄宗就紧急传召哥舒翰入宫，命他顶替高仙芝的兵马副元帅之职，领兵八万，即刻进驻潼关，准备征讨安禄山。

作为一个经验丰富的老将，此时的哥舒翰早已掂量出了安禄山的实力——连高仙芝和封常清都败得那么惨，足见仓促招募的官兵根本不是叛军的对手。在这种情况下，不管是哪个将领顶上去，结果都只能是凶多吉少，而且十有八九会步高、封二人之后尘！

因此，哥舒翰便以病重为由极力推辞。

但是，国难当头之际，玄宗岂能容他逃避退缩?!国家平常花那么多钱养着你们，不就是为了今天吗？如果连你哥舒翰这样的名将都当缩头乌龟，那还有谁能站出来挽救国家危亡？

所以，玄宗毫不客气地拒绝了哥舒翰的请求。

就这样，哥舒翰硬着头皮，拖着病体，领着玄宗为他东拼西凑搞来的将近二十万乌合之众，万般无奈地进入了潼关。

潼关——这座威震天下的雄关，将继高仙芝和封常清之后，成为又一个帝国名将逃不过的鬼门关。

命运之神已经夺走了哥舒翰的健康，现在又夺走了他的安宁；很快，又将夺走他的尊严；最终，还将夺走他的生命……

当然，此时的哥舒翰没有料到结果会这么糟。虽然他对此次出征并未抱有多大的幻想，可还是存着一丝侥幸心理。在他看来，潼关毕竟是一座一夫当关、万夫莫开的险关，安禄山想打进来也没那么容易。尽管自己麾下的这二十万人是一群乌合之众，可凭借这道天险及其坚固的防御工事，哥舒翰相信自己还是能够顶得住的。

然而，哥舒翰完全没有想到的一层是——如果玄宗下一道命令，让他出关与叛军决战，导致他丧失天险的凭恃，他会落入怎样的境地呢？

事实上，后来的战局确实是朝这个最坏的方向发展的。

因为玄宗果真下了一道逼迫哥舒翰出关决战的命令。

玄宗之所以下这道命令，是因为又有人向他进了谗言。

这次不是宦官边令诚，而是宰相杨国忠。

如果不是杨国忠在最关键的时刻怂恿玄宗作出了极端错误的决定，哥舒翰就不一定会败，潼关也不一定失守，长安也不会沦陷，玄宗就更不用像一条丧家之犬那样，带着杨贵妃和一帮宠臣仓皇逃亡巴蜀。

因为，就在安禄山忙于称帝的这个间隙，河北、河东两线战场均已出现重大转机，只要潼关不丢、京师无虞，李唐朝廷完全有可能一改战争初期的被动局面，从消极防守转入战略反攻，直至最终转败为胜。

河北、河东两线战场的转机，是得益于四个人的努力。

自从安禄山的十五万铁骑滚滚南下的那一刻起，这四个人就始终站在第一线，组织并领导当地军民同叛军进行着不屈不挠的战斗。

河北战场，领导者是颜杲卿和颜真卿。

河东战场，领导者是郭子仪和李光弼。

# 第六章

# 对峙：唐朝与伪燕

## 星火燎原：河北的抵抗

颜杲卿和颜真卿是一对堂兄弟，他们的五代祖就是北齐名臣颜之推，著有享誉后世、流传甚广的《颜氏家训》。在这本书中，颜之推列举了平生所见所闻的许多历史掌故，以及自己的一些人生经历，用平实而不乏睿智的语言，对后代子孙进行了谆谆教诲，阐述了修身齐家、治学养生、为人处世、宗教信仰等诸多方面的道理。该书虽被冠以《家训》之名，但由于其中蕴含着许多宝贵的人生智慧，所以一问世便迅速流传开来，被人们争相传诵，逐渐成为人格教育方面的范本和经典，影响了后来一代又一代的读书人。

颜氏兄弟在这样的家庭氛围中长大，其学问、修养与人格境界自然皆非常人可比。当安禄山的叛军席卷大河南北，大多数唐朝官吏都望风而降的时候，他们之所以能够宁死不屈，以巨大的勇气同叛军进行艰苦卓绝的抗争，其内在动力未尝不是来自于他们的家学渊源。

二颜入仕的时间差不多，都是在开元中期。其中，颜杲卿以父荫入仕，史称其“性刚直，有吏干”，最初在魏州担任录事参军，就干出了显著的政绩，“振举纲目，政称第一”（《旧唐书·颜杲卿传》）。其后屡获升迁，于天宝十四年出任常山（今河北正定县）太守。

与精明干练的堂兄颜杲卿相比，颜真卿属于比较纯粹的读书人。

史称他“少勤学业，有词藻，尤工书”（《旧唐书·颜真卿传》）。所谓“尤工书”，就是善于书法。众所周知，颜真卿是中国历史上屈指可数的书法大师之一，他将篆书、隶书等笔法揉进楷书，独创了别具一格的“颜体”书法，后世把他和初唐的欧阳询、晚唐的柳公权、元人赵孟頫并誉为“楷书四大家”；其中，颜真卿和柳公权还被并称为“颜筋柳骨”。

开元中期，颜真卿以甲科的优异成绩进士及第，此后正式入仕，担任监察御史，期间数度出巡河西、陇右、河东、朔方等地，监察地方的屯田、军备等事宜，执法以公正严明著称。当时，五原郡（今内蒙古包头市西北）发生了一起大案，其中颇有冤情，当地官吏久拖未决，颜真卿以朝廷特使的身份前往，很快就查明了这桩冤案。巧合的是，自从冤案发生后，当地便久旱不雨，可颜真卿刚把案子解决掉，老天爷立刻降下甘霖。当地百姓惊喜万分，都把这场雨叫做“御史雨”。

此后的几年，颜真卿不断升迁，历任侍御史、东京畿采访判官、武部员外郎等职，但由于为人正直耿介，从不拍杨国忠的马屁，所以不久就被排挤出朝，外放为平原（今山东陵县）太守。

颜氏兄弟出任地方太守之时，正值安史之乱前夕。此时的他们当然不会想到，命运即将把他们一举推上时代的风口浪尖。

颜杲卿的常山郡位于范阳的西南方，属安禄山的管辖范围；颜真卿的平原郡位于正南方，虽不属范阳管辖，但和常山一样，距离范阳都只有十来天路程。也就是说，安禄山的叛军一旦南下，他们所在的郡就是首当其冲的最前线。

天宝十四年十一月九日，安史之乱爆发，叛军于次日大举南下。九天后，安禄山亲率大军进抵藁城（今河北藁城市）。此地是常山下辖的一个县，与常山郡城近在咫尺，颜杲卿知道自己兵力薄弱，如果强行抵抗，其结果只能是城破人亡。好汉不吃眼前亏，为人精明的颜杲卿决定采用权宜之计——暂时以诈降的方式麻痹安禄山。

随后，颜杲卿带着长史袁履谦前往藁城晋见安禄山。安禄山觉得颜杲卿还算识时务，就赏给了他三品紫袍和金鱼袋。可与此同时，安禄山也多留了一个心眼，把颜杲卿的一些子弟留在军中作为人质，然后命他仍旧镇守常山。此外，安禄山又派部将李钦凑率数千人马进驻井陉口

（太行八陉之五，位于今河北鹿泉市西），一方面防备河东与朔方的官军，一方面监视颜杲卿。

在返回常山的路上，颜杲卿指着身上的紫袍和金鱼袋，苦笑着对袁履谦说："穿这玩意儿干什么？"

袁履谦心领神会。回到常山后，颜杲卿立刻与袁履谦暗中募兵，并加固城防工事，随时准备起兵反抗安禄山。

和猝不及防的颜杲卿比起来，颜真卿似乎要更敏锐一些。

因为他很早就嗅出了叛乱的气息。

安禄山起兵前夕，平原郡连日暴雨，颜真卿遂以城墙老旧、担心垮塌为由，积极组织人员整修城墙、挖深壕沟，同时囤积粮草，并整理完善了全郡预备役人员的相关资料，以备随时扩充兵力。在做这一切的同时，颜真卿表面上却装出一副无所事事的样子，天天招呼一帮文人学士泛舟河池，饮酒赋诗，希望以此消除安禄山的疑心。

然而，颜真卿的异动并没有瞒过安禄山的眼睛，马上就有耳目一五一十向他作了奏报。可在安禄山看来，颜真卿只是不懂军事的一介书生，就算他早有防备，也绝对翻不了什么大浪，所以安禄山并没有放在心上。

安禄山起兵后，第一时间向颜真卿发出了一道公函，命他率平原、博平（今山东聊城市）两郡士兵七千人，即刻进驻黄河渡口，为南下的叛军打前锋。

安禄山这一招实在是损。如果颜真卿按兵不动，那就等于不打自招，承认自己和安禄山不是一条心；如果他服从命令，那也等于是当了安禄山的炮灰。总之，不管颜真卿作何反应，其结果都很被动。

不过，颜真卿是不会被安禄山牵着鼻子走的。既然安禄山都敢于和朝廷反目成仇，他颜真卿又何惜与安禄山撕破脸面？

所以，在接到安禄山牒文的那一刻，颜真卿没有丝毫犹豫，立即派遣部将李平抄小道飞驰入京，向玄宗禀报河北的战况，同时表明自己誓死捍卫家园的决心。

李平到达长安时，河北郡县几乎已经全部投降了安禄山，玄宗每天接到的，都是令他极度失望和痛心的消息。这位心力交瘁的老皇帝曾经面对满朝文武发出哀叹："二十四郡，曾无一人义士邪?!"（《资治通鉴》卷二一七）直到李平入朝，玄宗才像在茫茫黑夜里看见了一丝光明，又惊又喜地对大臣们说："朕连颜真卿长什么样子都不知道，没想到他竟能做出如此义举！"

在与朝廷取得联系后，颜真卿公然揭起了反抗安禄山的大旗。由于备战充分，旬日之间，颜真卿就招募了一万多名勇士。随后，他又派人至常山，与堂兄颜杲卿相约共举义兵，以掎角之势遥相呼应，"断贼归路，以纾西寇之势"。（《旧唐书·颜杲卿传》）

安禄山万万没想到，正当他在前方高歌猛进、一路势如破竹的同时，颜氏兄弟已经在他后院燃起了一把熊熊烈火……

东京陷落后，以河南尹达奚珣为首的大部分官吏都投降了安禄山，唯独东京留守李憕、御史中丞卢奕（开元宰相卢怀慎之子）、采访判官蒋清等少数几人宁死不屈，同日被安禄山诛杀。

为了炫耀武功并杀一儆百，安禄山命部下段子光带上李憕等三人的首级，到河北各郡作巡回展览。十二月十七日，段子光得意洋洋地来到平原郡，可迎接他的并不是畏惧的眼神和谄媚的笑脸，而是颜真卿义愤填膺的一声怒喝："来呀，把这家伙给我拿下！"

段子光还没回过神来，就被五花大绑推了出去，并一刀砍成了两段。颜真卿随即厚葬了李憕等三人，并召集全体将士祭奠凭吊。

颜真卿在平原郡的首倡义举很快得到了周边各郡的响应。随后，景城（今河北沧州市东南）、饶阳（今河北深州市）、河间（今河北河间市）、济南（今山东济南市）等地的唐朝官吏纷纷诛杀安禄山任命的官员，然后各自拉起队伍，少则数千人，多则上万人，共同推举颜真卿为盟主，一致反抗安禄山。

随后，玄宗又下诏擢升颜真卿为户部侍郎，仍兼平原太守。

昔日不被安禄山放在眼里的一介书生，此刻已然成为河北抵抗运动的领导人。

与此同时，颜杲卿在常山也迅速展开了行动。

他的首要目标是拔掉安禄山安插在他身边的那颗钉子——李钦凑。

颜杲卿假造了一份安禄山的军令，命李钦凑率部来常山接受犒赏。十二月二十二日傍晚，李钦凑兴冲冲地赶到常山，颜杲卿让袁履谦等人准备了丰盛的酒宴，席间还有歌伎舞女作陪助兴。李钦凑和他的部下立刻开怀畅饮，很快就酩酊大醉，横七竖八地躺倒在宴会厅上。

袁履谦朝手下使了个眼色，还在梦乡中的李钦凑就这样稀里糊涂地掉了脑袋，而他的一帮亲信也全都被俘。次日，颜杲卿将这些俘虏全部斩首，然后命人驱散了仍然驻留在井陉的小部分叛军，控制了井陉口。

数日后，安禄山派部将高邈、何千年回幽州征兵，二人经过常山时，颜杲卿又派人用相同手法把他们双双擒获。当时，叛军将领张献诚（张守珪之子）正奉安禄山之命围攻饶阳。何千年为了保命，就向颜杲卿献计说："在下有一计，既能确保常山不失，又能立解饶阳之围。"他的计策是：派人四处散布消息，声称李光弼已率领一万精锐自河东出井陉口，准备先解饶阳之围，再北上直捣范阳，听到这个消息，不仅南下的叛军会军心动摇，张献诚也必然会解围而遁。

颜杲卿大喜，当即依计而行，张献诚果然连夜遁逃。颜杲卿随即派人进入饶阳慰劳将士，同时命人分赴周边各郡，说："朝廷大军已自井陉口东进，随时会到，届时必将扫平河北诸郡的叛乱。在此之前，若主动回归朝廷的，必定重重有赏；倘若执迷不悟，顽抗到底，必定会被诛杀！"

河北诸郡本来就不是真心投降安禄山，如今听说官军马上要打回来了，于是一个个相继反正，前后总共有十七个郡宣布脱离安禄山，仍旧遵奉朝廷号令。"其附禄山者，惟范阳、卢龙、密云、渔阳、汲、邺六郡而已"。（《资治通鉴》卷二一七）

星星之火就这样形成了燎原之势。

随后，颜杲卿乘胜而进，又派了一个叫马燧的手下前往范阳，游说安禄山任命的留守长官贾循，让他归降朝廷。马燧说："安禄山负恩悖逆，虽然暂时得到了洛阳，但终究会灭亡。公若能揭起义旗，诛杀几个拒不从命的将领，以范阳归国，颠覆安禄山的根基，此乃千载难逢的不世之功啊！"

贾循动心了。可是，慑于安禄山的淫威，贾循还是有些心悸，所以一直犹豫不决。

贾循的优柔寡断不仅让他与"不世之功"擦肩而过，并且为他召来了杀身之祸。

因为隔墙有耳。

安禄山的一个部将不知从哪里得到了消息，立刻派人飞报安禄山。

此时，安禄山已经亲率大军出了洛阳，正打算进攻潼关，西取长安。不料，河北接连传来十七郡先后反正的消息，紧接着又得到了贾循企图反叛的密报，刚刚走到新安（今河南新安县）的安禄山不禁惊出了一身冷汗，旋即掉转马头，返回洛阳，并命人火速赶回范阳解决贾循。

数日后，安禄山特使抵达范阳，秘密绞死了贾循，而且屠杀了他的所有族人。马燧风闻贾循被杀，慌忙逃出范阳，躲进了西山，被一个隐士收留，就此逃过一劫。

这个大难不死的马燧，后来成了德宗一朝的著名将领，在捍卫李唐社稷、平定藩镇之乱的战场上立下了赫赫功勋。

安禄山诛杀贾循后，命部将牛廷玠执掌范阳军务，同时又接连下了两道命令，一道给了驻留河北的骁将史思明，一道给了驻守河内（今河南沁阳市）的大将蔡希德，命前者率步骑万人南下，命后者率精兵万人北上，目标是同一个——围攻常山。

安禄山之所以如此气急败坏，一下子打出史思明和蔡希德这两张王牌，显然是因为颜杲卿和颜真卿在他后院点燃的这把火确实烧痛了他。

不赶紧将这把火扑灭，安禄山唯恐自己的老巢随时有被焚毁的危险。霸业新举，宏图初展，范阳怎么能在这个时候出问题呢？尤其是在安禄山正准备登基称帝的这一刻，范阳更不能出任何问题！

## 临危受命：郭子仪和李光弼

公元756年阴历正月初一，安禄山在东京洛阳举行了登基大典，自称大燕皇帝，建元圣武，以达奚珣为侍中，张通儒为中书令，高尚、严庄为中书侍郎，同时任命了文武百官，正式与李唐王朝分庭抗礼。

就在安禄山黄袍加身的这个时候，史思明和蔡希德也已经完成了对常山的合围。

小小的常山，能挡得住两万燕军铁骑的进攻吗？

此时，距颜杲卿诱杀燕将李钦凑、起兵反抗安禄山才只有八天，在这么短的时间内，颜杲卿根本来不及对常山的防御工事进行加固。也就是说，在燕军的日夜猛攻之下，常山城危在旦夕，随时可能被攻陷。

颜杲卿一边率众登城拒战，一边派人突围而出，自井陉口奔赴太原，向兵精粮足的太原尹王承业送去了十万火急的求救信。

从太原到常山大约只有四百里路，如果派出一支轻骑兵昼夜急进，不出三天便可抵达常山，就算不能马上解除常山之围，至少也能削弱燕军的进攻力度，为后续援军的到达赢得时间。

然而，让颜杲卿万万没有料到的是——王承业居然按兵不动，自始至终没有派出一兵一卒！

颜杲卿当然不会想到，王承业正眼巴巴地盼着他早点死……

早在常山被围之前，颜杲卿就派儿子颜泉明和部下张通幽等人，携李钦凑首级（同时押解何千年、高邈）入朝奏功，途经太原时，张通幽打算投靠位高权重的王承业，就向他献计，让他暂时扣留颜泉明，再写一道奏表，把诱杀李钦凑，俘获何千年、高邈的功劳据为己有，然后另行遣使入朝，向天子邀功请赏。

王承业深以为然，当即依计而行。玄宗得到献俘后，大喜过望，旋即“拜承业羽林大将军，麾下受官爵者以百数”。（《资治通鉴》卷二一七）

王承业偷了颜杲卿的功劳，难免做贼心虚。所以，当他听到常山被围的消息后，非但不可能出手相救，反而只会盼着颜杲卿赶紧城破身死。道理很简单，颜杲卿要是不死，迟早有一天会揭发王承业的“窃功”之罪，如今燕军恰好跑来帮他杀人灭口，王承业当然乐得作壁上观了，又怎么可能去救颜杲卿呢？

常山的命运就此注定。

在内无粮草、外无救兵的情况下，颜杲卿仍旧率众浴血奋战，一直坚持到正月初八，终于城破被俘。史思明和蔡希德入城后，纵兵屠杀常山军民，前后共杀了一万多人，随后将颜杲卿和袁履谦押往洛阳。

就在常山陷落的几天前，玄宗意外得知了“献俘”的真相（窃功邀赏、见死不救的王承业半年后就被玄宗派人诛杀了），赶紧擢升颜杲卿为卫尉卿兼御史大夫，擢升袁履谦为常山太守。然而，诏命未及下达，常山就已经落入燕军之手了。

颜杲卿和袁履谦被押到洛阳后，安禄山指着颜杲卿的鼻子狠狠数落，说：“你本来不过是个小小的范阳户曹，是我保举你为判官，没过几年，又让你升到太守之位，我哪里对不起你了，你要造我的反？”

颜杲卿怒目圆睁，破口大骂：“你本来不过是营州牧羊的一个羯奴，天子一直把你提到了三镇节度使，恩幸无比，哪里对不起你了，你要造他的反？我颜氏世代皆为唐臣，禄位皆为朝廷所有，虽受你保荐，岂能跟你一同造反？我为国讨贼，恨不得亲手杀了你，岂能说是'反'?!臊羯狗，废话少说，赶紧杀了我！"

安禄山气得七窍生烟，立刻命人对颜杲卿和袁履谦施以凌迟之刑。

凌迟，又叫剐刑，俗称"千刀万剐"，是中国古代最残酷的刑罚之一。受刑者身上的肉被一片一片地剐下来，但不会马上咽气，而是能清醒地感受到受刑过程中每一丝每一毫的痛苦，可谓惨烈至极，绝非一般人所能承受。

然而，颜杲卿和袁履谦不愧是铁打的汉子，在整个行刑过程中，他们始终骂不绝口。直到咽气的那一刻，他们的詈骂声才戛然而止。与颜杲卿同日被杀的，还有当初被安禄山扣为人质的多个子侄，以及在常山被俘的许多家眷和族人。据《资治通鉴》称，颜氏一门死于燕军刀斧之下的，前后共有三十余人。

随着常山的陷落和颜杲卿的壮烈殉国，轰轰烈烈的河北抵抗运迅速陷入低潮。史思明和蔡希德挟新胜之威，"引兵击诸郡之不从者，所过残灭；于是邺、广平、巨鹿、赵、上谷、博陵、文安、魏、信都等郡复为贼守"（《资治通鉴》卷二一七）。只有饶阳、河间、景城、平原、清河等少数几个郡仍然在坚持抵抗。

随后，史思明等人又率部猛攻饶阳，河间和景城的唐军先后出兵解救，却被史思明一一击溃。

面对燕军骁将史思明的疯狂扫荡，河北官军已无抵御之力，完全有可能被逐一击破。

河北全线告急，玄宗顿时心急如焚。

危难之际，玄宗自然把目光转向了长安的北面——朔方与河东。

除了河北、河南的第一战场外，那里是官军与叛军交锋的第二战场。此刻，有一个英勇矫健的身影正活跃在这个战场上。

他就是时任朔方节度使的郭子仪。

玄宗知道，眼下除了驻守潼关的病恹恹的哥舒翰，能够临危受命、力挽狂澜的人，就只有这个郭子仪了。

郭子仪，华州（今陕西华县）人，生于武周神功元年（公元697

年），官宦人家出身，其父郭敬之曾历任绥、渭、桂、寿、泗五州刺史。史称郭子仪“长六尺余，体貌秀杰”（《旧唐书 郭子仪传》），也就是长得高大威猛、相貌堂堂，几乎天生就是一块军人的料。所以，年轻时代的郭子仪就进京参加了武举考试，结果力拔头筹，以“高等”的成绩登第，旋即被授予左卫长史之职，从此进入帝国军界。

郭子仪入仕后，曾在边疆诸镇辗转担任边关将领，经过长期历练，积累了极为丰富的军事经验。天宝八年（公元749年），郭子仪被擢升为左卫大将军，出任横塞军使。天宝十三年（公元754年），横塞军改名天德军，郭子仪仍旧担任军使，同时兼任九原太守、朔方节度右兵马使。从郭子仪的履历不难看出，他其实是一个大器晚成的人。

安史之乱爆发的前一年，他已经五十八岁、年近花甲了，论年龄和资历，他绝对可以称得上是一个老将，可他的职务却只是区区的朔方节度右兵马使。也就是说，当高仙芝、封常清、哥舒翰等人早已名震朝野、一个个成为手握重兵的封疆大吏的时候，郭子仪在帝国军界仍然是一个排不上号的人物。

如果没有安史之乱，郭子仪有没有资格在史书中被单独列传恐怕都是一个问题，更不用说要作为一个“挽狂澜于既倒、扶大厦之将倾”的一代名将而永垂史册了。

安史之乱改写了很多人的命运，比如高仙芝、封常清，还比如稍后的哥舒翰、杨国忠、杨贵妃，以及玄宗李隆基等等……然而他们都有一个共同特征，就是被改得一塌糊涂、惨不忍睹；而由原本的默默无闻、普普通通被最终改得名扬天下、光芒万丈的人物，恐怕就非郭子仪莫属了。也许，这就是所谓的时势造英雄。

当然，前提是你必须有成为英雄的潜质，否则时代的汹涌大潮一扑过来，非但不能造就你，反而有可能一口吞噬你。

其实，每当巨变的时代大潮来临，被吞噬的苍生千千万万，而被造就的英雄往往只有一个两个。能成为英雄的人，首先要看上苍是否点选了你，其次要看你是否已经作好了充分的准备。闽南语歌曲中有一句经典歌词，叫做“三分天注定，七分靠打拼”，其实在我看来，“天定”和“打拼”应该五五开，无论哪一方面弱一些，都有可能导致一个英雄的夭折。

而在郭子仪身上，运气和能力似乎被分配得极为均衡、恰到好处，所以他才能在危急存亡之秋脱颖而出，成长为一个千古流芳的英雄人物，并且还能在日后不被当权者兔死狗烹，把令人艳羡的权力、地位、名望、富贵保持了整整一生，甚至还能泽被后人，惠及子孙。

放眼古今，这样的成功实属绝无仅有。

因此，后世有人把郭子仪称为“福禄寿考，千古一人”，实非过誉之词。

天宝十四年十一月，就在安史之乱拉开帷幕的时候，郭子仪的辉煌人生也随之同步开场了。由于当时的朔方节度使安思顺是安禄山的堂兄弟，玄宗自然是极不放心，所以第一时间就把安思顺召回了朝廷，转任户部尚书，同时擢升右兵马使郭子仪为朔方节度使，兼卫尉卿、灵武（今宁夏灵武市）太守，命他率部进入河东战场。

这一年，郭子仪已经五十九岁。

安禄山亲率大军南下的同时，命他的党羽、大同军使高秀岩自驻地（今山西朔州市东）出兵，攻击振武军（今内蒙古和林格尔县），以此开辟第二战场，一方面牵制朔方与河东的唐军，一方面自北而南威胁关中。可是，高秀岩刚一出兵就遭到了郭子仪的迎头痛击，不得不缩回老巢，另派部将薛忠义进攻静边军（今山西右玉县）。郭子仪闻报，立刻命左兵马使李光弼、部将仆固怀恩等人率部截击，大破薛忠义军，斩杀叛军骑兵七千人。随后，朔方军又乘胜进围云中（今山西大同市）、克复马邑（今山西朔州市），并打通了一度被叛军控制的战略要地东陉关（今山西代县东）。

朔方军在河东连战连捷，重挫叛军兵锋，使郭子仪一跃而为朝野上下最为瞩目的将帅。玄宗立刻论功行赏，加封郭子仪为御史大夫。

就在河东战场捷报频传的时候，常山被史思明攻陷，河北告急，玄宗不得不命郭子仪解除云中之围，主力暂返朔方休整、补充兵员，准备南下克复东京，同时让他推荐一名优秀将领，并拨出一部分兵力，令其从井陉关东进，火速驰援饶阳，挽回河北局势。

郭子仪向玄宗推荐的这个人选，就是日后平定安史之乱的二号功臣——李光弼。

李光弼，契丹人，生于中宗景龙二年（公元708年），祖辈是契丹酋长，祖籍营州柳城（今辽宁朝阳市），算起来和安禄山、史思明还是老乡。李光弼的父亲是李楷洛，官至朔方节度副使，封蓟国公，以骁勇果敢闻名军中。

都说虎父无犬子，在父亲的言传身教之下，李光弼从小就“善骑射，能读班氏《汉书》”，年纪轻轻就进入了军界，而且起点颇高，“少从戎，严毅有大略，起家左卫郎”。（《旧唐书·李光弼传》）

天宝初年，三十出头的李光弼已经官至朔方都虞候。天宝五年（公元746年），河西节度使王忠嗣对李光弼非常赏识，遂将其纳入麾下，拔擢为河西兵马使。当时，王忠嗣逢人便说：“李光弼这个年轻人，将来必能坐上我的职位。”由于王忠嗣的青睐，加上李光弼本人确实有才，所以他很快就在河西军中声名鹊起，“边上称为名将”。

天宝八年（公元749年），李光弼又升任河西节度副使，封蓟郡公。成为河西二把手的这一年，李光弼才刚刚四十出头，而大他十余岁的郭子仪此时还只是一个不为人知的横塞军使。换言之，截至天宝中期，李光弼的官职、爵位、名望，其实都已经远在郭子仪之上。如果说郭子仪是大器晚成的典型，那么李光弼则无疑是少年得志的代表。

然而，谁也没有料到，就是这个被所有人都非常看好的后起之秀，几年后却突然辞官归隐，一下子从人们的视线中消失了。

究竟发生了什么事，以至让李光弼亲手毁掉了自己的大好前程呢？

原因说起来很简单，但又很令人费解。

那是天宝十三年（公元754年），朔方节度使安思顺爱李光弼之才，遂奏请朝廷，任他为朔方节度副使、知留后事。安思顺这么做，显然是把李光弼当成了自己的接班人。如果不出什么意外，几年后李光弼就能顺理成章地继任节度使，成为帝国的封疆大吏。

可意外还是出现了。因为安思顺太欣赏李光弼，所以在提拔他的同时还附带了一个条件，就是想招他做女婿。按理说这本来是好事，当时安禄山还是玄宗的头号宠臣，安思顺自然也跟着沾光，所以，能成为安思顺的乘龙快婿，这对李光弼日后的仕途发展绝对是有好处的。

但是，李光弼却一口拒绝了。

他不但一口拒绝，而且干脆把安思顺给他的官也一块辞了。

史书没有解释李光弼作出如此反常举动的原因，可我们不妨作一些推测。当时，李光弼肯定早有妻室，而安思顺则肯定不希望自己的女儿嫁过去做小，所以，他很可能是希望李光弼把原配夫人休掉，再让女儿嫁过去当正室。

如果我们的推测成立，那么这桩婚事对李光弼来讲就不是什么让人愉快的事情了。也就是说，他必须作出选择——要么舍弃结发妻子，拥抱大好前程；要么舍弃高官厚禄的诱惑，坚守自己的道德底线。

李光弼最终选择了后者。

这似乎可以说明，在李光弼心目中，道德伦常的分量要比功名利禄重得多。《旧唐书·李光弼传》中有一个容易被人忽略的细节，或许可以为我们的上述推测作一个旁证。该传有一句话说："（光弼）丁父忧，终丧不入妻室。"也就是说，李光弼在为父亲守丧期间，严格遵守当时的礼制约束和道德规范，始终没有和自己的妻子同房。

在今天的人看来，这似乎不值一哂；可对古代人来说，这却是一个人具有高尚节操的标志。从这件事，我们不难得出一个结论——李光弼这个人具有很强的道德观念，为了维护这个最根本的东西，他可以舍弃很多其他东西。

也许，这就是李光弼拒绝婚事并愤然辞官的深层原因。

可是，真正有才的人是不会被长期埋没的。就算李光弼辞了安思顺的官，还是有很多爱才的人会抢着要他。

所以，安史之乱一爆发，郭子仪立刻把李光弼招至麾下。如今，玄宗要郭子仪推荐一位优秀将领去平定河北，郭子仪就毫不犹豫地保举了李光弼。

天宝十五年（公元756年）正月初九，玄宗正式任命李光弼为河东节度使、摄御史大夫，稍后又加河北道采访使，让郭子仪从朔方军中拨给他一万精锐，命他即刻奔赴河北战场。

就在李光弼率部开赴河北的同时，史思明的燕军正围着饶阳城日夜猛攻。

虽然这座城池的抵抗力度远远出乎史思明的意料，此外还有情报显示河东援军正向河北快速挺进，但史思明似乎并不担心。

自从开战以来，他就根本没把任何一支唐军放在眼里。他不相信有能打胜仗的唐军，更不相信有能战胜他史思明的唐军。所以，尽管已经围着饶阳打了好些日子，燕军将士也为此付出了相当的伤亡，可史思明还是一副指挥若定、信心满满的样子。

此时的史思明并不知道，即将进入河北的这个叫李光弼的人，将和他所见过的任何一个唐军将领都不一样。

准确地说，这是一个能打胜仗的唐将，而且是一个能把他史思明打得满地找牙的唐将！

天地万物总是相生相克的，人与人当然也不例外。

从这个角度来说，李光弼就是史思明命中注定的天敌，也是他生命中最大的梦魇。

## 史思明的梦魇

史思明，本名窣干，跟安禄山一样，都生于营州，都是“杂种胡人”，而且巧合的是，两个人的生日只隔一天——史思明早一天生，安禄山晚一天生。从小，两个人就是一对死党，经常联手跟人打架，而且都很凶悍，所以在乡里“俱以骁勇闻”。

据说，史思明长得“姿瘦，少须发，鸢肩伛背，倾目侧鼻”（《旧唐书·史思明传》）。简单说就是一副痨病鬼的模样。在古时候的戏台上，这副尊容上去演奸臣绝对是不用化妆的。和史思明恰好相反，安禄山从小就生得白白胖胖，虎背熊腰，好像史思明身上的肉都长到他身上去了。可以想象，当这一胖一瘦俩兄弟肩并着肩招摇过市的时候，整条街上的人肯定都会向他们行注目礼。如果那时候有相声、小品什么的，这哥俩往那一站，就是一对天造地设的绝佳拍档。

成年以后，史思明和安禄山就很少在街上跟人打架了，而是专心致志地学起了外语（蕃语）。估计俩人没少互相勉励、互相督促什么的，所以安禄山很快就掌握了六门外语，而史思明不多不少，恰好也学会了六门。

掌握多门外语后，他们就学以致用，一起跑到边境集贸市场上当了贸易中介（互市牙郎）。可惜他们财运不佳，干了好些年也没发财，于是安禄山就又找了一个副业——偷羊。晚上偷羊，白天卖羊。为了早一天出人头地，安禄山一直在夜以继日地勤奋工作。史书没有记载史思明是否参与了安禄山的偷羊活动，但根据这哥俩的关系推测，不参与几乎是不可能的。

而且，他们哥俩干活时肯定也有明确分工。安禄山脑子好使，可身子太胖行动不便，所以事前的踩点、下手时的望风、事后的销赃等工作，估计都由他负责；而史思明身轻如燕、反应敏捷，最适合干那些飞檐走壁、翻墙扒门的具体工作。总之，哥俩有羊一起偷，有钱一块挣，配合得相当默契。

但是，常在河边走，总有湿鞋的时候。有一回，他们就失手了。安禄山当即被人绑赴幽州节度使公堂问罪，史思明可能是身子轻跑得快，没被逮着。

不过，史思明肯定也吓得半死。他一定以为，这一生再也见不着与他情同兄弟的安胖子了。

可让史思明做梦也没想到的是，第二天一大早，安胖子居然毫发无损地回来了。

不仅毫发无损，而且身上还多出了一样东西——军装。

一身威风凛凛、帅呆酷毙了的军装。

安禄山凭着临死前一声绝望的怒吼，显示出了异于常人的胆色，因此博得了幽州节度使张守珪的赏识，从而大难不死、转祸为福，成了张守珪麾下的一员捉生将。而一直与他有福同享、有难同当的史思明也随之进入了军队。

从此，这对难兄难弟终于找到了一个能够让他们施展拳脚、尽情挥洒的舞台。

在这个全新的人生平台上，史思明和安禄山再次并肩战斗，随后频立战功，屡获升迁。到了天宝初年，安禄山已官至平卢节度使，摄御史中丞；史思明也位居将军；“知平卢军事”，相当于安禄山麾下的头号武将。

当时，史思明曾奉安禄山之命入朝奏事，得到了玄宗的亲自接见。爱屋及乌的玄宗与史思明一番攀谈之后，对他这个人很感兴趣，就询问他的年龄。史思明用一种略带伤感的口吻答道：“已经四十岁了。”

接下来，玄宗作出了一个让史思明完全始料未及的举动。只见玄宗忽然走到他面前，郑重其事地拍了拍他的肩膀，说：“卿贵在后，勉之！”（《旧唐书·史思明传》）

毫无疑问，这是玄宗对史思明的一种许诺。

能够得到皇帝的亲口许诺，史思明顿时受宠若惊。

不久后，玄宗果然颁下了一道任命状，擢升史思明为大将军、北平太守。天宝十一年（公元752年），经过安禄山的奏请，玄宗又将史思明提拔为平卢都知兵马使。

然而，“平卢都知兵马使”绝不是史思明一生富贵的终点。

若干年后，当李唐朝廷费尽九牛二虎之力，好不容易才铲除了安禄山父子的伪燕朝，这个“鸢肩伛背，钦目侧鼻”的史思明便又紧步安禄山之后尘，在范阳登基，“僭称大号”，成为又一个与唐朝分庭抗礼的伪燕皇帝。

卿贵在后……

果不其然！玄宗绝不会想到，他当年的一句无心之语，到最后竟然会一语成谶。

天宝十五年二月中旬，李光弼率朔方的蕃、汉步骑混合兵团一万余人，加上途经太原时征召的神射手三千余人自井陉关东出，进抵常山。

风闻河东援军已至，常山的抵抗力量立刻起兵响应，俘获了燕朝常山太守安思义，随后押着他出城迎接河东援军。

李光弼看着被五花大绑的安思义，说：“你知不知道你该杀？”

安思义闭目不语，一脸桀骜之色。

李光弼接着说：“你久经战阵，依你看来，我现在这支部队，是不是史思明的对手？假如你是我，你会怎么做？如果你有什么可取之策，我可以不杀你。”

安思义闻言，立刻睁开眼睛，略微沉吟，说：“大夫（李光弼任摄御史大夫）兵马远道而来，必然人困马乏，若仓猝与强敌交手，恐怕抵挡不住。而今之计，最好是率部入城，加强防御工事，等有了必胜的把握再出兵。胡骑的战斗力虽然很强，但他们缺乏攻城的重武器，必定难以持久，一旦不能获胜，军心就会离散，到时候便可出手反击。史思明目前在饶阳，距此不过二百里，昨夜我已向他发出紧急文书，其前锋明晨必至，而大军也会紧随其后，大夫不可不严加防备。”

李光弼深以为然，当场释放了安思义，然后命全军即刻进驻常山。

在战场上，要杀一个俘虏很容易，可要获取一条有价值的军事情报却很难。李光弼这么做，既显示了他的宽仁，又得到了有用的情报，实在是高明之举。

安思义的话里面，至少有两条信息，对刚刚进入河北战场的李光弼至关重要：一、燕军缺乏攻坚的重武器，这是他们的致命弱点；二、史思明马上会解除饶阳之围，转攻常山。

有了这两条信息，李光弼就知道该怎么对付史思明了。

次日凌晨，燕军前锋果然呼啸而至。紧接着，史思明也亲率两万余骑进抵常山城下。

此时的唐军早已严阵以待。李光弼派遣五千步兵出东门迎战，燕军根本没把这几千唐军放在眼里，两万多骑兵蜂拥而上，准备一口吃掉这支唐军，然后自东门攻入城中。

李光弼在城楼上望着黑压压的燕军，嘴角掠过一抹冷笑。他大手一挥，早已准备就绪的五百名神射手立刻冲上城头。刹那间，如蝗箭矢纷纷射入敌阵，冲在最前面的燕军骑兵随即倒下一大片。史思明见状，赶紧率部后撤。

然而，李光弼绝不会让他喘气。就在燕军退却的同时，李光弼已经把一千名弩手分成四个梯队，命他们出城攻击。之所以把弩手分成四队，是为了保证攻击的连续性。也就是说，前排弩手发射箭矢的时候，后排弩手可以利用这个时间装填箭矢，四个梯队循环交替，连续攻击，其作战方式类似于近代欧洲的火枪兵。

燕军虽然在兵力上占据了绝对优势，可面对唐军一阵紧接一阵的漫天箭雨，几乎没有还手之力，不得不再度退却，撤至官道北面。

李光弼派出五千手持长枪的步兵，命他们在道南结成长枪阵，然后将弓弩手置于方阵之中，继续向燕军发起进攻。

史思明打了这么多年的仗，却还是头一回吃这么大的亏。他这个人的脾气本来就急躁，现在一早上又被李光弼连续击退了两次，顿时恼羞成怒，于是下令不惜一切代价向唐军发起冲锋。

可是，史思明这么干等于是在找死。

因为，唐军与燕军之间不仅隔着一条官道，而且还隔着一条滹沱河，唐军的箭矢可以隔河射向燕军，可燕军的骑兵却必须涉过河流，才能冲到唐军面前。虽然流经常山的这个河段水流缓慢，泥沙淤积，骑兵可以涉河而过，但这个天然的阻隔还是极大地延缓了燕军的冲锋速度。

所以，当燕军骑兵疯狂冲向南岸的时候，唐军的箭雨已经把他们一半以上的人射倒在了滹沱河中。就算有少部分人冒死冲到了唐军的方阵前，可如林的长枪还是把他们一个个都挑落马下。

史思明不甘失败，一次又一次命令部队发起冲锋。可是，除了在滹沱河和唐军阵前扔下一片又一片的尸体之外，他什么便宜也没有捞着。

眼看自己的两万多骑兵已经死伤大半，史思明才不得不停止了这种自杀式冲锋，下令部队向北退却，找一个地方休息吃饭，同时等待正在南下的步兵。

短短一个上午的三次交手，已经让史思明结结实实地领教了李光弼的厉害。

有生以来，史思明还是头一次遭遇如此惨痛的失败。

当然，史思明是不会轻易承认失败的。在他看来，自己只是犯了大意轻敌的毛病，仅率领骑兵轻装疾进，才会吃这种单一兵种作战的亏。所以，只要等后续的步兵前来会合，他一定能够对李光弼实施反击。

待会儿，咱们弓箭对弓箭，长枪对长枪，骑兵对骑兵，看看到底谁厉害！

史思明咬牙切齿地想。

然而，此时的史思明绝对无法料到——从饶阳火速赶来的那支援军，马上就将被李光弼一口吃掉。

燕军第三次后撤时，李光弼并没有追击。

因为他料定，敌人的援军马上就要到了。

果然，燕军退去不久，常山北面的一个村民就火急火燎地赶来报信，说饶阳方向来了一支燕军步兵，人数大约五千人，已经进抵九门县（今河北藁城市西北）南面，正在一个叫逢壁的地方休息，转眼就会与史思明的骑兵会合。

李光弼闻报，当即决定赶在燕军会合之前，对停留在逢壁的这支敌军发动突袭。随后，李光弼派出步、骑兵各两千人，不带军旗战鼓，沿着滹沱河隐蔽前进，悄悄摸到了逢壁。此时，这支一昼夜赶了一百七十里路的燕军早已人困马乏、饥渴难耐，有的正倒头呼呼大睡，有的正忙着生火做饭。他们无论如何也不会想到，一支唐军特遣队已经悄悄摸到他们身边，并且把屠刀架到了他们脖子上……

这一天中午，在逢壁歇脚的这五千名燕军官兵，根本来不及反应，就全部被唐军砍下了脑袋。

五千余人，没有一个幸免。

听到这个令人难以置信的消息时，史思明半天也没有回过神来。

他终于意识到——自己碰上了一个可怕的对手。

只是史思明并没有料到，从这一刻起，一直到生命的终点，这个对手将与他死死地纠缠在一起，让他一次次品尝挫折的滋味，一次次咀嚼失败的苦果，并且深深感受什么叫做刻骨铭心的耻辱……

李光弼，似乎生来就是史思明的天敌，也是他的梦魇。

五千援兵全军覆没之后，史思明再也不敢恋战，慌忙率领部撤至九门县。

此次战役，李光弼不仅一举克复常山，而且迫使燕军解除了饶阳之围。当时，常山下辖九个县，经此一役，有七个县回到了唐军手中，燕军所控制的，仅剩下九门、藁城两县。

李光弼一到河北就打了这么一场漂亮仗，这无论是对于一度消沉的河北抵抗力量，还是对于一夕数惊、神经早已高度紧张的玄宗朝廷，都无异于一针令人振奋的强心剂。

接下来的日子，随着河北战局的逆转，以及各地唐军的英勇反击，整个战争的形势变得对李唐朝廷越来越有利。与此同时，一度被胜利冲昏了头脑的安禄山，忽然发现自己的情况越来越不妙了。

无论在东、南、西、北哪个方向上，胜利的消息都越来越少，而进攻受阻或遭遇失败的战报则一封接一封地递进他在洛阳的皇宫。

安禄山感到了恐惧。

他不由自主地感到了一阵莫名的恐惧——这刚刚披上身的黄袍，究竟还能穿几天？

## 四面楚歌：安禄山的恐惧

自从常山失陷、颜杲卿殉国后，仍然坚守在平原郡的颜真卿就有了一种孤掌难鸣之感。

当时，李光弼的河东援军尚未进入河北，史思明、蔡希德等燕军正横扫燕赵大地，颜真卿苦于势单力孤，自保尚且不暇，根本无力对燕军进行反击，所以心里颇为懊恼。

就在这个时候，从附近的清河郡来了一个叫李萼的年轻人。

他打算来跟颜真卿借兵。

清河郡位于平原郡的西南方，与平原相距大约只有二百里，可谓唇齿相依。此郡目前虽仍在唐军手中，但它一旦陷落，平原也就危在旦夕了。此外，尤其重要的是，朝廷很早就在清河设置了一个超大型的战备储藏库，其中囤积了每年从江淮、河南等地收缴上来的钱粮布帛，同时还储存了大量军资器械，在当时被称为“天下北库”，其目的是专为北部边疆各军提供充足的战备资源。截至李萼来见颜真卿的时候，这个军需库里仍然存有布三百余万匹，帛八十余万匹，钱三十余万缗，粮三十余万斛，兵器铠甲五十余万套。可想而知，一块这么大的肥肉挂在清河，燕军肯定是垂涎欲滴的。无论是北边的史思明，还是南面由安禄山任命的魏郡太守袁知泰，都随时有可能出兵进攻清河。

所以，清河的士绅父老才会委托李萼来跟颜真卿借兵。

李萼这个人刚刚二十出头，年纪不大，可说话的口气不小。他先是恭维了颜真卿一番，什么“首唱大义，河北诸郡恃公以为长城”等等，然后把北库储藏的物资数量一五一十地告诉了颜真卿，紧接着又说：“即便是保守估计，清河的财富至少也是平原的三倍，军事物资至少是平原的两倍。”说完这些，李萼才道明来意：“颜公若能拨给清河一部分兵力，安抚当地父老，则清河、平原二郡，皆可作为您的腹心，而周边各郡县，就会像您的四肢一样，完全听从您的指挥。”

其实，就算李萼不告诉他这一些，颜真卿也很清楚清河的重要性。

可问题在于——他实在是心有余而力不足。

沉吟半晌后，颜真卿面露难色地说：“平原郡所有的军队，都是不久前刚刚招募的新兵，几乎没有受过军事训练，恐怕自保都有困难，如何援助清河？”说到这里，颜真卿忽然又话锋一转，“不过，我们也不妨假设一下，如果我真的借兵给你，你打算怎么做？”

毕竟，组织力量反击燕军一直是颜真卿日思夜想的事情，如果眼前这个年轻人真有能力，也未尝不能考虑与他联手。

然而，面对颜真卿的试探，李萼却显得很不高兴。他说：“清河父老委托我来找您，并不是自己没有实力，想依靠您的军队抵抗叛军，而是因为仰慕您的高义，希望与您共图大业。如今您连一个准信都不敢给我，我又怎么能轻易说出我的计划？”

听到这句话，颜真卿心里立刻对这个李萼刮目相看。

因为，这个年轻人的城府显然比一般人深得多。

在颜真卿看来，心里藏得住事的人，就有可能是会做事的人。

可遗憾的是，这只是颜真卿一个人的想法。他身边大大小小的将吏都对这个年少轻狂的李萼极为反感。他们异口同声地告诉颜真卿——别理这小子，燕军是那么好对付的吗？分给他兵力，只能徒然削弱我们自己的力量，到头来还一事无成！

颜真卿迫于众人的一致反对，最后只好拒绝了李萼。

李萼愤然回到宾馆，马上提笔给颜真卿写了一封措辞激烈，并且充满了威胁意味的信。他说：“清河没有投靠叛军，一直坚持站在朝廷这边，如今还自愿向贵军奉送钱粮布帛和军资器械，可您不但一口拒绝，而且还疑神疑鬼。现在我把话挑明了吧，我回去后，清河势必难以在两强之间长久保持孤立，最后只能投靠某一方。到那时候，清河就成了平原眼皮底下的一个劲敌，您难道不为今天的决定后悔？”

如果碰上一个小肚鸡肠的人，李萼说这种话等于自杀。

因为，这封信不但极大地触犯了别人的尊严，而且还公然发表了投敌言论，实在是有点玩火自焚的味道。在这种兵荒马乱的非常时期，人家要是栽他一个叛国投敌的罪名，随便把他抓来一刀咔嚓了，也是理所当然的事情。

幸好，初生牛犊不怕虎的李萼，碰上的是为人正直、性情宽厚的颜真卿。所以，他不但不会被人一刀咔嚓，反而凭借这封信，促成了颜真卿借兵给他的决心。

关键是李萼信中的最后一句话，一下子点醒了颜真卿——清河既可以成为平原的盟友，也可以成为平原的敌人！所以，李萼此行与其说是有求于平原，还不如说是在给平原一个机会。

要结盟还是要树敌，就看你颜真卿当下的选择了。

想到这一层的时候，颜真卿顿时有些心惊——自己只顾着随顺众人的意见，差一点就铸成了大错！

随后，颜真卿立刻赶到宾馆会见李萼，然后点选了六千名士兵给他，并且一路把他送到了平原与清河的交界处。握手话别的时候，颜真卿最后又问了一句："士兵我已经给你了，你能不能告诉我，你打算怎么做？"

李萼胸有成竹地笑了，说："听说朝廷已派遣程千里率十万精锐，自崞口（今河南林州市西南）东进，但叛军据守险要，竭力阻击，以致官军无法前进。我打算先率部进攻魏郡（今河北大名县），擒获安禄山任命的太守袁知泰，迎回原太守司马垂，推其为河北西南部的义军首领，然后分兵打通崞口，迎接程千里兵团进入河北，继而克复汲郡（今河南卫辉市）、邺郡（今河南安阳市），最后北上直捣范阳。同时，平原、清河两郡，可率领各联盟郡县的兵力，集结十万人，南下孟津（今河南孟津县东黄河渡口），再沿河西进，分兵据守险要，切断安禄山的北归之路。总之，此次官军进入河北的兵力，不下二十万；河南义兵北上者，应该也有十万之众。颜公只要上疏朝廷，让潼关守军坚壁清野，不要出战，我相信用不了两个月，叛军一定会人心离散，猜忌内讧，最后从内部崩溃。"

听完李萼这一番完整而详尽的战略规划，颜真卿情不自禁地大喊一声："好！"

都说自古英雄出少年，颜真卿今天算是见识了一回。

虽然李萼的情报在具体细节上并不完全准确（奉命驰援河北的人并非程千里，而是李光弼和郭子仪），但他对此后整个战局的判断和预测却是惊人的准确，尤其是后来河北形势的演变给燕军造成的强大的心理压力，更是被他一语料中。假如玄宗朝廷最后能够确保潼关不失，那么这场战争的结局肯定会像李萼所预料的那样——叛军北归无路，最后自行崩溃。然而，潼关最后还是丢了，所以战争只能彻底朝另外一个方向发展。当然了，这些都是后话。

此刻，颜真卿已经被李萼的一番战略构想激励得心潮澎湃，当即按照他的计划，命麾下将领李择交、平原县令范冬馥，率平原兵六千，会同李萼的清河兵四千、博平兵一千，即刻进驻堂邑（今山东聊城市西），准备进攻魏郡。

燕朝的魏郡太守袁知泰闻报，马上派部将白嗣恭率两万多人前来迎战。双方随即在堂邑展开激烈战斗。唐军的兵力虽然只有燕军的一半，而且多数是新兵，但他们的英勇和顽强还是极大地弥补了兵力和战斗力的不足。两军激战了一天一夜，最后燕军大败。唐军斩杀燕军一万余人，俘敌千余，缴获战马千匹、军资器械无数。

这一仗，袁知泰的兵力几乎已是倾巢而出，如今既已遭遇惨败，魏郡是无论如何也保不住了。袁知泰赶紧脚底抹油，一溜烟逃到了汲郡。唐军遂乘胜而进，兵不血刃地克复了魏郡，一时间声威大振。

随后，颜真卿又与北海（今山东青州市）太守贺兰进明联手，出兵克复了信都郡（今河北冀州市）。

至此，曾一度陷入低潮的河北抵抗运动又出现了新的转机。而后，随着李光弼援军的到来和常山的光复，唐军兵威更盛，而燕军在河北的日子则是一天比一天难过了。

自从常山惨败后，史思明就龟缩在九门，不敢再有什么大的军事行动；而李光弼兵力有限，也不敢贸然攻打史思明。于是，双方就这样对峙了四十多天。一直到天宝十五年四月初，史思明才想出了一个对付李光弼的办法。

他不敢与李光弼正面交锋，而是利用燕军骑兵机动性强的优势，屡屡派出小股部队袭击唐军的运输队，到最后竟然完全切断了常山的后勤补给线。

常山城内的粮草日渐匮乏，将士们都吃不饱，而战马则只能吃草席和草垫。李光弼知道这么下去不是办法，随即派出五百辆车前往距离最近的石邑县（今河北石家庄市）运粮，以解燃眉之急。石邑是常山下辖的一个县，此时由李光弼部将张奉璋驻守。

为了防备燕军偷袭，李光弼特意让车夫全都穿上铠甲，另派一千弓弩手随行，一路结成方阵保护车队。

唐军的弓弩手是燕军骑兵的克星。奉命前来劫粮的燕军远远望见，一个也不敢靠近。史思明只好命蔡希德率兵攻打石邑，却又被张奉璋击退。最后，五百车粮草终于顺利运抵常山。

但是，这只是一时救急之策，要想保住常山并扩大战果，就必须彻底打败史思明。为此，李光弼立刻遣使向朔方的郭子仪告急，请他率主力驰援河北。

这一年四月九日，郭子仪在征得朝廷的同意后，率蕃、汉步骑兵团共十万余人进抵常山。

史思明的噩梦就此降临。

四月十一日，郭子仪、李光弼，与史思明、蔡希德在九门城南展开会战。

自安禄山反叛以来，这是官军与叛军在河北展开的最大规模的会战。此战，唐军在兵力上占据了绝对优势，而且朔方军是一支百战之师，与河北当地的团练和义兵完全不可同日而语。所以，这一战的结果可想而知。唐军大获全胜，中郎将浑瑊在战斗中射杀了燕军大将李立节，史思明带着残部逃奔赵郡（今河北赵县），蔡希德则一口气逃到了巨鹿（今河北邢台市）。

赵郡和巨鹿都在九门的南面，史思明和蔡希德南逃的目的很明显，就是想逃回燕军大本营洛阳。可跑到赵郡时，史思明忽然改变了主意。因为逃到洛阳就等于放弃河北，而放弃河北就等于承认失败，这不仅意味着他在河北将近半年的努力全部付诸东流，而且安禄山肯定也不会轻饶了他。

思虑及此，史思明只好掉头北上，逃往博陵（今河北定州市）。当时博陵已经反正，但是守军不多，史思明攻入城中后，为了泄愤，一下子把全城的官吏诛杀殆尽。

史思明的暴行激起了河北诸郡的义愤，于是各地的老百姓纷纷组织义勇军，群起抗暴，多则二万人，少则一万人，各自修筑营寨堡垒，处处狙击燕军。

河北的燕军一下子陷入了人民战争的汪洋大海之中。

与之相反的是，凡郭子仪、李光弼军所到之处，各地义勇军无不争相效命。

四月十七日，郭、李军团进抵赵郡，只用了一天时间，便轻而易举地将其攻克。朔方军涌入赵郡后，相当一部分士兵无视军纪，开始劫掠财物，李光弼大为光火，亲自坐到城门口，见一个抓一个，把他们抢劫的财物悉数没收，然后一一发还给百姓。

唐军克复赵郡时，俘虏了四千名燕军士兵，郭子仪下令全部释放，只斩杀了安禄山任命的赵郡太守郭献璆。

毫无疑问，郭、李二人的宽仁之举极大地赢得了民心。

郭子仪和李光弼之所以会成为备受后人称颂的千古名将，不仅是因为他们能征善战，也不仅是因为他们通过八年的浴血奋战最终平定了安史之乱，同时还有很重要的原因就是——他们体恤百姓，尊重生命。

无论在任何时代，军人都不应该成为嗜血的屠夫。因为战争的目的并不是为了杀人，而是为了止杀。所以，一个真正优秀的军人，应该在坚硬的铠甲下面，包藏一颗悲悯之心。

郭、李军团在赵郡稍作休整之后，随即北上围攻博陵。史思明率众死守，唐军连攻十天未能得手，军中开始缺粮，郭子仪和李光弼不得不撤回常山。

就在唐军南撤的时候，史思明自以为反击的机会来了，立刻率部尾随。郭子仪一边不慌不忙地撤退，一边不断派出精锐骑兵回头阻击，史思明丝毫捞不到便宜。

燕军就这样尾随唐军走了三天三夜。到达行唐（今河北行唐县）附近时，史思明看见士兵们一个个疲惫不堪，再也无力追击，只好命部队掉头返回博陵。

稍后，出人意料的事情发生了。

史思明以为唐军早已南撤，完全放松了警惕。可是，当他们刚刚走到沙河（滹沱河支流），郭子仪却突然率部出现在了他们的身后。

原本是燕军追击唐军，现在反而是唐军在追击燕军。史思明猝不及防，被打得丢盔弃甲，狼狈而逃。

九门会战惨败后，蔡希德一口气逃回了洛阳，向安禄山禀报了河北的战况。

安禄山大为震骇，对于河北的局势顿时忧心忡忡。

值此用人之际，安禄山也顾不上追究蔡希德的战败之责了，赶紧又拨给他步骑两万人，命他即刻返回河北，与史思明会合。同时，安禄山又向留守范阳的牛廷玠发出紧急命令，让他再派一万多人，火速南下驰援史思明。

到了这一年五月，几次被打得溃不成军的史思明又抖擞起来了。因为南北两路援兵到达后，他麾下的兵力总计已经超过了五万人。

当时，唐军仍然保持着进攻态势，郭、李兵团已经攻占了博陵西北的恒阳（今河北曲阳县）。史思明随即出动大军，把恒阳团团包围。郭子仪采取了深沟高垒、避实就虚的战术，白天只命士兵坚守城池，拒不出战，等晚上燕军睡觉时，再出动奇兵偷袭。

唐军天天这么搞，把燕军士兵搞得一个个神经衰弱，痛苦不堪。

数日后，郭子仪和李光弼知道燕军军心已然不稳，遂大举反攻。

五月二十九日，唐军与燕军在嘉山（曲阳县东北）进行决战。由于燕军官兵早已被郭子仪的疲劳战术弄得头昏脑胀、四肢无力，连走路和骑马都没精神，更不用说上阵打仗了，所以这一战，燕军再度惨败，被斩首四万余级，被俘千余，几乎全军覆没。

史思明也很惨。他的坐骑被射死，头盔被打掉，连靴子都不知道丢哪里去了，只好披头散发，光着脚丫，拄着一杆短枪落荒而逃。

安禄山煞费苦心替史思明攒足的本钱，就这样又一次被他打了水漂。史思明感到了耻辱。

嘉山会战，是史思明一生中最刻骨铭心的一场奇耻大辱！

一直要到四年后，在洛阳城北的邙山脚下，史思明利用唐军将领仆固怀恩犯下的错误，才终于击败了李光弼，洗刷了嘉山脚下的这场奇耻大辱。

嘉山大捷之后，郭子仪和李光弼乘胜进围博陵。史思明始终龟缩在城中，只剩下招架之功，再无还手之力。

随着唐军在河北的节节胜利，各地民众纷纷起义，诛杀了安禄山任命的太守，十几个郡宣布光复。

至此，燕赵大地又重新回到了李唐朝廷手中，范阳与洛阳的联系彻底断绝。往日，在官道上纵横驰骋的燕军骑兵都消失了，只有时不时看见一两个信使偷偷摸摸地从小路疾驰而过，但其中的大多数还是被各地官兵截获斩杀，能溜过的漏网之鱼少之又少。

驻守在洛阳的燕军将士顿时人心惶惶。

因为他们的家人都在范阳，而今南北路绝，连一封家书都递不到，又岂能不让他们愁肠百结？

一种无可救药的思乡病顿时像瘟疫一样，开始在洛阳的燕军中迅速蔓延。

而燕朝皇帝安禄山此时的心境，也不比士兵们好多少。

仿佛在一夜之间，安禄山那称霸天下的雄心就悄然萎缩了。

因为这些日子，来自四面八方的战报实在是让他寝食难安。

西面，他的兵锋受阻于潼关，不能向关中前进半步；西北，他的党羽高秀岩从一开始就没打过胜仗，根本无法有效牵制唐军；西南，唐军层层设防，屡破燕军，使他“下南阳，取武关，经蓝田绕袭长安”的计划始终未能得逞；南面和东南，他的部队也遭到了各路唐军的顽强抵抗，无法顺利进军荆楚和江淮，使他占据江，淮一带财赋重镇的希望化成了泡影；而最惨的当然就是河北了，自从郭子仪和李光弼进入河北后，史思明就成了一只无头苍蝇，一次次被打得晕头转向、满地找牙，不但把起兵初期打下的地盘全丢光了，而且让老巢范阳彻底暴露在了唐军的眼皮底下……

什么叫四面楚歌？

这就叫四面楚歌！

安禄山百思不得其解——自己才当了几天皇帝，为什么形势就坏到了这般地步呢?!

早知道这样，老子还不如一辈子在范阳当土皇帝，也不至于落个身败名裂的下场，到了阴曹地府还要背负乱臣贼子的骂名……

安禄山后悔了。

自从起兵以来，他还从来没有像现在这样后悔过。

被恐惧、忧愁和悔意折磨得坐立不安的安禄山无计可施，只好把这些年来一直撺掇他造反的高尚和严庄叫到面前，指着他们的鼻子破口大骂：“汝数年教我反，以为万全。今守潼关，数月不能进，北路已绝，诸军四合，吾所有者止汴、郑数州而已，万全何在？汝自今勿来见我！”（《资治通鉴》卷二一八）

高尚和严庄吓得面无人色，一连好几天都不敢入朝。

随后，安禄山不得不开始考虑一件事情——撤军。

如果局势始终未能好转，安禄山只能放弃洛阳，回保范阳。也就是说，只有躲进经营多年的老巢范阳，他才能避免兵败身死的命运。

假如安禄山真的实施了这个撤军计划，那么“安史之乱”也许就不存在了。

只可惜，计划并未实施。

因为短短十天之后，安禄山的所有恐惧和忧愁便都一扫而光了，取而代之的是比此前更为强烈的自信。

究竟是什么挽救了安禄山？

答案很简单——潼关被燕军攻克了。

## 哥舒翰：生死潼关

自从高仙芝和封常清率唐军退入潼关，安禄山便命大将崔乾祐进驻陕郡，牢牢盯着这座关中门户。哥舒翰接手潼关防务后，只一意修筑工事，深沟高垒，严防死守，从不出战。安禄山屡命崔乾祐出击，其中一次还派了次子安庆绪亲自到前线督战，可潼关不愧是一座一夫当关、万夫莫开的险关，燕军的数次进攻都被据险固守的哥舒翰一一击退。面对这道铜墙铁壁，崔乾祐只能干瞪眼，“数月不能进”，与哥舒翰形成了对峙相持的态势。

在此情况下，只要哥舒翰始终坚壁清野，保证潼关不失，河北的郭子仪和李光弼又乘胜北上、直捣范阳，燕军军心就会瞬间瓦解，安禄山的末日也就到了。

然而，令人遗憾的是，就在这个节骨眼上，李唐朝廷内部却出现了一个致命危机。

危机源于杨国忠和哥舒翰的相互猜忌。

众所周知，安禄山起兵打的是讨伐杨国忠的旗号，而当时朝野上下也一致认为，就是因为杨国忠恃宠擅权、跋扈专断，逼得安禄山狗急跳墙，才导致了这场空前的大祸乱，所以很多人都对杨国忠咬牙切齿，必欲诛之而后快。

哥舒翰麾下有一个部将叫王思礼，就屡劝哥舒翰上表朝廷，要求诛杀杨国忠以谢天下。可哥舒翰始终没有答应。因为他很清楚，现在杀杨国忠除了泄愤之外，没有任何实际意义，更何况大敌当前，自己人更不能搞窝里斗。

王思礼以为哥舒翰怕事，就自告奋勇，说他愿意带领三十名骑兵入京，秘密绑架杨国忠，然后抓到潼关杀了。哥舒翰狠狠瞪了王思礼一眼，没好气地说："你这么干，造反的就是我哥舒翰，不是安禄山了。"

然而，让哥舒翰没有想到的是，他这边处处以大局为重，尽量摒弃个人好恶，可杨国忠那边却早就对他起了猜忌之心。

自从玄宗把将近二十万兵马交到哥舒翰手中后，杨国忠的心就悬起来了。

在他看来，关外的安禄山对他固然是一个极大的威胁，可此刻手握重兵的哥舒翰又何尝不是呢？现在满大街的人都在叫嚣要杀他杨国忠，哥舒翰会不会趁此机会反戈一击，拿他杨国忠的人头去收买天下人心呢？杨国忠觉得可能性很大。

从这个意义上讲，哥舒翰其实比安禄山更让杨国忠感到恐惧。因为安禄山远在千里之外，而哥舒翰就在自己眼皮子底下。

对于这种态势，就连杨国忠身边的幕僚都替他心惊不已。有人就跟他说："今朝廷重兵尽在翰手，翰若援旗西指，于公岂不危哉！"（《资治通鉴》卷二一八）

杨国忠再也坐不住了，立刻上奏玄宗，说："如今潼关大军虽然兵力强盛，可万一失利，京师就危险了。臣请求从皇宫下属各部门（"监""牧""坊""苑"等）人员中挑选出三千精壮，加以训练，以备不测。"

玄宗当即照准，并命剑南道（当时剑南节度使仍由杨国忠遥领）将领李福德统御这支后备队。随后，杨国忠又另外招募了一万人，命亲信将领杜乾运率领，进驻灞上（今西安市东灞河河畔），名义上是防备叛军，实际上是防备哥舒翰。

杨国忠的举动一下子就把哥舒翰惹毛了。

老子在前面浴血奋战，你却在背后拿刀顶着老子，这算他奶奶什么事儿？

哥舒翰本来一直以大局为重，可眼下也不免要担忧个人的命运了。

谁都知道，杨国忠既是朝廷的首席宰相，又是玄宗跟前的头号宠臣，玄宗现在什么事都听他的，万一杨国忠真想除掉哥舒翰，只要怂恿玄宗下一道诏书，立马可以让他步高仙芝和封常清之后尘，然后再让心腹将领杜乾运接手潼关防务。

换言之，杜乾运就是一颗进可攻、退可守的棋子，杨国忠把他置于哥舒翰背后，目的就是要让哥舒翰陷入彻底被动。

哥舒翰不是傻瓜，当然不会任由杨国忠摆布。

他决定吃掉这颗棋子，给杨国忠一点颜色瞧瞧。

杜乾运刚进驻灞上没几天，哥舒翰就上奏玄宗，要求将杜乾运的这支部队划归潼关统一指挥。玄宗根本没意识到这是哥舒翰和杨国忠在暗中角力，而是认为这个要求合情合理，当即表示同意。

天宝十五年六月初一，哥舒翰借故把杜乾运召到潼关，然后随便栽个罪名就把他杀了。消息传回长安，杨国忠大惊失色。

他万万没料到，哥舒翰竟然会如此胆大妄为，心狠手辣！

有道是打狗也要看主人，哥舒翰这么干，摆明了就是在警告杨国忠，同时更是在对他发出挑战。杨国忠现在越发相信——接下来，哥舒翰随时有可能带兵入朝，以“清君侧”的名义，取他杨国忠的颈上人头！既然如此，杨国忠当然要先下手为强了。

要除掉哥舒翰其实很简单，甚至都不用杨国忠动手。他只须动动舌头，怂恿玄宗下诏，命哥舒翰出关与燕军决战，哥舒翰自然就会死得很难看了……

至此，杨国忠和哥舒翰已经从相互猜忌、相互戒备发展到了你死我活、不共戴天的地步。

这两个李唐朝廷的股肱重臣，一个大权独揽，一个重兵在握，可他们并没有把矛头共同指向潼关外面的敌人，而是掉转方向，彼此指向了对方。

世界上最坚固的堡垒都是从内部被攻破的。

在接下来的短短几天里，李唐君臣将用血的事实和惨痛的教训，再一次向我们证明这条颠扑不破的真理。

就在杜乾运被哥舒翰诱杀的第二天，玄宗忽然接到了一份情报。情报称叛军大将崔乾祐驻守陕郡的兵力不超过四千人，而且都是老弱残兵，防守异常薄弱，官军应抓住战机大举反攻。玄宗大喜，立即派遣使臣到潼关宣诏，命哥舒翰即刻率部东征，进攻陕郡，克复洛阳。

史书没有记载这份情报的来源，但有一点可以肯定——这份情报是错误的。

更准确地说，这份情报纯粹是捏造的。

因为，崔乾祐作为燕军西进关中的前锋，其兵力虽然不会很多，但至少也在两万到三万之间；更重要的是，崔乾祐麾下的部众都是骁勇强悍的百战之兵，属于燕军中的野战劲旅，尤其是其中的同罗骑兵，更是精锐中的精锐。所以，实际情况绝非那份可笑的情报所说的那样，什么兵力不满四千，还什么老弱病残、防守薄弱云云，完全是扯淡，并且是别有用心的扯淡！

那么，这份别有用心的情报又是谁捏造的呢？

答案是不言自明的——除了杨国忠，没有人会这么做，也没有人敢这么做。

杨国忠捏造情报的目的就是要迫使哥舒翰出关决战。

其实，对于任何一个稍具军事常识而且头脑清醒的人来说，这份所谓的情报基本上就是一张废纸，不仅不会受其蛊惑，还有可能会把提供情报的人抓起来，以谎报军情、欺君罔上的罪名论处，甚至还会追查到底，把幕后黑手挖出来。

然而，面对这份不值一哂、别有用心的“情报”，玄宗李隆基居然就信了，并且还据此作出了事关整个战局的重大决策。

是玄宗老糊涂了吗？

这个因素固然有，但不是最重要的。

最重要的是，此刻的玄宗迫切希望用一场决定性的胜利来挽回他早已失落的自尊，来抚慰他极度受伤的心灵。

所以，任何有利于朝廷发动反攻的信息，玄宗都会相信它是真的。

杨国忠很可能正是摸透了玄宗的心思，才大胆捏造了这份假情报。

接到玄宗下令东征的诏书后，哥舒翰懵了。就目前的战局而言，这无疑是最弱智、最可笑、最不合理的一个决策。

哥舒翰不敢耽搁，连夜起草了一道奏疏，让使者回禀玄宗。他在奏疏中说：“安禄山久经战阵，军事经验非常丰富，此次叛乱蓄谋已久，他岂能不作充分准备？如果说陕郡的兵力薄弱，那也必然是以此引诱我军出击，一旦我们真的出击，正好落入他们的圈套。而且，叛军千里而来，利在速战速决；我军据险而守，利在打持久战。更何况，叛军残暴，久之必失人心，兵力也会萎缩，迟早会发生内乱；我们只要静观其变，到时候乘虚而入，定能不战而生擒安禄山。总之，我们的目的是求胜，不是求快！如今，向各道征调的军队都尚未集结，还是应该再等一段时间。”

就在哥舒翰呈上奏疏的同时，郭子仪和李光弼也向玄宗提出了他们的下一步计划：“我军正计划北上，直捣范阳，覆其巢穴，俘虏叛军的妻儿老小作为人质，以此向他们招降。届时，叛军必定会从内部崩溃。至于潼关大军，只要坚守阵地，把叛军拖住，让他们筋疲力尽就够了，千万不可轻易出击。”

两份来自前线的奏报不谋而合地提出了一个相同的战略，那就是——坚守潼关。

只要玄宗能够虚心接受这四个字，那么后面的历史很可能就将全盘改写。

可惜，玄宗并不接受。

他一心只想着快速反攻，光复东京，彻底洗刷安禄山带给他的耻辱。所以，他绝不允许任何人，以任何理由、任何方式观望拖延。此外，杨国忠又整天在他耳边吹风，说眼下叛军毫无防备，绝不能让哥舒翰逗留延宕、贻误战机云云，玄宗心里就更是急不可耐，随即不断派遣宦官催促哥舒翰出关决战。

此后的两三天里，玄宗接连派出了几十拨传诏使者奔赴潼关。往往是前面一拨刚刚宣完诏书，后面一拨紧跟着又到了。（《资治通鉴》卷二一八：“续遣中使趣之，项背相望。”）

那几天，哥舒翰耳边始终只回荡着两个字：出关、出关、出关……

这两个字无异于死神的召唤。

然而，军令如山，圣命难违。即便哥舒翰明知道只要迈出潼关一步，就等于迈进了鬼门关，可他也只能怀着满腔的无奈和悲怆往前迈！

天宝十五年六月初四，哥舒翰“抚膺恸哭”，然后挥着眼泪“引兵出关”。（《资治通鉴》卷二一八）

前方的道路阳光迷离，野草萋萋，十八万大军在沟深坡陡、狭窄逼仄的峪道上缓慢前行。时值盛夏，空气燠热凝滞，一丝风也没有，所有的军旗全都无精打采地垂在旗杆上。士兵们步伐沉重，挥汗如雨，连战马都显得异常烦躁，一个劲地喷着响鼻。

哥舒翰策马走上一面高坡，久久地凝视着从他脚下走过的一队又一队士兵。

他们都长着不一样的面孔，可他们脸上却有着如出一辙的表情——无奈而茫然。哥舒翰知道，现在自己脸上肯定也是这种表情，因为他和这十八万将士一样，正在走向同一个未知的宿命。

最后，哥舒翰下意识地向西遥望了一眼。

忽然间，他的心头掠过一阵莫名的惊悸。

因为，潼关上空仿佛有什么东西在飘荡。

哥舒翰仿佛看见，高仙芝和封常清的亡魂正在潼关上空凄凉地飘荡。他们似乎想跟哥舒翰说什么，可哥舒翰始终无法听见……

## 灵宝之战

大军出潼关后，整整走了三天，才到达灵宝（今河南灵宝市东北）西原。此处名为西原，实际上并不是一马平川的平原，而是北有黄河之险，南有崤山之阻，中间仅有一条狭窄的隘道，而且长达七十里。

很显然，这样的地形对于大兵团的行军是极为不利的。哥舒翰的十八万大军不仅不能展开，而且很容易在隘道中成淤塞之势。

更为致命的是，敌人如果在这个地方打伏击，十八万唐军势必上天无路、入地无门，成为任人宰割的十八万头羔羊。

如此得天独厚的伏击地形，如此难得的全歼唐军的机会，崔乾祐会放过吗？

当然不会。

他早就在这里张好了一个口袋，就等唐军乖乖往里钻了。

事实上，哥舒翰并非没有察觉到前方的危险。唐军于六月七日进抵灵宝西原的隘口，前锋就与崔乾祐的燕军发生了小规模的遭遇战。既然崔乾祐已经从陕郡移兵至此，那分明意味着——前方七十里长的隘道肯定隐藏着重重杀机。

换言之，唐军必将在此遭遇一场恶战！

由于有了这样的心理准备，所以哥舒翰不敢贸然进军，而是命大军在隘口宿营了一夜。假如哥舒翰不是身负东征之命，他一定不会轻易进入隘道，而是会想办法迫使燕军到隘口决战，如此便能避免被伏击的命运。然而，不幸的是：哥舒翰军令在身，如果不能在最短的时间内克复陕郡、进军洛阳，朝廷必然会追究他的迁延逗留之责。因此，即便明知道前面的燕军正严阵以待、虎视眈眈，哥舒翰也只能硬着头皮往前走。

八日清晨，哥舒翰与部将田良丘先行乘船进入黄河，在河流中央观察敌情。他发现燕军兵力并不太多，才下达命令，让大军缓缓开进隘道。他命王思礼率五万人为前锋，命庞忠等将领率主力十万继之，自己则另率三万人渡过黄河，在北岸的一处高地上擂动战鼓，为南岸的唐军助威。

哥舒翰如此布阵，足见其内心还是非常谨慎的。他把大军一分为三，显然是不希望把所有鸡蛋都放在同一个篮子里。此外，亲率三万人渡到黄河北岸，一则是以此作为预备队，二则是万一南岸主力遇袭兵败，自己手里头至少还能留一点本钱。从消极意义上说，这是逃命的本钱；从积极意义上说，这也是日后整兵再战的本钱。

尽管哥舒翰已经作了最坏的打算，可令人遗憾的是，这场战役的结局还是比他预想的要坏得多。

王思礼率前锋进入隘道后，发现前面的燕军最多不过万人，而且十个一伙，五个一堆，“散如流星，或疏或密，或前或却”，根本没有一个像样的阵形。

唐军官兵们不约而同地笑了——看来朝廷接到的情报是准确的，崔乾祐的燕军的确是一帮军纪松懈的老弱残兵。

此刻，正在崤山的峭壁上密切监视唐军的崔乾祐也笑了——因为羊入虎口了。

接下来发生的一切可想而知了。唐军前锋刚与燕军接战，燕军的散兵游勇就赶紧卷起军旗，抱头鼠窜。唐军士气大振，立即乘胜追击。等到毫无防备的唐军前锋全部进入伏击圈，崔乾祐令旗一挥，无数的巨石檑木自悬崖峭壁上滚滚而下，顷刻间就把大部分唐军士兵砸成了肉泥。

剩下的唐军在逼仄的隘道里挤成一团，手中的长枪长槊不仅派不上用场，而且时不时还捅到了自己人身上。

得知前锋遭到伏击，伤亡惨重，哥舒翰连忙出动早已准备好的毡车，将其推到队伍前列，准备用它们冲开一条血路。所谓毡车，大概是用结实的牛毡裹住车厢，在上面画满骇人的牛头马面，然后在车厢周身插满长枪大刀，锋刃朝外。可想而知，这种战车在向敌人发起冲锋时，应该是很有震慑力和杀伤力的。

然而，崔乾祐似乎早就料到哥舒翰会来这么一手。他命士兵用数十辆装满枯草的车塞住道路，然后纵火焚烧，滚滚浓烟顿时冲天而起。此时已近中午，烈日高悬中天，本来便已酷热难当，加之东风又起，烈焰浓烟一齐冲向唐军，人人睁不开眼目，只能在烟雾中刀枪乱舞，结果杀死的都是自己人。后面的弓弩手看见前方打得热火朝天，以为燕军杀了过来，于是万箭齐发，直到箭囊全都空了，日影西斜，烟雾散尽，唐军官兵们才蓦然发现，前方只有几十辆烧焦的草车，一个燕兵也没有。

而就在唐军草木皆兵、自相残杀的时候，崔乾祐已经派出一支同罗骑兵，从峭山南麓绕到唐军背后，对隘道中的唐军发起进攻。唐军前方被堵，后路被截，顿时彻底崩溃，人人争相逃命，有的丢弃盔甲逃进了山谷，更多的因相互推挤而掉进黄河，纷纷溺毙。一时间，隘道中到处是惨不忍闻的嘶喊和哀号，死亡的喧嚣直上云端，响彻天地……

至此，王思礼的五万前锋基本上全军覆没。

按理说，尽管王思礼遭遇惨败，可唐军还有足足十三万人，和燕军比起来，在兵力上仍然占据绝对优势，只要稳住阵脚，调整战术，不见得就打不过燕军。况且，哥舒翰之所以在战前就把兵力一分为三，目的也是为了降低风险、保存实力，以便在暂时失利后能够组织力量进行反击。然而，事实证明，这只是哥舒翰的一厢情愿。

因为庞忠等人率领的十万主力一听说前面的五万人全都被燕军吃掉了，顿时士气尽丧，随即不战而溃。而哥舒翰自己率领的三万人也好不到哪去，他们看见南岸的十五万大军死的死、跑的跑，再也无心恋战，于是也跟着一哄而散。

“后军见前军败，皆自溃，河北军望之亦溃。瞬息间，两岸皆空。”（《资治通鉴》卷二一八）

十八万东征大军，就这样在一天之间星流云散。

哥舒翰怔怔凝望着滚滚东逝的黄河水，感觉一种彻骨的冰凉瞬间弥漫他的全身。

一切难道就这么结束了？

是的，一切都结束了。

绝望的哥舒翰现在脑袋里只剩下一个念头——跑。

天宝十五年六月八日的夜晚，肯定是哥舒翰这一生中最漫长的一个夜晚。

这天夜里，他带着麾下的百余亲兵一直向西跑，用平生最快的速度拼命向西跑，可脚下的道路似乎永远也跑不到头。

并不遥远的潼关仿佛也被遗落在了另一个世界。哥舒翰明明感觉自己在无限地接近它，却又好像一辈子也无法抵达……

当然，哥舒翰最后还是跑到了。

他其实只用了一个夜晚，可感觉就像用掉了整整一生。

哥舒翰是从黄河北岸往首阳山（今山西永济市南）方向跑，然后从河东郡的蒲津桥越过黄河，经蒲关南下，折向潼关。

在潼关四周，哥舒翰当初为了阻挡燕军，曾动用无数劳力挖掘了三条宽二丈、深一丈的壕沟。可现在，这三条形同天堑的壕沟阻挡的不是燕军，而是哥舒翰本人。

不过，哥舒翰最终还是过去了。

他过去的时候甚至可以用“如履平地”来形容。

不是哥舒翰会轻功，而是因为有数千人马已经掉了下去，把壕沟填满了。

这数千人马是跟在他身后跑回潼关的残兵。不知道是因为夜色太黑看不清道路，还是因为背后追击的燕军让他们吓破了胆，总之，数千逃兵不顾一切地往前冲，顷刻之间就填满了壕沟。失魂落魄的哥舒翰总算逃进潼关，捡回了一条老命。

在此之后，又有零零星星的残兵侥幸逃回了潼关，总计大概有八千余人。

十八万剩下八千，这就是哥舒翰灵宝一战的惨痛战绩。

哥舒翰知道，靠这八千个早已丢了魂魄的残兵败将，无论如何是守不住潼关的。

所以，他干脆不守了，而是直接越过关城，径直往关中跑。

六月九日，崔乾祐几乎是兵不血刃地占据了潼关。

长安的门户豁然洞开……

哥舒翰一口气跑到关西驿（今陕西华阴市东）的时候，忽然勒住了缰绳。

他意识到——自己不能再跑了。

因为再跑就到长安了。

一天之间丢了东征大军，一夜之间丢了潼关天险，他有何面目去见玄宗?!

所以，他不能跑，只能回头再战。

当然，此刻再战不是为了打赢燕军，而是为了打给玄宗看的。至少要打一个姿态，让玄宗和满朝文武知道，他哥舒翰是苦战不敌才撤回京师的，而不是一路狂奔回来的。

哥舒翰在关西驿张贴告示，向那些逃进关中的散兵游勇拼命打气，表示要重新组织兵力，夺回潼关。

可是，哥舒翰永远没有这个机会了。

因为他麾下的部众不干。

他们知道，现在不管是回头打潼关，还是一路跑回长安，结果都是一个死。既然左右都是死，还不如把哥舒翰绑了，投降燕军，至少还能保住一条命。

随后，哥舒翰麾下一个叫火拔归仁的蕃将，纠集了一百多个骑兵，把哥舒翰落脚的驿站围得水泄不通，然后进去告诉哥舒翰："叛军杀来了，大帅赶紧上马。"哥舒翰不知是计，慌忙跃上马背，跑出驿站。

一看到堵在驿站口的一百多名骑兵，哥舒翰马上明白发生什么事了。完了!

他在心里发出了一声悲凉的长叹。

火拔归仁率众跪在哥舒翰马前，说："大帅以二十万之众，一战而尽丧敌手，有何面目去见天子?!大帅难道看不见高仙芝和封常清的教训吗？走吧，请大帅跟我们一起东行。"

哥舒翰当然不肯就范，正准备翻身下马，伺机跑路。火拔归仁眼疾手快，立刻上前按住了他，然后众人一拥而上，把他的双脚结结实实地绑在了马肚子上。接着，哗变士兵又把其他不肯投降的将领也一块绑了，径直押到潼关，献给了崔乾祐。

随后，哥舒翰又被押到洛阳，送到了安禄山的面前。

安禄山用一种似笑非笑的神情看了他很久，然后说："你一直看不起我，现在，不知道你的看法改变了没有？"

早在安禄山起兵之前，哥舒翰和安禄山就已经势同水火了。他们两人不和的原因，一方面是因为个性，但最重要的，则是因为二者都是胡人，且都是一时名将，还都是深得玄宗宠信的封疆大吏，出于攀比心和竞争意识，彼此自然是看不顺眼。有一次在宴会上，安禄山甚至当众跟哥舒翰翻脸，哥舒翰本来也想跟他干，只是高力士在旁边一直使眼色，才强抑怒火，没有发作，但是和安禄山的宿怨便越积越深了。

当初的哥舒翰又怎么可能想到，若干年后，安禄山竟然摇身一变就成了燕朝皇帝，而他却只能万般屈辱地跪在这个死对头的面前呢?!

哥舒翰的心中翻江倒海，百味杂陈。

当然，他不能流露丝毫。

不但不能流露丝毫，而且还要向安禄山宣示效忠。

为了保住自己的性命，哥舒翰只能向这个昔日的仇敌卑躬屈膝，摇尾乞怜！

什么尊严、晚节、君臣大义、一世英名，让它们通通见鬼去吧！眼下，除了把灵魂出卖给这个恶魔，换取苟延残喘的生存，哥舒翰已经别无选择。

他伏地叩首，用一种十足谄媚的语气说："臣肉眼凡胎，不识圣人，罪该万死！但如今天下未平，李光弼在常山，李祗在东平，鲁炅在南阳，陛下若留臣一命，让臣写信招降他们，不用多久，天下即可平定。"

安禄山闻言大喜，当即任命哥舒翰为燕朝的司空、同平章事，同时把火拔归仁抓了起来，对他说："你卖主求荣，不忠不义，该杀！"然后就把他一刀砍了。

可是，哥舒翰企图以尺寸之书而招降各方唐军的想法，实在是一种痴心妄想。

他的招降信很快就一一发出去了，然后收回来的，却是如出一辙的鄙视和义愤填膺的痛斥。哥舒翰从各方唐将洋洋洒洒的回信中，只读出了一句话——哥舒翰，你为什么不去死?!（《旧唐书·哥舒翰传》：“诸将报书，皆让翰不死节。”）

是啊，我为什么不去死？

死是何等容易，活着又是如此艰难，我为什么不去死？

然而，强烈的求生本能最终还是战胜了哥舒翰的自尊和愧疚，使他仍然选择了卑贱屈辱地苟活，而不是轰轰烈烈地死去。

其实，哥舒翰并非没有选择。在最后的时刻，他完全可以选择像颜杲卿那样坚守大义，壮烈殉国。倘若如此，一代名将哥舒翰留在史册上的声名将永垂后世，万古长青。

可惜，他没有。

哥舒翰戎马半生，曾经活得像一个英雄。可最后一步，他却让残酷的命运把自己变成了一只蝼蚁。

不，是他自己把自己变成了一只蝼蚁。

可是，变成一只蝼蚁就能苟活于世吗？

当哥舒翰向各方唐将发出的招降信全都无效的时候，当事实证明他已经没有任何利用价值的时候，安禄山还会用高官厚禄养着他吗？

答案当然是否定的。

安禄山随后就把他软禁了。又过了几天，安禄山觉得留着这个家伙实在没用，就把他一刀咔嚓了。

哥舒翰就这么死了，死得窝窝囊囊、一文不值，还在身后留下了变节投敌、苟且偷生的千古骂名。相比于含冤而死的高仙芝和封常清，哥舒翰的结局显然更为不堪。高、封二人至少赢得了后人的同情，可哥舒翰却只能招来世人的鄙夷和唾骂。

然而，哥舒翰最后落到这种下场，是他一个人的责任吗？是什么力量把他一步一步逼进了这个历史的死角？又是谁，一手造成了高仙芝、封常清、哥舒翰这三位名将的人生悲剧？

如果说高仙芝和封常清之死是在为帝国的不幸买单，那么哥舒翰之死则是在替李隆基和杨国忠背黑锅。因为，哥舒翰的变节投敌使他变成了朝野上下的众矢之的，所以至少在客观上掩盖了玄宗朝廷决策错误的事实，也在相当程度上减轻了李隆基和杨国忠在“潼关失守”这件事上应负的历史责任。

不过，老天爷毕竟是公平的。不管你是谁，只要做错了事，迟早总要让你受到惩罚，付出代价。别人也许可以暂时替你买单，暂时替你背黑锅，但是你自己种下的苦果，最终还是要由你自己品尝。

李隆基和杨国忠，马上就将尝到他们亲手种下的苦果……

# 第七章
# 逃亡进行时

## 孤独的长安

潼关其实不是一座关，而是一张牌。

一张多米诺骨牌。

当它岿然不动的时候，会造成一种假象，让玄宗朝廷自以为手中的牌还很多。可当它轰然倒下的时候，就会引发可怕的多米诺效应，让某种残酷的真相瞬间暴露在玄宗君臣面前。

这种真相就是——李唐的人心散了。

潼关失守后，几乎只在一夜之间，河东（今山西永济市）、华阴（今陕西华县）、冯翊（今陕西大荔县）、上洛（今陕西商州市）等郡的防御使就纷纷弃城而逃，各地的守军也跟着逃亡一空。从东到西，自北而南，能够拱卫京畿的军事力量已经荡然无存，只剩下一座帝京长安，孤零零地兀立在偌大的关中平原上，看上去就像一面华丽而空洞的旗帜……

潼关陷落的当天，就有哥舒翰的部将逃回长安禀报军情，然而玄宗却没有立刻召见。

因为他已经猜到发生了什么。

尽管玄宗料定东征军已经完蛋了，可他仍然抱着最后一丝侥幸心理——希望潼关还在唐军手中。所以，玄宗当天就命李福德率三千监牧兵驰援潼关。

只要守住潼关，就还有时间组织反击，还有机会反败为胜。

然而，玄宗的最后一丝希望转瞬就破灭了。

从李福德出发的那一刻起，一直到这一天的日暮时分，玄宗一次次登上瞭望“平安火”的高台，可直到昏暗的暮色逐渐模糊了他的视线，东方的地平线上始终没有燃起他望眼欲穿的那一簇火焰。（按照《唐六典》记载，所谓的“平安火”是唐代的一种军事预警机制，亦即每隔三十里设置一座烽火台，若无敌情，每天日暮准时燃起烽火，否则就不燃。这种预警机制与我们平常熟知的恰好相反——其他朝代的烽火都是报警用的，而在唐代则是报平安用的。虽然方式相反，但性质一样。）

看不到平安火，玄宗心头迅速掠过一阵痛苦的痉挛。

很显然，潼关丢了。

意识到这一点的时候，一种无边的恐惧就像这漆黑的夜色一样，一下子就把他吞没了。

六月十日，玄宗召集宰相举行了紧急会议，议题只有一个：潼关已失，长安危急，该怎么办？

其他几个宰执大臣相顾骇然，都不知如何是好。只有杨国忠神色从容，并且不慌不忙地提出了他的应对之策。

他的对策很简单，就一个字——跑。

如果在这个动作前面加上一个方向的话，那就是——往西南跑。

西南就是巴蜀，当时称为剑南道。众所周知，巴蜀自古以来就是物产丰饶的富庶之地，也是李唐朝廷最重要的财赋来源地之一，因此，一旦关中不宁，这里当然就是流亡朝廷首选的避难所。此外，杨国忠长期遥领剑南节度使，自从叛乱爆发以来，他就暗中命剑南留后崔圆在衣、食、住、行等各方面作了充足的准备，一旦形势不妙，他随时可以拥着玄宗往剑南跑。

此时此刻，除了逃亡巴蜀，玄宗还有更好的选择吗？

没有了。

所以，他当即不假思索地批准了杨国忠的逃亡计划。

当然，这是一个绝密计划。除了几个宰辅重臣、亲近宦官、得宠妃嫔，以及少数皇室成员以外，其他人一概不知。

皇帝要逃跑，知道的人当然是越少越好。

为了尽量不让满朝文武察觉天子和宰相要跑路，六月十一日，杨国忠特地把文武百官召集到朝堂上，作出一副惶恐无措、痛哭流涕的样子，询问大家有何御敌之策。此时，李唐朝廷的衮衮诸公们早已成了惊弓之鸟，谁还能有什么对策？他们只能哭丧着脸，一个劲地向杨国忠表示：一切全凭宰相大人定夺。

杨国忠撒完烟雾弹后，抹抹眼角的几滴干泪，说："早在十年前，就有人状告安禄山要造反了，可皇上就是不信。事情发展到这一步，实在不是宰相的过错啊。"

都到这个时候了，杨国忠还不忘推卸责任。百官们无不在心里问候他的十八代祖宗，可表面上，大伙还是不得不对他唯唯诺诺，因为他们都在眼巴巴地盼着这个当权宰相能够帮他们指一条活路。

可百官们绝对没有想到，天子和宰相早已决定把他们彻底抛弃了。

这一天，大唐帝京长安变成了一座恐怖之城，无论官绅士民，人人惊惶奔走，不知道如何逃避这场即将到来的灭顶之灾。原本安宁祥和、繁华富庶的长安，此刻只剩下恐慌、混乱和萧条。

六月十二日，早朝的钟声照常敲响，然而上朝的官员却不到十分之一。为了稳住人心，玄宗还装模作样地登上了勤政楼，下诏宣布要御驾亲征。

自从安禄山起兵以来，这已经是他第三次宣布要亲征了。如果说臣民们对前面两次还感到有些半信半疑的话，那么这一次，所有的长安人基本上都是把它当成笑话来听的。"上御勤政楼，下制，云欲亲征，闻者皆莫之信"。（《资治通鉴》卷二一八）

不过，这个笑话并不能让人莞尔或者捧腹，只会让人感到深深的无奈和悲哀。

就在玄宗宣布要御驾亲征的这一刻，逃亡计划已经在紧锣密鼓地进行中了。这一天，玄宗紧急任命京兆尹魏方进为御史大夫兼置顿使（相当于流亡朝廷的后勤总管），提拔京兆少尹崔光远为京兆尹，兼西京留守，其实就是让他留下来当替死鬼，同时命宦官边令诚掌管宫中的所有钥匙，这个间接杀害高仙芝和封常清的凶手，现在也被玄宗抛弃了。

同日，玄宗命快马携诏书先行赶赴剑南，以颍王李璬（玄宗之子）即将前往剑南就任节度使为由，命当地准备好一切接待工作。当天下午，玄宗就搬到了“北内”的一座偏殿里。当时，太极宫称为“西内”，大明宫称为“东内”，兴庆宫称为“南内”。所谓“北内”，估计就是靠近玄武门的地方。玄武门是禁军驻地，玄宗这时候搬到这里来住，显然说明他马上就要开溜了。傍晚时分，玄宗命龙武大将军陈玄礼集合禁卫六军，赏赐给将士们大量钱帛，另外又让陈玄礼挑选了九百多匹膘肥体壮的御马，以备跑路之用。

所有这些准备工作，都是在严格保密的情况下进行的。除了少数参与的人，绝大多数官员和百姓都被蒙在了鼓里。

没有人知道，此刻的长安已经变成一条撞上冰山的豪华巨轮，而他们的船长早已悄悄解开了独自逃命的救生艇。

过了这个夜晚，绝大多数臣民就将和长安一同沉没。

这也许是中国历史上最重大的“沉船事件”之一。然而，这不是泰坦尼克号，先行逃离的也不是妇女和儿童，而是领导。

六月十三日黎明，李隆基一生中最凄惶的时刻来临了。

“渔阳鼙鼓动地来，惊破霓裳羽衣曲。九重城阙烟尘生，千乘万骑西南行……”（白居易《长恨歌》）

李隆基睁着一双布满血丝的眼睛，从彻夜难眠的焦虑和不安中走了出来，从数十年的盛世迷梦中走了出来，神色恍惚、步履蹒跚地迈上了那驾前途未卜的马车，迈上了一个太平天子从来没有想象过的流亡生涯。一夜之间，这个风流皇帝真的老了。

作为一个七十二岁的人，其实李隆基早就老了，可他在叛乱爆发前之所以一直显得容光焕发、神采奕奕，是因为有盛世伟业的光圈在渲染，还有艺术和爱情的魔力在滋养。如果说人的生理年龄和心理年龄并不能完全划等号的话，那么李隆基的心理年龄顶多只能算是中年。所以，虽然时光的潮水会裹挟着每一个人从出生、成长一直奔向衰老和死亡，但是李隆基的生命河流显然筑起了一道堤坝——由功业、艺术和爱情这三者共同构成了大坝的承重材料，为他成功拦截了数十年的时光潮水，从而有效延缓了生命的衰老。

至少在心理上，在精神状态上，李隆基成功地做到了这一点。

然而，当安禄山粗暴地将李隆基的生命堤坝一举击碎的时刻，当所有的光圈和魔力遽然消失的时刻，被拦截多年的时光潮水就在李隆基身上发生了某种“泄洪”效应。于是，真相瞬间裸露，一直拒绝衰老的李隆基不得不面对一个客观事实——他已经是一个七十二岁的古稀老人。

最惨的是，这个老人现在还要被迫抛弃他的帝京长安，抛弃他的九重宫阙，抛弃他的万千臣民，抛弃他一生追求和经营的一切，凄凄惶惶地亡命天涯！

世间还有什么比这更惨的事吗？

李隆基不知道。

可残酷的命运马上就会告诉他——有。

上苍不仅要夺走这一切，最终还要夺走他的最爱——杨贵妃。

## 千乘万骑西南行

这一天，跟随玄宗一起逃亡的人有杨贵妃、韩国夫人、虢国夫人、秦国夫人，以及太子、皇子、公主、妃嫔、皇孙，还有杨国忠、韦见素、魏方进等少数几个大臣，此外就是一些亲近的宦官和宫女。这支逃亡队伍在陈玄礼所率禁军的护卫下，从延秋门（宫城西门）出太极宫，匆忙向西而逃。

当时，只有住在宫内的皇家眷属才有幸跟着玄宗逃出生天，而住在太极宫外的妃嫔、公主、皇子、皇孙等，都被抛弃了，更不用说一般的臣民了。

不过，最后的时刻，玄宗心里多多少少还是惦记着老百姓的。

经过左藏（国库）的时候，杨国忠对玄宗说：“烧了吧，免得落到贼人手里。”玄宗满脸哀伤地望着这个曾经最让他引以为傲的所在，长叹一声道：“算了，如果贼人来了得不到它，必然会劫掠百姓；不如给他们，免得让老百姓受苦。”

玄宗一行出长安西门后，很快就过了西渭桥。队伍刚一过桥，杨国忠立刻命人将桥焚毁。玄宗一见大火燃起，赶紧说：“士庶各避贼求生，奈何绝其路！”（《资治通鉴》卷二一八）当即命高力士带人回去扑火，让他把火灭掉再回头追赶队伍。

玄宗已经不惦记百姓很多年了。这一刻，他终于又想了起来。

这场叛乱带给了他无尽的痛苦，但也带给了他一丝久违的清醒。

只不过，这样的清醒来得太晚了。

六月十三这天，尽管整座长安城早已人心惶惶，可还是有一部分忠于职守的朝臣仍然坚持上朝。是日清晨，部分朝臣按时来到宫门，只听宫中报时的更漏依旧清晰可闻，而在门口站岗的卫兵和仪仗也如同往常一样肃穆森严。

一切看上去都和往日并无不同。

然而，当片刻后宫门开启，朝臣们一下就懵了。只见一群又一群的宦官和宫女疯也似的从门里冲了出来，像无头苍蝇一样到处乱窜。莫名其妙的朝臣们赶紧拦住一两个追问，才知道皇上已经失踪了。一听到这个令人震惊的消息，聪明的人立马撒腿往家里跑，可还是有一些朝臣不死心，慌忙跑进宫里去找。

然而，此时的皇宫早已炸开了锅，人人自顾不暇，到处是一片乱七八糟的末日景象，哪里去找皇帝的踪影?!

长安城就这样天翻地覆了。王公大臣、士绅百姓一个个携妻挈子，争相逃命，而一些地痞流氓和无业游民则趁火打劫，冲进平日可望而不可及的豪宅大院，把那些有钱人来不及带走的东西洗劫一空。有些胆大的暴民甚至骑着小毛驴冲进皇宫，大肆劫掠金银珠宝，还纵火焚烧了左藏库。

面对如此严重的暴乱局面，新任京兆尹崔光远不敢坐视，赶紧和宦官边令诚一起带人灭火，同时紧急任命了一批府、县的代理官员，并派兵捕杀了十几个领头的暴乱分子，才稍稍稳定了社会秩序。

可是，如果我们认为崔光远和边令诚是在尽忠职守，那就把他们看得太高尚了。

实际上，他们早就想好了退路。

玄宗逃亡当天，崔光远就让儿子带上投降书，到洛阳去见安禄山了，同时带过去的，还有玄宗交给边令诚的一大串宫禁重地的钥匙。

你李隆基可以不声不响地脚底抹油，我们当然可以顺理成章地另择明主。

你可以不仁，我们当然可以不义。

没啥好说的，这很公平。

玄宗一行过西渭桥后，继续向西进发。玄宗命宦官王洛卿为前导，告谕沿途郡县准备接待。到了这一天的中午时分，饥肠辘辘的逃亡队伍抵达咸阳的望贤宫。可让玄宗没有想到的是，整个咸阳根本看不到半个接待官员。派人一打听，才知道咸阳县令和县衙的官吏们早就溜了，就连负责打前站的宦官王洛卿也逃得无影无踪。

玄宗无奈，只好命宦官们在咸阳街头张贴皇帝驾临的告示，希望能有一些忠于朝廷的官吏或百姓出面接待。结果，鼓舞人心的告示贴得满大街都是，响应号召的人却一个也没有。

当皇帝当到了这个份上，玄宗真是满心悲凉。都说落难的凤凰不如鸡，他今天算是深刻领教了。眼看日头已过中天，所有人的午饭都还没着落，玄宗愁得不知如何是好。杨国忠见状，也顾不得自己的宰相颜面了，连忙亲自跑到市场上买了一堆烧饼，权且让天子充饥。

可这些烧饼就算能喂饱玄宗，也喂不饱他身后的一大群金枝玉叶啊。正犯难时，当地一些善良的百姓不忍见天子挨饿，终于挑来了好几担糙米饭，还有一些小麦和大豆。早就饿得眼冒绿光的皇子皇孙们立刻扑上前去，直接用手抓着吃，转眼就把所有食物扫荡一空，可摸了摸肚皮，却感觉还没有吃饱。

对于咸阳父老的雪中送炭之举，玄宗深为感动，赶紧命人拿钱酬谢。众人看着形容憔悴的天子，都忍不住伤心落泪。玄宗一下子悲从中来，也不禁掩面而泣。

献食的百姓中，有一个年纪最大的叫郭从谨。他心里早就憋了一肚子话，一直不知道跟谁倾吐。现在见此情景，他也就不管什么尊卑之礼了，赶紧颤颤巍巍地走到玄宗面前，说："安禄山包藏祸心，已经不是一天两天了，也不是没人入宫揭发他的阴谋，可陛下却把举报的人诛杀，才导致祸乱的发生，以致陛下不得不流亡到此。从前那些圣主明君，之所以广求天下忠良，使自己耳聪目明，其缘由正是在此。我还记得宋璟当宰相时，屡屡犯言直谏，天下赖以太平。可是后来，朝中的大臣们再也不敢说真话，只知道阿谀取容，讨陛下欢心，所以宫阙之外的事情，陛下一无所知。我虽为一介草民，也早就料到会有今天，只可惜九重宫阙，森严遥远，区区之心无路上达……要不是事情落到今天这个地步，我又怎能亲睹陛下之面而一诉衷肠呢！"

郭从谨这番话虽然没什么高明之处，但至少说明一个事实，那就是——早在安禄山起兵之前，很多人都已经看出了他的狼子野心，甚至包括像郭从谨这样一个足不出户的乡野村夫，都已经察觉到了危险的来临。既然连郭从谨都能察觉，玄宗为什么就没有察觉呢？

其实，玄宗并不是没有察觉，而是不愿意去察觉。

因为他早就被上天宠坏了，所以没有勇气去面对自己一手造成的错误。人们一直以为他是在替安禄山辩护，其实他是在替自己辩护。换言之，晚年的玄宗表面上越是自负，内心就越是脆弱，所以他不愿从自欺欺人的梦境中醒来。只要在有生之年安禄山不反，他就可以把梦做下去，一直做到驾鹤西归。至于身后事究竟如何，那就不是他考虑的范畴了。虽然这么做很像赌博，可李隆基一生的运气都很好，所以他敢跟老天爷赌这最后一把。

只可惜，这最后一把他输了。

他一生辛辛苦苦赢来的一切，终将在这最后一把中输个精光。

听完咸阳父老郭从谨的一番肺腑之言，玄宗愧悔难当，只好老实承认："此朕之不明，悔无所及。"（《资治通鉴》卷二一八）

直到送走郭从谨等人，玄宗还是粒米未进。负责膳食的官员跑遍全城去采购，忙活了半天，好不容易才搞了一顿比较像样的御膳。玄宗让所有随从官员先吃，自己挨到了最后才吃。至于那些护驾的禁军将士，玄宗则命他们分散到各个街坊和村落去乞食，约定未时（下午二时）回来集合，然后继续出发。

将近午夜时分，玄宗一行抵达金城（今陕西兴平市）。这里比咸阳更不堪，不但县令和官吏逃之夭夭，连老百姓都跑得差不多了。好在老百姓家里还囤积了一些粮食蔬菜，白天没讨到饭吃的禁军将士自己动手，总算饱餐了一顿。

从长安到兴平大概只有六十里路，可玄宗一行却走了一天一夜。而且就在这么短的逃亡路上，随从人员已经逃散大半，就连宦官总管袁思艺（与高力士同任内侍监）也抛弃了他的主子，不知道什么时候溜之大吉了。

对于此次出逃，很多人显然都不抱希望。在他们看来，跟着落难的皇帝这么跑，就算不被叛军追上，兴许在半路上也会活活饿死。与其这样，还不如拍屁股走人，自己去找一条活路。

后半夜，疲惫不堪的玄宗带着妃嫔、公主，和皇子、皇孙住进了金城附近的驿站。驿卒早就跑光了，驿站里到处黑灯瞎火。昔日养尊处优的这帮皇室成员，此刻也顾不上什么尊严和体面了，一个个横七竖八地躺在破草席上，你枕着我的大腿，我靠着他的肩膀，顷刻间便已鼾声四起了。

这天夜里，不知道唐玄宗和杨贵妃还有没有条件单独住在一起。就算有，这也是他们最后一次相拥而眠了。

明天，这对“在天愿为比翼鸟，在地愿为连理枝”的旷世佳偶就将阴阳两隔，生死殊途，从此在各自的轮回路上飘零辗转，纵使相见也不复相识，唯余一脉千古难消的幽幽长恨，任无数后人叹息吟咏……

## 马嵬驿之变

六月十四日，大约中午时分，玄宗一行走到了马嵬驿（今陕西兴平县马嵬镇）。

这里只是帝国千百个驿站中极为普通的一个，可没有人会料到，它马上就将因为一起重大的事件而永载史册。

行至马嵬驿时，禁军将士们忽然都停了下来，再也不想往前走了。

因为从长安这一路走来，他们已经郁积了太多的不满。

这些禁军官兵都是长安人，仓猝跟随玄宗出逃，被迫抛弃了妻儿老小，本来心里就一百个不情愿，加之一路上连饭都吃不饱，更让他们感到委屈和愤怒。于是，他们开始不断抱怨，心中的怒火逐渐升腾，走到马嵬驿时，种种不满的情绪彻底爆发，以致所有人都不约而同地停下了脚步。

面对群情汹涌的六军将士，龙武大将军陈玄礼心中暗暗叫苦。

他知道这回麻烦大了。

此次出逃，他肩上的责任最重。作为禁军的最高长官，他既要负责天子、宰相和一大帮皇室成员的安全，又要在将士们吃不饱的情况下号令他们，其艰难处境可想而知，所以他自己也窝了一肚子火。

此刻，陈玄礼很清楚，如果不能给怒火中烧的六军将士找一个宣泄的对象，后果将不堪设想！

陈玄礼心念电转，马上就有了主意。

在这种情况下，也只能把矛头指向朝野共愤的杨国忠了。

他随即大声对部众说："今天下崩离，万乘震荡，岂不由杨国忠割剥氓庶，朝野咨怨，以至此耶？若不诛之以谢天下，何以塞四海之怨愤！"

此言一出，就像一支火把扔进了柴草堆，六军将士纷纷攘袂高呼："念之久矣，事行身死，固所愿也！"（《旧唐书·杨国忠传》）

诛杀杨国忠的事情就这么定了。

不过，陈玄礼并没有马上动手。

因为，他不是一个头脑简单、四肢发达的武夫。早在四十多年前，身为禁军将领的陈玄礼就参与了李隆基诛杀韦后的唐隆政变。对于兵变这种事，他自然比一般人更为轻车熟路，可同时也更为成熟和冷静。

他深知，杨国忠是皇帝跟前的头号宠臣，要杀他，就意味着要和皇帝翻脸。换句话说，诛杀宰相这种事情，说好听点叫做"清君侧"，说难听点就是逼宫，就是谋反！陈玄礼可不想背上谋反的罪名，所以，必须为这场兵变寻找一个强硬的政治后台，使行动更具合法性。只有这样，陈玄礼才能放手一搏。

那么，谁最有可能作为陈玄礼的政治后台呢？

答案只有一个——太子李亨。

众所周知，早在李林甫当政期间，杨国忠就曾多次充当李林甫的打手，屡兴大狱陷害太子。及至杨国忠当权，他与太子的矛盾更趋尖锐。到了安禄山起兵后，玄宗曾提出要让太子监国，甚至流露了传位之意，可最后还是被杨国忠搅黄了。所以，太子李亨与杨国忠可谓势同水火，不共戴天。

主意已定，陈玄礼立刻找到东宫宦官李辅国，通过他向太子汇报了诛杀杨国忠的计划。

得知陈玄礼的计划后，李亨心里自然是极度赞同的，可他很聪明，他知道这种事情非同小可，一不留神就可能引火烧身。所以，他并没有作出任何明确的表态，更没有作出肯定的答复。

当然，他也没有表示反对。

不反对就等于默许。陈玄礼心领神会，遂下定决心动手。

恰巧在这个时候，随同玄宗从长安逃出来的一批吐蕃使节正围在杨国忠马前诉苦，说他们找不到吃的，让宰相帮他们解决肚子问题。杨国忠大不耐烦，正准备打马走开。陈玄礼见状，顿时灵机一动，忽然回头对部众大喊："杨国忠勾结胡虏谋反，杀了他！"

士兵们随即一拥而上，有人马上张弓放箭，射中了杨国忠的马鞍。

面对这突如其来的变故，杨国忠大惊失色，慌忙掉头而逃。可他刚刚窜进驿站的西门内，哗变士兵就追上了他，一人一刀下去，转眼就把他砍成了一堆肉酱。随后，余恨未消的士兵们又把他的脑袋割下来，挂在了驿站的大门上。

天宝末年最得宠最拉风的一个宰相，就这样稀里糊涂地死了，而且死得比谁都难看。

其实，把安史之乱完全归咎于杨国忠，是当时的人们冤枉了他，甚至可以说是高抬了他。

因为，他远远没有那么大的能量。果真要追究安史之乱的罪魁祸首，唐玄宗李隆基肯定是一号人物，其次是一代权相李林甫，最后才能轮到杨国忠。

有位哲人曾经说过：历史总是把吃饱的感觉归功于第三个馒头。这句话乍一看不太好理解，可意思其实很简单。就是说，人们在评价历史事件的时候，总是习惯于为它找一个最近的、最浅显的原因，而忽视一些较远的、更深层次的原因。

我们再打个比方。一根稻草肯定压不跨骆驼，可要是一根接一根往上加，最后总有一根会把它压垮。这时候就会有人把骆驼的垮掉，归罪于最后一根稻草。

而在盛世唐朝为何垮掉这个问题上，杨国忠就是人们眼中的"最后一根稻草"，也是不幸的"第三个馒头"。

杨国忠之所以引起公愤并最终死于非命，原因不过如此。

哗变士兵杀了杨国忠后，愤怒不但没有平息，反而又生出了一种发泄和杀戮的快感。

杀一个人是杀，杀一群人也是杀，那就干脆把平时看不顺眼的家伙通通杀了！反正事情已经闹开了，索性就把它闹大！

于是，局面开始失控了。

乱兵们紧接着又杀了杨国忠的儿子，户部侍郎杨暄，以及韩国夫人和秦国夫人。御史大夫崔方进被眼前的一幕吓得面无人色，可还是放不下领导的架子，哆哆嗦嗦地指着士兵们说："你们怎么敢杀害宰相？"

话音未落，他的脑袋就飞离了身躯。

另一个宰相韦见素听见外面闹得鸡飞狗跳，赶紧跑出来看个究竟。乱兵们不分青红皂白，冲上去就是一顿暴打。韦见素当即血流满面，所幸士兵中有人喊说："不要伤害韦相爷！"并出手相救，韦见素才得以逃过一死。

当时，玄宗在驿站内惊闻外面扰攘喧哗，忙问左右发生了什么事。侍从人员支支吾吾地告诉他：听说是宰相杨国忠谋反，已经被士兵们杀了。玄宗大为震惊，但也无可奈何。

他现在唯一能做的，就只有尽力安抚哗变士兵，以免他们采取进一步的过激行动。

此时，哗变士兵已经把驿站围得水泄不通。玄宗拄着手杖，趿拉着便鞋，踉踉跄跄地来到驿站门口，跟凶神恶煞的士兵们说了一大堆好话，劝他们各自回营。

可大兵们却一个个鼻孔朝天，对皇帝的一番好言好语置若罔闻。玄宗无奈，只好让高力士出面，问他们到底想干什么。

片刻后，高力士把答案带回来了。他转达陈玄礼的话说："国忠谋反，贵妃不宜供奉，愿陛下割恩正法。"（《资治通鉴》卷二一八）

此言犹如五雷轰顶，让玄宗顿觉天旋地转。

玄宗万万没有料到，士兵们到最后竟然会把矛头指向杨贵妃！

在玄宗看来，杨玉环只不过是个女人，而且从来没有干预朝政，你们何苦跟她过不去呢?!

然而，这只是玄宗的个人想法。

在当时的人看来，正因为杨玉环是个女人，而且有着一张倾国倾城的绝世容颜，才会让玄宗堕入情网、不可自拔，从而荒废朝政、宠任奸佞，最终导致了安禄山的叛乱，给天下人带来了巨大的灾难。所以，杨玉环就跟历史上的妲己、褒姒、赵飞燕姐妹一样，属于红颜惑主、狐媚误国的典型。这样的人，不杀不足以平民愤；这样的人，不杀不足以谢天下！

“告诉他们，我自有处置。”玄宗有气无力地对高力士说，然后转身踱回驿站。

在大门后面，玄宗避开众人的视线，一个人拄着手杖，垂着脑袋默默伫立了很久。

此刻，没有人看见一颗骄傲而脆弱的灵魂正在战栗和哭泣。

此刻，没有人看见一颗热烈而苍凉的心正在瓣瓣碎裂、涓涓滴血。

许久，韦见素的儿子、时任京兆司录的韦谔才大着胆子走上前去，伏地叩首说：“如今众怒难犯，安危只在顷刻，愿陛下速决！”

玄宗抬起一双浑浊无光的眸子看了看韦谔，用一种低得连自己都听不清楚的声音说：“贵妃常居深宫，安知国忠反谋？”

很显然，玄宗还在作最后的挣扎。

其实他也知道，今天这些哗变士兵要是达不到目的，绝不会善罢甘休。可明知如此，他还是要作最后的挣扎——就像一个失足落水的人，在行将溺毙之前所作的那种无望的挣扎。

驿站外不断传来哗变将士烦躁不安的叫骂声，局面随时有可能再度失控。

最后的时刻，最了解玄宗也最忠于玄宗的老奴高力士不得不开口了。他走到玄宗身边，说：“贵妃诚无罪，然将士已杀国忠，而贵妃在陛下左右，岂敢自安？愿陛下审思之，将士安，则陛下安矣。”（《资治通鉴》卷二一八）

贵妃自然是没有罪，可将士们既然已经杀了国忠，又岂能让贵妃安然无恙地留在陛下左右？请陛下慎重考虑，只有将士们安定下来，陛下才有安全可言。

高力士的话一下子中了要害。也就是说，这根本不是杨贵妃有没有参与杨国忠谋反的问题，而是既然将士们铁定了心要杀贵妃，陛下您究竟作何选择的问题。

——要么忍痛割爱，壮士断腕；要么和贵妃同生共死，双双归西！

不是A就是B，没有第三种选择。

至此，李隆基终于绝望。

他让高力士把杨贵妃带到了一间幽静的佛堂里，在此与爱人诀别。

留给他们的时间已经不多了。两人对泣片刻，仿佛有千言万语需要倾诉，却又不知道该说什么。最后，杨贵妃抹了抹脸上的泪痕，凄然一笑，说："愿皇上保重，妾身有负国恩，虽死无恨。"

李隆基哽咽着说："愿妃子善地受生……"话音未落，他便艰难地转过身，蹒跚着向门口走去，同时朝身后的高力士做了个手势。

杨贵妃跪在佛像前，平静地做完最后一次礼拜。然后，高力士手中的三尺白绫就套上了她的脖颈……

一代绝世红颜就此香消玉殒。

李隆基心如刀绞，肝肠寸断。

"六军不发无奈何，宛转蛾眉马前死。花钿委地无人收，翠翘金雀玉搔头。君王掩面救不得，回看血泪相和流。……天长地久有时尽，此恨绵绵无绝期。"（白居易《长恨歌》）

十六年前，高力士负责把杨玉环带到了玄宗身边；十六年后，他又负责把杨玉环从玄宗的身边带走。二十二岁到三十八岁，一个女人生命中最惊艳最华丽的部分，从此便永远凝固在了泛黄的史册中。

如果说盛唐是中国历史的一座巅峰，那么杨玉环就是绝顶之上一朵灼灼绽放的盛世牡丹。从这个意义上说，杨玉环是幸运的。因为，正是有了富贵雍容的盛世作为底色，她的爱情故事才会被渲染得如此鲜艳妖娆；正是有了锦绣华章的时代作为舞台，她的生命之舞才会摇曳得如此绚丽多姿、华美无双。

然而，她又是不幸的。因为盛世背后就是乱世的深渊，因为霓裳羽衣歌舞未歇，渔阳鼙鼓已经动地而来。刹那之间，盛世崩塌，红颜凋零。当初的艺术和爱情越是令人心醉，此刻的诀别和死亡就越是令人断肠……

传统史家多把盛世的终结归咎于红颜祸主、狐媚误国，却从来不曾细想：这一介红颜，连自己的命运都把握不住，又怎堪为盛世的终结承担罪责？

究其实，她只是被迫为夭折的盛世殉葬罢了。

杨贵妃一死，马嵬驿之变也随之画上了一个鲜血淋漓的句号。

玄宗命人把杨贵妃的尸体放在驿站的庭院里，让陈玄礼等人前来"验明正身"。见皇帝已经作出这么大的妥协，陈玄礼等人也没什么好说的了，随即摘下甲胄，向玄宗叩首请罪。玄宗强打着精神敷衍了几句，命他们回去安抚好各自的部众，准备次日出发，继续西行。

杨国忠与长子杨暄被乱刀砍死于马嵬驿后，其他亲属也没能逃脱灭顶之灾。事发当天，他的妻子裴柔、情人虢国夫人，以及虢国夫人的一双儿女，虽然侥幸逃出了马嵬驿，一口气跑到陈仓（今陕西宝鸡市陈仓镇），可最后还是被陈仓县令薛景仙派人一一捕杀。此后，杨国忠的另外几个儿子先后逃亡各地，也无一例外地死于非命。

安史之乱爆发才半年多，跋扈宰相杨国忠便满门皆灭。从天宝四年（公元745年）杨国忠进京算起，他的发迹史前后也不过十二年；而专权的时间更短，满打满算也才四年。想当初，杨氏一门的荣华富贵令多少世人眼红和羡慕，可转眼之间，一切就都灰飞烟灭了。

## 分道扬镳：你往何处去？

六月十五日清晨，盛夏的太阳照常升起，一夜无眠的玄宗拖着近乎虚脱的身躯登上了西行的马车。

此刻的李隆基就像是一具被掏空了的皮囊。他分明感觉，自己的灵魂早已跟着杨玉环去到了另一个世界。没有人知道那个世界是什么样的。李隆基只是希望，那里不再有战争和杀戮，不再有阴谋和死亡，那里的爱情之花永不凋谢，那里的《霓裳羽衣》永不散场……

当然，尽管李隆基对那样一个虚幻的世界充满了向往，可他对眼前这个动荡不安的世界却仍旧充满了眷恋。

这样的心态很矛盾，也很让人纠结。

可李隆基没有办法。

毕竟他仍然是皇帝，这世上值得他眷恋的东西还有很多，需要他承担的东西也还很多。所以，他只能拖着这具丢失了灵魂的皮囊，继续踏上凄凄惶惶的流亡之路，继续走向茫然不可预知的远方。

这天早上，当玄宗的銮驾刚刚走出驿站门口，队伍就忽然停止不前了。因为禁军官兵又不想走了。

准确地说，是他们不想往西南方向走。官兵们说，剑南是杨国忠的地盘，那里的将领都是杨的死党，如今他们杀了杨国忠，去剑南岂不是自寻死路？

所以，他们坚决不去。

可是，不去剑南又能去哪呢？

官兵们七嘴八舌地议论开了。有的说去河西或陇右，有的说去朔方的灵武，有的说去河东的太原，有的说干脆哪也不去了，往回走，杀回长安城！

玄宗懵了。

都说秀才遇到兵，有理说不清，还真是一点没错。面对这帮头脑简单、四肢发达的家伙，玄宗真是彻底无语了。在他看来，除了蜀地，上面说的那些地方没有一个是安全的，至于说杀回长安，那就更是近乎脑残的无稽之谈了！

可玄宗心里这么想，嘴上却一个字也不敢说。因为昨天发生的一切犹在目前，所以他只能眉头紧锁，嘴巴紧闭，用沉默表示抗议。

就在事情陷入僵局的时候，刚刚被玄宗任命为御史中丞兼置顿使的韦谔发话了。他说："要想回京师，就必须有足够的兵力抵御叛军，眼下我们根本没这个实力，不如暂且先到扶风（今陕西凤翔县），再慢慢商量下一步去哪里。"

这是一个暂时化解僵局的折中方案。因为扶风是一个南北枢纽，既可以由此北上，前往河、陇、朔方，也可以由此入蜀。玄宗就此方案询问众人，官兵们也都没什么意见，于是队伍即刻开拔。

可是，玄宗一行刚走出没多远，就不得不又停了下来。

因为前面的路被一群老百姓堵住了。

玄宗无奈，只好迈下车辇，换乘一匹马，来到队伍前端。挡路的百姓立刻拥上前去，说："长安宫阙，是陛下的居所；历代陵寝，是陛下的祖坟。陛下抛弃居所和祖坟，又能往哪里去呢？"

玄宗手握缰绳，骑在马上沉默了很久。最后，他仍然不知道应该跟父老们说些什么，只好让太子李亨留下来安抚他们，自己赶紧拍马先走了。此时的玄宗当然不会想到，从这一刻开始，太子李亨就将与他分道扬镳了。

随着他们父子的分途，属于玄宗的辉煌时代将黯然收场，而新一页的唐朝历史也将悄然掀开。

当地父老眼见天子绝尘而去，马上又缠住太子，说："皇上既不肯留，我等愿率子弟追随殿下，讨伐叛贼，收复长安。倘若殿下和皇上都到了蜀地，那么偌大的中原，又有谁来替百姓当家作主？”

太子李亨面露难色，沉默不语。就在这个时候，从附近村镇涌来了数千个手拿镰刀锄头的青壮农民，一下子把他和随从团团围住，说什么也不让他们离开。

李亨想了半天，才找了一个理由，说：“皇上远涉险阻，我又怎能安心离开他？何况，我还没有当面跟皇上辞行，最后是去是留，还是要听皇上的旨意。”李亨话刚说完，眼泪就啪嗒啪嗒地掉了下来，然后一边抹泪一边就想拍马走人。

当然，他没能走掉。

因为又有三个人挡住了他的去路。

他们是广平王李俶（李亨长子）、建宁王李倓（李亨第三子）和宦官李辅国。

三个人死死拉住李亨的马头，说：“逆胡进犯宫阙，四海分崩离析，不依靠人心，何以兴复社稷！今日殿下若跟随皇上入蜀，叛军必定烧毁栈道，断绝蜀地与关中的交通，如此一来，无异于把中原拱手让给贼人。人心一旦离散，就很难重新凝聚，到时候想回都回不来了！而今之计，只有集结西北的边防军，再召回河北的郭子仪和李光弼，联合东征，讨伐叛军，克复二京，平定四海，使社稷宗庙转危为安，再修复宫室迎回天子，岂非人间之大孝，又何必执著于区区儿女之情?!”

见此情形，李亨不得不点头同意，随后便让广平王李俶去跟玄宗禀报。玄宗带着队伍走了一段路后，就停下来等太子。可左等右等，最后却等到了太子准备与他分道扬镳的消息。

玄宗摇头苦笑，嘴里不停地念叨着两个字：天意、天意、天意……

随后，玄宗从护驾的禁军中拨出两千人马，让他们去跟随太子，并告谕将士说：“太子仁孝，足以担当社稷，你们要好好辅佐他。”接着又命人转告太子：“你努力去做，别挂念我，西北的那些胡人将领，我历来待他们不薄，相信一定会效命于你。”最后，玄宗又让人向李亨转达了传位之意。

李亨闻言，赶紧派人回禀，表示自己绝不接受传位之命。

当然，这只是一个姿态。

短短一个月后，李亨就在部众的劝进下，“遵马嵬之命”，在灵武登基即位了。

基本上可以说，如果没有马嵬驿“父老遮留”的这一幕，也就没有后来的灵武即位。

正因为此，所以后人普遍认为，“父老遮留”其实是李亨导演的一出戏，目的是为了脱离玄宗，以便寻找机会自立门户。甚至还有不少学者认为，“马嵬驿之变”也是李亨一手策划的。因为从“马嵬之变”到“父老遮留”，再到“灵武即位”，有一个非常清晰的因果链条贯穿其间。也就是说，其内在动因都是李亨要从玄宗手中夺取天子大权。

那么，真相是否如此呢？

说李亨是“马嵬之变”的幕后主使，在逻辑上固然可以成立，但证据并不充分。综观涉及这一事件的相关史料，并没有任何可靠的证据支持这一点。所以我们认为，李亨并非事变主谋，他只是事先知情，并对陈玄礼的行动采取了默许的态度而已。从这个意义上说，李亨顶多只能算是一个同谋，不能算主谋。

至于“父老遮留”这一幕，则极有可能是李亨策划的。其因有三：

首先，玄宗幸蜀这一年，李亨已经四十六岁了，入主东宫也已整整十八年，对于这样一个老太子来说，生命中最大的愿望当然就是登基即位了。可是，如果跟随玄宗流亡巴蜀，即位之事必然要被无限期地推迟。所以，李亨肯定要想办法脱离玄宗。

其次，剑南是杨国忠的地盘，而李亨与杨国忠的矛盾朝野共知，虽然现在杨国忠死了，可李亨仍然会跟大多数禁军将士一样，担心自己入蜀之后的命运。就算杨国忠的旧部不为难他，但终究是寄人篱下，做任何事情都放不开手脚。倘若如此，不要说何时才能轮到他当皇帝，即便是固有的太子权威也将大打折扣。所以，李亨无论如何也不会跟随玄宗入蜀。

最后，玄宗在巴蜀建立流亡朝廷，固然可以凭借蜀道的艰险阻挡叛军的进攻，获得一时之苟安，但是凡事利弊相生——既然叛军不容易打进来，你唐军当然也不容易打出去。就像那些劝留的百姓所说的那样，要是玄宗父子都躲到巴蜀去了，那就等于把中原的大好河山拱手让给了安禄山。换句话说，一旦李唐的流亡朝廷龟缩在西南一隅，那么四方的平叛力量极有可能陷入群龙无首、各自为战的境地，而所谓的“收复两京、中兴社稷”也只能流于空谈。对此，李亨不可能没有忧患之思。所以，就算不考虑个人的政治利益，而是仅从社稷安危的角度出发，李亨也必须与玄宗分道扬镳，自立门户。

据《旧唐书·李辅国传》称，马嵬之变后，“辅国献计太子，请分玄宗麾下兵，北趋朔方，以图兴复。”由此可见，无论是从逻辑上分析，还是从史料上看，李亨与玄宗在马嵬分道扬镳，都是有预谋、有计划的，绝非出于偶然。

既然李亨与玄宗分手是势在必行之举，那么接下来的问题就是——他要以什么方式、什么借口来分？

这里有两条高压线是绝对碰不得的：一、不能引起玄宗的不快和猜疑；二、不能背上“不忠不孝”的骂名。

那么，要怎么做才妥当呢？

最好的办法，就是让“民意”来说话。

如何显示民意呢？

那当然就要把老百姓请出来了。因此，李亨才会与儿子李俶、李倓及心腹宦官李辅国精心设计了“父老遮留”的一幕。有了这一幕，就足以表明李亨是在被动与无奈的情况下与玄宗分手的；并且只有这样子，才能表明李亨秉承了天意，顺应了民心，从而占据道德制高点，为日后的“擅自即位、另立朝廷”奠定必要的舆论基础。

和太子分手后，玄宗继续西行，于六月十七日抵达岐山（今陕西岐山县）。还没等他喘口气，就听说叛军前锋已经逼近，玄宗不敢停留，又一口气逃到了扶风。

到了扶风后，一个无法回避的问题再次摆在了所有人面前。

该往何处去？

禁军官兵们不但不想去剑南，而且个个打着自己的小算盘，对护驾之事越来越感到厌倦，一时间各种牢骚怪话满天飞，连咒骂天子的话都出笼了。陈玄礼竭力想平息将士们的怨气，无奈到了这种时候，他的权威也已经大打折扣，士兵们几乎都不听他的。

眼看又一场马嵬之变行将爆发，玄宗忧心如焚，却又无计可施。

万分庆幸的是，几天后，从剑南运来了十余万匹进贡的彩帛，恰好运抵扶风。玄宗仿佛抓住了一根救命稻草，马上命人把所有彩帛陈列在城楼下，然后集合禁军官兵，对他们发表了一番感人肺腑的演讲。

玄宗说："朕这些年老糊涂了，所用非人，导致逆胡叛乱，被迫流亡至此。朕知道，你们仓猝跟朕离开长安，不得不与父母妻子诀别，一路跋涉到这里，身心都已疲惫至极，朕实在是愧对你们。从这里到蜀地的路还很远，而且那里郡县狭小，恐怕也供养不起这么多人马，朕现在准许你们各自回家，朕就和皇子、皇孙、宦官们继续西行，相信自己也能走到。今日，朕就与诸位在此别过，请大家把这些彩帛分了，作为路上的盘缠。你们回到长安后，见到父母和家乡父老，请转达朕对他们的问候。从今往后，大家各自珍重吧！"

这番话说完，玄宗已经泪如雨下。

毫无疑问，这是一张足以打动人心的悲情牌。虽然这张牌不乏欲擒故纵的意味，但我们决不能怀疑李隆基此刻的真诚。毕竟这些日子以来，李隆基和所有人一样，已经经历了太多的生离死别，所有骄傲而虚假的面具也都被残酷的现实一一剥落。所以这一刻，与其说李隆基是在用皇帝的身份跟将士们讲话，还不如说这是一个历尽沧桑的老人在向人们进行忏悔和告白。

因此，在这番真情告白中，我们几乎看不见一个皇帝经常使用的套话和空话，而是能够真切地触摸到一个老人的内心。换言之，我们听到了人话，感受到了一些有温度的东西。

不管在什么时候，人们总是喜欢有温度的东西，也总是厌恶空洞的政治说教。

所以，将士们当场被感动了。

当玄宗在城楼上泣下沾襟的时刻，楼下的将士们也不约而同地流下了眼泪。他们齐声高呼："臣等无论生死，决意跟随陛下，绝不敢有二心！"

玄宗默然良久，最后只说了四个字："去留听卿。"（《资治通鉴》卷二一八）

从这一天起，所有的牢骚怪话就自动消失了，再也没有人咒骂皇帝，也没有人吵着要回长安了。当然，能够取得这么好的安抚效果，那十余万匹彩帛肯定起了不小的作用。但有一点必须强调——即便已经是一个惶惶如丧家之犬的落魄天子，唐玄宗李隆基的人格魅力仍然是不可小觑的，其政治号召力也是不容低估的。

成功导演了“父老遮留”的一幕后，李亨虽然如愿以偿地脱离了玄宗，获取了前所未有的自由，但与此同时，他也感到了一种前所未有的茫然。

因为他面临的问题同样是——该往何处去?

偌大的天下，哪里才是安全的栖身之所?哪里才是属于自己的“龙兴之地”?

夕阳西下，暮色四合，马嵬驿上空黑云漫卷，驿站周围那些茂密的野草在狂乱的风中东摇西摆，发出一阵阵令人烦躁的哗哗声。

广平王李俶看了看神色凝重、一言不发的父亲，又看了看闷声不响的众人，微微干咳几声，头一个打破了沉默:“天色已晚，此地不可久留，大家有什么打算?”

众人抬眼瞥了一下李俶，又瞥了一眼太子，心里都没有主意。

建宁王李倓用一种锐利的目光飞快地扫过众人，见没人吭声，便朗声说道:“殿下曾经遥领朔方节度使，当地文武官员每年都有进京拜见，我和他们见过一两次面，约略记得一些人的姓名。如今，河西、陇右的部众（指哥舒翰驻潼关兵团）基本都已战败投降，留守河、陇的士卒中，多数人的父兄子弟身处贼营，所以很难保证他们不生异心。相比之下，朔方距离此地最近，而且兵马强盛，眼下叛军刚刚占据长安，正忙着抢劫掳掠，暂时无暇扩张地盘，我们应利用这个时间火速赶往朔方，以此为根据地，再慢慢规划复兴大业。”

其实，李俶、李倓和宦官李辅国早就商量好了去处，此刻的这番问答，目的只不过是为了说服众人而已。

众人闻言，皆称善。而对于太子李亨来说，尽管他并不觉得朔方就一定安全，但在目前的情况下，这只能是他唯一的选择。随后，太子集合队伍，下令往西北方向进发。

入夜，太子一行刚刚走到渭水河畔，便与潼关溃退下来的一支残兵猝然遭遇。由于夜色漆黑，咫尺莫辨，双方都把对方当成了燕军，于是大打出手。一场激战过后，双方都死伤过半，最后定睛细看，才知道是大水冲了龙王庙，自己人打自己人。李亨把两边的残部集合到一块，沿着河畔找到一处水位较浅的河段，然后骑马横渡。没有坐骑的官兵涉不过去，只好挥泪回到南岸，眼睁睁看着太子一行飞快地消失在夜色里。

李亨率众渡过渭水，经奉天（今陕西乾县）北上。由于担心燕军追击，太子一行拼命狂奔，一昼夜疾驰三百余里。抵达新平（今陕西彬县）时，士卒和器械已亡失过半，剩下来的部众不过几百个人。进入新平后，李亨听说当地太守薛羽已经先他一步弃城而逃，顿时勃然大怒，即刻命人追击，硬是把薛羽抓回来一刀咔嚓了。当天，李亨又进至安定（今甘肃泾川县），当地太守徐彀同样弃城而逃，李亨照例将其捕杀。

一连杀了两个太守，李亨自己都有些困惑了。

难道李唐的人心就这么散了，再也无从收拾了吗？

难道帝国就这样一步一步地走向崩溃的边缘，再也无法拯救了吗？

在接下来的日子里，在李亨并不太长的余生中，他将耗尽生命中全部的力量和心血，来寻找这两个问题的答案。

## 肃宗登基

燕军攻克潼关后，安禄山压根就没料到玄宗会在第一时间逃跑。他以为燕军与唐军在长安必有一场恶战，所以不敢贸然进攻，而是命崔乾祐暂守潼关，等待大军集结。

直到崔光远的儿子揣着降表屁颠屁颠地跑到洛阳时，安禄山才得知：原来玄宗早就撒丫子逃跑了，而长安也已变成一座不设防的城市。

安禄山不禁发出一阵仰天狂笑。

他完全没想到，李隆基竟然是如此怯懦的一个人，更没想到长安会如此轻易地落入自己手中！

随后，安禄山即命心腹大将孙孝哲、中书令张通儒率军前去接收。

天宝十五年六月二十三日，亦即玄宗逃亡的十天之后，燕军兵不血刃地占据了长安。安禄山任命张通儒为西京留守，仍旧让崔光远担任京兆尹，命将领安忠顺率兵进驻皇宫御苑，同时让孙孝哲统御关中诸将。由于孙孝哲生性残暴，杀人不眨眼，所以燕朝的文武将吏都对他忌惮三分，连宰相兼西京留守张通儒也不得不受他节制。

长安既然落入孙孝哲这种武夫手里，其命运也就可想而知了。

接下来的日子，凡是跟随玄宗逃亡的那些公侯将相，其滞留长安的家眷全都遭遇了一场灭顶之灾，无论男女老幼均被砍杀，连襁褓中的婴儿也未能幸免。燕军士兵在长安城中日夜搜捕，每天都会抓获一批李唐朝廷的文武官员，以及藏匿在宫外的妃嫔、宦官和宫女。那些日子，天天都有数百辆囚车被全副武装的燕军士兵从长安押解到洛阳。囚车上的男男女女有的哭号，有的哀求，有的拼命咒骂，有的一脸麻木，可无论有多少种不同的表情和反应，他们眼中却都写着相同的两个字：绝望。

当然，长安城中还有另外一种人，是不会被押上囚车，更不会感到绝望的。

他们就是变节者。

为首的是前宰相陈希烈、驸马张垍等人。

自从杨国忠当权后，陈希烈就靠边站了，所以一直对玄宗怀恨在心；而驸马张垍曾得到玄宗的口头承诺，说要封他为宰相，结果始终没有兑现，因而也是牢骚满腹。对于这样一些旧政权的失意者来说，长安沦陷非但不是一种灾难，反而是他们咸鱼翻身、扬眉吐气的良机。所以，燕军一进入长安，他们便忙不迭地跑去向新朝廷宣誓效忠，毫不犹豫地当了“唐奸”。

不过，这唐奸也不是想当就能当的。像陈希烈、张垍之流，都是属于身份比较特殊的人物，安禄山需要他们来为新朝做广告，让人们对李唐王朝死心，所以才会接纳他们。换句话说，想当唐奸也是要有资格的，假如没什么利用价值，等待他们的只能是囚车和铡刀。

对于陈希烈、张垍等人的“弃暗投明”之举，安禄山表示了热烈的欢迎，随即任命他们为燕朝宰相。此外，还有一些较具声望的李唐朝臣和在野名士，也都被安禄山授予了相应的官职。

转眼间，安禄山就在长安建立了一个全新的朝廷，大明宫的城楼上插满了燕朝的旗帜。

这是大唐立国一百多年来，第一次丢掉帝京长安，第一次被人剜掉了政治心脏。

然而，这却不是最后一次。

在此后的一百多年里，大明宫的城楼上还将一次又一次地插上不同颜色的旗帜，而那些旗帜也将一次又一次地刺痛李唐臣民的目光。

此刻，距安禄山范阳起兵不过八个月，燕朝已然据有两京，且“西胁汧、陇（甘肃东部及陕西西部），南侵江、汉（华中地区），北割河东（河北、山西）之半”，俨然已经占据了李唐的半壁江山。

安禄山似乎有理由相信，那残余的另外半壁，很快也将落入他的手中。可事实证明，安禄山不会得逞。

因为他的野心虽然很大，但是他的格局却和他的野心不成正比。

史称燕军占据长安后，“自以为得志，日夜纵酒，专以声色宝贿为事，无复西出之意，故上（玄宗）得安行入蜀，太子北行亦无追迫之患。”（《资治通鉴》卷二一八）

很显然，无论是安禄山本人，还是他麾下的文武将吏，都缺乏一种高瞻远瞩的战略眼光，更缺乏一种包容四海、抚驭万民的气魄和胸襟。

从这个意义上来说，安禄山即便登基称帝了，也肯定成不了真正的统治者。

即便他占据了东、西两京和李唐的半壁江山，也终究只是一个拥兵割地的草头王。

在他心中，只有地盘，没有天下；只有权谋，没有政治；只有霸术，没有王道！

所以，很快我们就将看到，入据长安非但不是安禄山走向胜利的一个标志，反而是他步入失败的一个转折点。

正当燕军在长安日夜纵酒、纸醉金迷的时候，玄宗一行已经越过散关（今陕西宝鸡市西南），于六月二十四日抵达河池（今陕西凤县）。同日，剑南副节度使崔圆也带着奏表赶到河池迎接圣驾。他的奏表洋洋洒洒，但中心思想只有八个字：“蜀土丰稔，甲兵全盛。”玄宗龙颜大悦，当场擢升崔圆为中书侍郎、同平章事。

在河池休整数日后，玄宗便在崔圆的护卫下启程入蜀。

差不多与玄宗入蜀同时，太子李亨也已到达平凉（今宁夏固县），进入了朔方的辖区。朔方留后杜鸿渐得到消息，当即敏锐地意识到——太子分兵北上，自立门户的意图非常明显，这种时候，只要把太子迎到朔方，并拥戴太子即位，自己就能成为新朝的首功之臣。

他喜不自胜地对左右说：“若迎太子至此，北收诸城兵，西发河、陇劲骑，南向以定中原，此万世一时也！”（《资治通鉴》卷二一八）

随后，杜鸿渐即刻派人赶赴平凉，向李亨呈上了一份报告，详细说明了朔方的士兵、马匹、武器、粮草、布帛及各种军用物资的储备情况。数日后，杜鸿渐又亲自到平凉迎接李亨，说：“朔方军乃天下劲旅，如今吐蕃请和，回纥内附，四方郡县大抵都在坚守，等待着复兴的时刻。殿下只要前往灵武（朔方治所），训练军队，同时传檄四方，聚拢人心，讨平逆贼指日可待。”

应该说，从马嵬驿北上时，李亨对于朔方将吏的忠诚度还是心存疑虑的。毕竟，这是一个人人自危的非常时期。四方郡县仍在坚守的固然不少，可开门降贼或弃城而逃的恐怕更多！尤其是从长安出来的这一路上，所见所闻无不让李亨感到心寒。这些日子以来，李亨的内心其实一直被悲观和怀疑的阴云所笼罩。正因为此，几天前路过新平和安定时，他才会愤然杀掉那两个贪生怕死的太守。与其说李亨这么做是在维护朝纲、杀一儆百，还不如说他是在发泄内心的抑郁和愤懑。

不过现在，李亨总算感到了些许欣慰。

因为杜鸿渐所表现出的热情和忠诚实在超乎他的意料，从而在一定程度上改变了他连日来悲观郁闷的心情，同时也增强了他对未来的信心和希望。

七月九日，在杜鸿渐的陪同下，李亨一行终于安全抵达灵武（今宁夏灵武市西南）。

可是，刚一到灵武，有一件事就引起了李亨的不快。

原来，杜鸿渐在得到太子抵达平凉的消息时，就已经吩咐属下设置了一座行宫，里面的装饰、器物、帷帐等等，全部仿造长安皇宫，搞得相当奢华。李亨抵达灵武后，每顿膳食也都备足了山珍海味和美酒佳肴，其规格和排场几乎不亚于天子御膳。

在李亨看来，杜鸿渐这么搞实在是太离谱了。

国难当头之际，你搞这么多花样干吗？这显然违背了艰苦奋斗的精神，不利于李亨收揽人心；其次，你杜鸿渐想拍马屁可以理解，但也不能拍得这么没有技术含量啊！你就不能务实一点，别玩这些虚的？

李亨很生气，随即命杜鸿渐把这些没用的花架子通通撤除了。

李亨不想要花架子，是因为他想要实实在在的东西。

这个东西就是皇位，就是他已经渴望了整整十八年的天子之位。

从个人角度来讲，李亨已经四十六岁了，已经没有多少时间让他蹉跎了；从当时的整个天下大势来看，李亨也必须当这个皇帝。如果不当皇帝，李亨就没有资格号令四方，没有资格领导李唐的臣民们进行这场前所未有的平叛战争！

可是，尽管玄宗在长安和马嵬驿先后有过几次口头上的传位之命，可那毕竟是口头上的，没有形成正式的传位诏书。在此情况下，李亨如果在灵武自行即位，就有“擅立”之嫌，根本不具备权力交接的合法性，也严重违背了古代的伦理纲常，足以遭致“不忠不孝、无君无父”的骂名。

因此，李亨现在最需要的不是杜鸿渐给他搞的这些花里胡哨、中看不中用的东西，而是实实在在的拥立和劝进！

虽然这样子坐上大位显得合法性不足，但李亨已经管不了那么多了。他现在只能先把号令天下的旗帜立起来，至于那些合法性的东西，以后再找机会慢慢弥补。

先上车，后补票！

杜鸿渐把马屁拍到了马腿上，着实尴尬了几天，可他这个人很聪明，马上就意识到太子真正想要的是什么了。

随后，杜鸿渐就与另一个官员裴冕联名，率领朔方的所有文武官员向太子上书，请李亨“遵马嵬之命，即皇帝位”。（《资治通鉴》卷二一八）

当然，他们的请愿马上被太子婉拒了。可他们锲而不舍，又由裴冕出面向太子进言：“跟随殿下的将士都是关中人，他们之所以千里迢迢地追随殿下到此大漠边塞，就是希望为国家立下尺寸之功。如果不能及时凝聚人心，一旦离散，就很难再挽回。因此，为了社稷安危和平叛大业，请殿下务必听从民意、随顺人心！”

随后，裴冕等人又连续劝进，李亨当然是一一拒绝。直到他们递上第五封劝进书的时候，李亨才勉为其难地点头同意。

在中国古代，很多人要当皇帝的时候，都需要手下人跟他们一起玩这套“欲迎还拒，一唱三叹”的劝进游戏。像李亨这种非正常即位的皇帝，当然更需要这套东西来弥补合法性的不足。别人往往是“三劝”就把屁股挪到皇帝宝座上了，而李亨足足“五劝”！

天宝十五年（公元756年）七月十二日，亦即抵达灵武的三天后，李亨在灵武郡城的南楼举办了一场并不隆重，甚至略显寒碜的登基大典，正式成为大唐帝国的新一任天子。后世按其庙号，称其为唐肃宗。

在登基大典上，群臣欢喜舞蹈，李亨也留下了百感交集的泪水。

同日，李亨改元“至德”，遥尊远在巴蜀的玄宗为太上皇。

对此毫不知情的玄宗李隆基就这样“被退位”了，属于他的天宝时代也就此成为了历史。当然，除了朔方的军民，基本上没人知道大唐天子已经从李隆基变成了李亨，更不知道这一年的年号已经从“天宝”变成了“至德”。

即位当天，肃宗便任命裴冕为中书侍郎、同平章事，杜鸿渐为中书舍人，其他将吏也各有任命。制度草创之际，一切只能因陋就简。当时的肃宗麾下，仅有文武官员二十多人，上朝的时候，官员们都站得稀稀拉拉的，怎么看都是个山寨版的朝廷。

当时有一个朔方将领叫管崇嗣，根本没把这个山寨版朝廷当一回事，上朝时居然背对肃宗而坐，还跟其他人嘻嘻哈哈开玩笑。监察御史李勉见状，立刻发起弹劾，并把管崇嗣关进了御史台监狱。肃宗李亨马上表扬了这个敢于执法的御史，说：“吾有李勉，朝廷始尊！”可尽管如此，他还是当天就把管崇嗣放了。

值此非常时期，李亨无论如何也不敢拿武将治罪。不管天子尊严受到了多大的蔑视，他也只能忍着；不管眼下的局面有多么艰难和窘迫，他也只能撑着。

作为一个身逢乱世并且是非正常即位的天子，李亨别无选择。

有趣的是，就在肃宗灵武即位的三天后，不知道自己已经“被退位”的玄宗还在普安（今四川剑阁县）发布了一道诏书，任命李亨为“天下兵马元帅”，兼任“朔方、河东、河北、平卢节度都使”，命他“南取长安、洛阳”；同时任命另外几个儿子永王李璘、盛王李琦、丰王李珙为各个方面的节度大使（皆一人统领数道），并授予他们“署置官属及本路郡县官”之权。也就是说，此时的玄宗仍然以皇帝的身份在进行全局性的战略部署，仍然试图以遥控的方式领导四方的平叛力量。

这是唐朝历史上颇富戏剧性的一幕。

儿子不待传位而自行登基，尊父亲为太上皇；父亲却仍以皇帝自居，封儿子为天下兵马元帅。在同一时刻，帝国出现了两位天子、两个朝廷、两个权力核心、两套施政体系。于是，一个令人尴尬的问题出现了——到底谁该听谁的？

玄宗仓皇逃离长安时，四方臣民都不知道皇帝去了哪里，直到这份诏书发布，人们才知道天子所在何处。可是，就在接到玄宗诏书的同时，太子灵武即位的消息也已传遍四方，李唐的臣民们不禁纳闷——往后的日子，我们又该听谁的？

## 灵武：帝国的灵魂

至德元年（公元756年）七月二十八日，玄宗一行历经艰险，终于抵达此次流亡的终点站——成都。随同他抵达成都的扈从官员和禁军将士，只有一千三百人。

为时四十多天的流亡生涯宣告结束。回想起一路上所经历的饥饿、疲惫、忧愁、恐惧、痛苦、哀伤，玄宗的心情真是久久难以平静。

八月二日，玄宗发布了一道大赦天下的诏书，似乎是要与天下人分享他劫后余生的喜悦。同一天，河北官员第五琦（“第五”是复姓）入蜀觐见，向玄宗奏报说，平叛战争需要庞大的军费开支，而帝国的财赋重镇在江淮地区，如果玄宗授予他相应职位，让他专门负责管理江淮财赋，他保证能为各地的平叛官兵提供源源不断的军费。玄宗闻奏，欣然授予第五琦监察御史、江淮租庸使之职。

而在此之前，玄宗在入蜀的一路上已经先后任命崔圆、房琯、崔涣为宰相，对流亡朝廷的权力高层进行了必要的重组。种种迹象表明，从马嵬驿之变后，玄宗显然一直在努力走出事变的阴影，并一直在尝试着重新履行一个皇帝的职责。再结合玄宗在普安发布的那道具有战略意义的诏书来看，我们完全有理由认为，此刻的玄宗已经在一定程度上恢复了以往的自信和从容，并且已经作好了“从头收拾旧山河”的充分准备。

然而，历史老儿却在这时候跟他开了一个残酷的玩笑。

八月十二日，几个来自灵武的使者风尘仆仆地抵达成都，给玄宗带来了太子李亨已于一个月前在灵武即位的消息。

尽管马嵬分兵的那一刻，玄宗对这一天的到来已经或多或少有所预感，可当它真的到来时，玄宗还是感到了极大的意外和震惊。

当然，他没有让内心的惊愕流露在脸上。

事实上，作为一个君临天下已经四十四年的皇帝，作为一个经验极度丰富的政治家，玄宗很清楚自己应该怎么做。所以，他只用了很短的时间就在思想上完成了自我说服的工作，在心态上完成了从皇帝到太上皇的角色转换。因为他知道——面对这场前所未有的叛乱，正值盛年的儿子李亨肯定比他这个七十老翁更适合作为戡乱平叛的领袖，也更有可能带领李唐臣民取得这场战争的胜利。

尽管李亨先上车后补票的做法让他很有些不爽和纠结，可既然生米已经做成熟饭，玄宗也只能面对现实，把内心的种种负面情绪扼杀在萌芽状态，并且以大局为重，把国家利益置于个人的政治利益之上。

因此，当灵武使者不无忐忑地向玄宗呈上太子的奏章时，玄宗立刻报以一个宽宏而豁达的笑容，同时一脸欣慰地说："吾儿应天顺人，吾复何忧！"（《资治通鉴》卷二一八）

八月十六日，玄宗最后一次以皇帝身份发布诏书，宣称自即日起，由他发布的公文不再称为诏书或敕令，而称为"诰"；皇帝向他呈送表疏时，一律称他为太上皇。此外，所有军国大事，一概交由皇帝裁决，事后再向他奏报；一旦收复长安，他就不再过问任何政务。

八月十八日，玄宗又命宰相韦见素、房琯、崔涣携带传国玉玺和传位诏书，代表他前往灵武，正式册封李亨为帝。

短短几天之内，玄宗就快速启动了皇权交接的程序，把手中的权力全盘移交给了李亨，仅仅保留了对军国大事的知情权，而且这个有限的权力还是有时效性的，一旦回到长安就自动取消。也就是说，一旦天下稍定，玄宗就要作为一个两耳不闻窗外事的太上皇，彻底淡出帝国的政治舞台。

毫无疑问，这是一个非常漂亮的谢幕姿态。

玄宗并非不喜欢权力，也并非不眷恋这块由他主宰了将近半个世纪的政治舞台，可他最后还是果断地选择了退出，并且干脆利落，一点也不拖泥带水。仅此一点，他就比历史上那些死到临头还抱着权力不撒手的皇帝强多了。虽然玄宗这么做在很大程度上是出于形势所迫，但假如他丝毫没有放权的念头和急流勇退的智慧，也绝不可能在历史上留下一个这么完美的谢幕姿态。

从这个意义上说，唐玄宗李隆基的确是一个了不起的人物。尽管由于他晚年的荒疏朝政和骄奢淫逸，最终导致了安史之乱的爆发，可当他一旦清醒过来的时候，我们仍然可以领略到一个杰出政治家所特有的那种智慧与胸襟。

简言之，真正了不起的人物往往要同时具备两种素质：一是拿得起，二是放得下。

在某些时候，后者甚至比前者更重要。

自从潼关失守后，河北战场的形势就随之出现了重大逆转。

本来，郭子仪和李光弼已经完全掌握了河北战场的主动权，正在博陵围攻史思明，下一步计划就是直捣范阳；而唐朝的平卢节度使刘正臣也正准备自柳城南下，与郭、李兵团遥相呼应，夹攻燕军老巢。可就在这个节骨眼上，潼关失陷的消息传到了河北。考虑到京师和天子的安危，郭子仪和李光弼不得不解除博陵之围，率主力撤出河北战场，自井陉口退回河东，以备随时回援关中。

唐军一撤，史思明立刻尾随追击，却被李光弼击退。史思明在李光弼这儿捞不到便宜，马上又掉头北上，攻击平卢的刘正臣。刘正臣没料到燕军会主动出击，被打了个措手不及，部众阵亡七千余人。刘正臣慌忙抛弃妻儿老小，单身匹马落荒而逃。

唐军主力既已撤离，河北的命运也就可想而知了。

时任常山太守的王俌第一时间丧失了坚守的意志和决心。倒也不能全怪他贪生怕死，实在是因为他麾下没有正规军，只有从附近地区招募的一些民团，其战斗力与郭、李兵团根本不可同日而语，当然更不是燕军的对手。所以，王俌决意向燕军投降。

然而，王俌的心思很快就被一些部将觉察。随后，诸将合谋，利用一次打马球的机会杀了王俌，夺取了常山的指挥权。可是，诸将心里都很清楚，即使不投降，单单靠手下这些民兵也是守不住常山的。要想抵御史思明，唯一的办法就是向附近友军求援。

当时，信都（今河北冀县）太守乌承恩麾下有一支三千人的朔方军，虽然人数不多，但是身经百战，个个有以一当十之勇。常山诸将随即派人前往信都，请求乌承恩率部进驻常山。可是，无论来自常山的使者如何动之以情、晓之以理，乌承恩始终不为所动，硬是不肯挪窝。

数日后，史思明、蔡希德挥师南下，进攻九门。唐军进行了顽强的防守。攻到第十天时，唐军终于宣布投降。史思明大喜过望，立刻入城准备接收。可就在他登上城门的一瞬间，唐军伏兵忽然杀出，史思明无路可逃，只好从城楼上纵身跃下，被鹿角（削尖的木桩）刺伤左胸，连夜逃回博陵。

唐军的诈降之计虽然成功了，迫使史思明不得不退却，但此时的唐军将士心里都很清楚，燕军的退却只是暂时的，很快就会卷土重来。而诈降的手段是可一不可再的，到时候，九门至常山一线注定要落入燕军手中。

进而言之，没有了郭子仪和李光弼，河北迟早是史思明的天下！

八月初，史思明再度发兵进攻九门，于十日攻克。城陷之日，史思明疯狂报复，屠杀了数千人。随后，燕军乘胜进围藁城。二十日，藁城陷落。

九月初一，史思明进攻赵郡，于五日攻陷，随即猛攻常山。十天后，常山陷落。燕军再度屠城，又杀了数千人。

随着常山等地的相继陷落，河北唐军的士气又一次落入了低谷。

就在这个人心惶惶的时刻，肃宗灵武即位的消息传到了一个人的耳中。他就是一直在平原郡坚持抗战的颜真卿。

得到消息后，颜真卿惊喜交加，马上写了一道奏表，封藏在“蜡丸”（古代传送秘密文件的惯用方式）中，派人送到了灵武。肃宗见表，随即颁布诏书，对颜真卿及河北军民的坚贞和勇毅表示了极大的赞赏和鼓励，并加封颜真卿为工部尚书兼御史大夫，仍保留他的河北招讨、采访、处置使等职，然后同样以蜡丸形式把诏书下达到了平原郡。

颜真卿接获诏书，立刻命人传谕河北诸郡，及河南、江淮等地。

直到此时，大河南北的李唐臣民才知道年富力强的太子李亨已经即位为帝，人心顿时大为振奋，抗击叛军的意志也越发坚定。

就在肃宗的诏书下达河北之前，郭子仪已经率领五万朔方精锐回到了灵武，原本兵少将寡的肃宗朝廷立刻变得兵强马壮。李亨大喜，当即擢升郭子仪为兵部尚书、灵武长史，以李光弼为户部尚书、北都（太原）留守，二人都兼任同平章事，且原任的职务全部保留。

随后，李光弼与郭子仪分兵，率五千人马进驻太原，以防史思明西出井陉，进攻河东。

很显然，郭子仪和李光弼的此次回师，对于困境中的肃宗李亨实在是一个莫大的鼓舞。因为，自从叛乱爆发以来，郭、李二人就成了唐军的一面旗帜，也是朝野瞩目的重量级人物，他们能够在新朝廷刚刚建立的时候及时归至肃宗麾下，这不仅是在军事上增强了新朝廷的实力，更是在政治上极大地增强了肃宗朝廷的号召力。可以说，直到郭、李兵团的到来，肃宗朝廷才终于摆脱了草创时期一无所有的尴尬局面，初步具备了一个戡乱朝廷应有的规模和实力。“灵武军威始盛，人有兴复之望矣！”（《资治通鉴》卷二一八）

灵武，一座普普通通的西北边塞，如今却聚焦了天下人的目光，承载了李唐臣民的全部希望。

在这个四海分崩的非常时期，它已然成为帝国的灵魂。

## 长安乱

正当肃宗李亨在灵武努力开创新局面的同时，沦陷的长安却在经受着一场可怕的灾难。

最惨的，当属滞留长安的李唐皇族。

燕军入据长安不久，安禄山就下令孙孝哲捕杀了霍国长公主（玄宗的姐妹）和众多的李唐王妃、驸马、皇孙、郡主、县主等。令人发指的是，安禄山的命令并不仅仅是把这些天潢贵胄一杀了事，而是杀完之后还要剖腹掏心，把一颗颗血淋淋的心脏挖出来祭奠他的长子安庆宗。此外，凡是杨国忠、高力士的亲信党羽，以及安禄山素所憎恶的那些王公大臣，基本上也都死得很难看。燕军当街用铁棒打烂了很多人的头颅，致使他们脑浆涂地，鲜血横流，其状惨不忍睹。据说前后有八十多人死于非命。

在安禄山的恐怖统治下，不光是李唐皇族和王公大臣遭遇灭顶之灾，就连普通老百姓也是惶惶不可终日。安禄山听说玄宗逃跑时，长安百姓趁乱哄抢了很多财物，便以此为由，命军队和各级衙门天天出动，四处抄家。凡是家中藏有些许财物的，一律没收家产，并将其逮捕治罪。而且一家遭难，亲朋好友也都会受到株连。一时间，“连引搜捕，支蔓无穷”，致使“民间骚然，益思唐室”。（《资治通鉴》卷二一八）

毛泽东曾经说过：“哪里有压迫，哪里就有反抗！”此理古今皆然。虽然长安百姓没有像燕赵民众那样大范围地揭竿而起，但他们也自有抗暴的手段。

大多数手无寸铁的百姓跟燕军展开了心理战。当他们得知太子李亨自马嵬分兵北上后，就天天传播小道消息，说太子已经在北方集结了一支大军，随时会南下克复长安。不仅如此，还有很多人会在夜深人静的时候，突然跑到街上，扯着破锣嗓子大喊：“太子大军来啦！太子大军来啦！”

长安百姓自发的这种心理战让燕军苦不堪言。白天，每当燕军望见北方的地平线上烟尘大起，就以为是唐军杀来了，于是一个个惊惶奔走；晚上，他们经常会在睡梦中被街上那几声撕心裂肺的喊叫惊醒，而醒来后便再也不敢入睡。总之，在长安百姓的频繁骚扰之下，燕军官兵基本上都处于高度紧张之中，日子一久，很多人都患上了神经衰弱。

除了心理战之外，京畿地区的一些豪杰义士也组织了许多地下抵抗力量，今天干掉一支巡逻队，明天杀死几个斥候兵。虽然每一次的动作都不大，但却神出鬼没，让燕军防不胜防。燕军也曾经发动过几次清剿，可效果并不理想。因为这些抵抗力量就像春天里的韭菜，刚割了一茬，又冒出一茬，“诛而复起，相继不绝”，让燕军伤透了脑筋。

燕军刚进入关中时，其势力范围不仅包括京畿地区，而且北抵洛交（今陕西富县）、西至扶风（肃宗即位后改名凤翔，今陕西凤翔县）。

可到了后来，随着抵抗运动的不断兴起，燕军不得不大幅回缩战线，其力量所及，北不过云阳（今陕西泾阳县），南不过武关（今陕西商南县西北），西不过武功（今陕西武功县西），基本上只据有长安一座孤城。燕军小股部队只要敢迈出长安西门，就随时有可能被抵抗组织灭掉。

正因为长安和关中百姓这种卓有成效的抵抗运动，才使得燕军被牢牢牵制在京畿地区以内，既不能西进追击玄宗，也无法北上进攻灵武。尤为重要的是，正因为此，江淮地区收缴上来的财赋，才能通过襄阳西上，绕道上郡（今湖北郧西县），再通过凤翔中转，源源不断地输送到玄宗所在的成都和肃宗所在的灵武。

对于山河破碎、社稷倾圮的李唐王朝而言，这条运输线无疑是一条至关重要的生命线。只有保证这条生命线的畅通，肃宗李亨才有可能逐步走出困境，并打响一场匡复社稷、重整山河的战争。

值得一提的是，当时的凤翔太守正是诛杀虢国夫人的原陈仓县令薛景仙。肃宗即位后，第一时间就提拔了他，让他坐镇凤翔。事实证明，肃宗的这项人事任命在日后发挥了关键作用。因为凤翔的战略地位异常突出，它既是防御燕军西进的一座桥头堡，更是帝国财赋运输线上的一处重要枢纽。而薛景仙到任后，屡次击退了燕军的进攻，牢牢捍卫着这个战略要地，可以说为危机中的李唐王朝立下了汗马功劳。

随着关中抵抗运动的日渐活跃，燕军的军心开始动摇了。

首先叛离燕朝的是一个叫阿史那从礼的同罗将领。

他料定燕军不可能在长安长久立足，于是便瞅准机会，拉着麾下的五千骑兵逃离长安，跑到了朔方。不过，他并不是想跳槽归附肃宗，而是准备勾结边地的其他胡人部落，趁乱割据，自立山头。也就是说，他既不想再给安禄山打工，也不愿意给李隆基或李亨打工。

肃宗李亨当然不会容许这个胡人在自己眼皮底下割据。所以，阿史那从礼刚一到朔方落脚，李亨就暗中派人去游说他的部众，千方百计进行劝降。结果，还没等阿史那从礼有所动作，手下的一大帮人就被李亨忽悠走了。

阿史那从礼大怒，遂煽动铁勒九姓、六胡州的胡人部落，很快就集结了数万人，并进抵灵武北面，随时准备发动进攻。肃宗闻报，即命郭子仪征调天德军（驻地在今内蒙古乌拉特前旗东北）讨伐阿史那从礼。郭子仪又把任务交给了麾下的左武锋使仆固怀恩（铁勒九部人）。仆固怀恩旋即命长子仆固玢出兵，不料却被阿史那从礼击败，仆固玢被俘。

数日后，仆固玢侥幸从敌营逃回，可迎接他的，却是无情的军法和冰冷的铡刀。为了激励士气，仆固怀恩毫不犹豫地砍下了儿子的脑袋。见此情景，三军将士无不震骇。随后，仆固怀恩发兵再战，唐军将士个个奋勇争先，无不以一当百，遂大败同罗及诸胡联军。

击破阿史那从礼后，肃宗李亨忽然有了一个新的想法。

既然阿史那从礼可以勾结诸胡作乱，我为什么不能向诸胡借兵平叛呢?!

胡人的战斗力是有目共睹的，若能取得他们的支持，再加上郭子仪、李光弼的朔方劲旅，克复长安也就指日可待了!

肃宗被这个借兵的想法搞得兴奋不已，随即派遣仆固怀恩出使回纥，请求他们出兵帮唐朝平叛，同时郑重许诺：“克城之日，土地、士

庶归唐，金帛、子女皆归回纥。”（《资治通鉴》卷二二〇）

克复长安之时，土地和百姓归唐朝，财富和美女都归你们！

为了早日夺回京城，此刻的大唐天子李亨已经顾不上自己和帝国的尊严了。

众所周知，从贞观初年起，大唐天子就已经被四夷诸蕃共尊为“天可汗”。当时唐朝周边的少数民族国家和部落，哪一个不是把唐朝皇帝视为天经地义的天下共主呢？太宗皇帝征调四夷兵马的时候，哪一次不是招之即来、挥之即去呢？可如今，堂堂天可汗的子孙却再也没有资格向四夷发号施令了。他不仅要屈尊俯就地向异族借兵，而且还要拿京师的财富和美女跟异族做交易！

这是肃宗李亨的悲哀，也是大唐帝国的耻辱。

可是，这能怪李亨吗？

一个被叛军打得东奔西逃，连都城都没有的皇帝，还有什么尊严可言呢？

事实上，从玄宗君臣仓皇逃离长安的那一刻起，李唐王朝就已经尊严扫地了。换句话说，在这个世界上，无论是一个人，还是一个国家，当生存出现危机的时候，讨论尊严实在是一件很奢侈、很可笑的事情。而李亨虽然已经在灵武即位了，他所建立的朝廷也已经初具规模，但毕竟还没有真正摆脱生存危机。所以，尽管李亨拿帝国的财富和子民跟异族做交易显得很无耻，可这就是现实。没有这样的承诺和诱惑，回纥就不可能出兵。回纥不出兵，要夺回长安就会困难得多。而拿不回长安，李亨就永远也找不回失落的尊严。

所以说，并不是李亨不要脸，而是李唐王朝的脸早就被安禄山撕烂了。李亨别无选择。

对于长安的燕军来讲，阿史那从礼的叛逃无疑使得原本就已动摇的军心越发涣散。不管是燕军官兵，还是投降燕朝的原唐朝官员，人人都在忙着为自己找一条后路，随时准备脚底抹油。于是，京、府、县的各级衙门都没人上班了，就连监狱的狱卒也跑得不见踪影，以致囚犯们一个个大摇大摆地走出监狱，满街溜达。

长安再次出现了严重骚乱。

在此情况下，京兆尹崔光远不得不重新考虑自己的前途和命运。

燕朝如此不得人心，这长安还能守得了几天？自己要是死心塌地跟着安禄山走，到头来又会是个什么下场？

崔光远越想越怕，随即采取了行动。

他派兵包围了燕军大将孙孝哲的府邸，表面上说是要加强安全保卫工作，实际上是在监视孙孝哲。崔光远之所以要监视他，其因有二：一、为了避免长安的局势彻底失控，就要防止孙孝哲逃跑；二、万一唐军真的杀回来了，可以拿孙孝哲的人头将功赎罪。

在崔光远看来，这是一个两全其美的办法。无论最后是唐朝赢了还是燕朝赢了，自己都能立于不败之地。

可是，孙孝哲并不是笨蛋。他当然很清楚崔光远在想什么，只不过碍于此人是安禄山亲自任命的京兆尹，孙孝哲才不敢随便动他。但是，这并不等于孙孝哲会容忍一大帮“警卫”天天在他家门口站岗。

随后，孙孝哲便向安禄山呈递了一道密奏，内容自然是控告崔光远心生异志，请求安禄山下旨将其诛杀。

孙孝哲的密奏刚发出去，崔光远就得到了消息。

他无奈地意识到，自己脚踩两只船的办法已经行不通了，要是再不作出抉择，大祸随时可能临头。最后，崔光远不得不带着长安府、县两级衙门的十几个官员，偷偷逃离长安，一口气跑到了灵武。

面对这些墙头草似的卑鄙小人，肃宗心里虽然极为鄙视，可他还是拿出了一副既往不咎的宽宏姿态，不仅热情欢迎他们归来，而且马上又授予了相应官职。其中，崔光远再次被任命为京兆尹，同时兼任御史大夫。当然，此刻的肃宗朝廷连京城都没有，所谓的京兆尹自然也只是一顶空头乌纱。

封完官后，肃宗马上交给了崔光远一项既光荣又艰巨的任务，让他前往渭北一带，负责招抚那些流亡在外或者被迫投敌的官吏和百姓。

肃宗笑容可掬地看着崔光远，那笑容里分明在说：你瞧，像你这种有过特殊经历的人，是最有资格去执行这项任务的，没有谁比你更适合了。

崔光远有些傻眼。

可他心里很清楚，像他这样的人，已经没有任何资格挑肥拣瘦了。他现在只能抱着将功赎罪的心态，老老实实接受任务。毕竟脑袋没有搬家，他就该谢天谢地了。

跟崔光远比起来，宦官边令诚就没有这么走运了。几天后，他也从长安逃回了灵武，可等待他的，并不是将功折罪的机会，而是死亡。

肃宗几乎连想都没想就把他砍了。

同样作为曾经的叛国者，边令诚之所以和崔光远得到了截然不同的待遇，倒也不是因为他罪孽特别深重，而是因为对肃宗李亨来说，边令诚和崔光远有不同的利用价值——李亨让崔光远活着，并且让他官复原职，是想让他现身说法，招抚那些已经投降燕朝的人；而李亨杀掉边令诚，同样是让他用掉脑袋的方式，震慑那些即将投降燕朝的人。

赶快回头，你们就能和崔光远一样官复原职；倘若执迷不悟，边令诚就是你们的前车之鉴！

所以崔光远可以活，但边令诚必须死。

道理就这么简单。

至德元年九月末，也就是肃宗灵武即位的两个多月后，他的朝廷与草创之时已完全不可同日而语。

他现在有兵，有钱，有粮，且外有回纥奥援，内有四方官吏和百姓拥戴。一个朝廷该有的东西他似乎都有了。所以，此刻的肃宗李亨越来越有一种柳暗花明、否极泰来的感觉。

接下来，他终于把目光投向了长安。

九月十七日，肃宗离开灵武，于二十五日进至顺化（今甘肃庆阳县）。此地距离长安只有大约五百里路。随后的日子，肃宗还将继续南下，一步一步地逼近长安，组织并打响一场收复两京、重振社稷的帝国反击战。

而就在同一天，负责呈送传国玉玺和传位诏书的宰相韦见素、房琯、崔涣等人也恰好进抵顺化。

终于来了！

万千滋味刹那间涌上李亨的心头。

尽管玄宗送给儿子的这份礼物来得有些迟，但还不算太晚。

在收复长安的战役打响之前，这份礼物其实来得正是时候。

如果说兵马钱粮是肃宗朝廷的血肉，民心士气是肃宗朝廷的骨髓，那么玄宗的传位之旨就相当于是为肃宗朝廷注入了最重要的东西。

灵魂。

是的，从这一刻开始，肃宗李亨就再也没有任何遗憾了。来自玄宗的这份政权合法性的终极认证，使得李亨终于能够以一个名正言顺、货真价实的帝王身份，当之无愧地出现在天下人面前！

当然，李亨城府极深，他是不会让内心的兴奋之情轻易流露出来的。见到传国玉玺和传位诏书的这一刻，尽管李亨心里波涛汹涌，可他的表情却极为淡定，看上去仿佛仍然是那个谦虚内敛、低调做人的东宫太子。

李亨出人意料地婉拒了玄宗的册命。他对韦见素等人说："比以中原未靖，权总百官，岂敢乘危，遽为传袭？"（《资治通鉴》卷二一八）

只因中原尚未平静，我才权且总领百官，岂敢乘国家危难之际，贸然传袭皇位？

群臣闻言，免不了一番阿谀奉承，大赞李亨谦恭仁孝云云，同时极力劝谏，请他接受册命。然而，李亨却执意不肯接受。最后，他把玉玺和诏书供奉在了别殿，每天早晚各礼拜一次，有如给太上皇行"晨昏定省之礼"一样。

这当然是在作秀。

李亨说他不敢"乘危传袭"，可事实上，他早已不待传位而私自承袭了。所以说，李亨此刻的表现，说好听点叫做"谦恭仁孝"，说难听点就叫得了便宜卖乖。

不过，从一个政治家的角度来说，李亨这么做其实是很有必要的。因为只有这么做，才能堵住天下人的嘴，让人再也找不到攻讦他"擅立"的口实。

——你看，连太上皇传位他都不肯接受了，你怎么能说人家抢了父亲的皇位呢？

李亨虽然没有接受册命，但再也没有人敢质疑他身为皇帝的合法性了。而玄宗从成都派过来的三位宰相，自然也就留在了他的身边。

在韦见素、房琯、崔涣这三人中，李亨最讨厌的人是韦见素。因为在李亨看来，韦见素一直和杨国忠同穿一条裤子，显然不是什么好鸟。

最受李亨赏识的，是房琯。

此人历来有贤能之名，李亨本来就对他抱有好感，加之房琯一见到李亨，立刻拿出一副忧国忧民的姿态，慷慨激昂地纵论天下大势，李亨遂被他的风采打动，从此深为倚重，“军国事多谋于琯”。而房琯也当仁不让，“以天下为己任，知无不为，专决于胸臆；诸相拱手让之”。（《资治通鉴》卷二一八）

然而，此刻的李亨并不知道——这个房琯只是一个眼高手低、志大才疏的家伙。

在李亨重整山河、中兴李唐的道路上，在滚滚弥漫的天下烽烟中，真正能够帮助他廓清迷雾、矫正方向的人，根本不是这个徒有虚名、雄辩滔滔的宰相房琯，而是一个生性淡泊、与世无争的布衣。

他，就是中唐历史上的传奇人物——李泌。

# 第八章
# 大唐反击战

## 李泌：布衣“宰相”

李泌，字长源，自幼聪敏，博涉经史，工于诗书，常以王佐之才自命。李泌从小就有“奇童”之称，开元十六年（公元728年），他刚刚六岁的时候，玄宗便慕名召其入京。李泌入宫觐见时，玄宗正和宰相张说弈棋。为了考察他的才智，玄宗就暗示张说考考他。张说随口说了一句：“方若棋局，圆若棋子，动若棋生，静若棋死。”然后让他用“方、圆、动、静”四个字，也照这个样子赋句。李泌不假思索，张口就说：“方若行义，圆若用智，动若骋材，静若得意。”（《新唐书·李泌传》）

此言一出，顿时语惊四座。玄宗大喜，对左右说：“这孩子的心智，远远超越了他的年龄。”当即赐给财帛，并特地颁了一道敕令，让他的父母善加培养。当时的著名朝臣张九龄、张廷珪等人，都对他非常欣赏，并与他结成了忘年之交，常亲切地称他为“小友”。

长大成人后，李泌更为博学，尤其精通《周易》。但他却无心仕途，耻于像一般人那样追求功名，而是钟情山水，欣慕老庄、神仙之术，经常云游或隐居于嵩山、华山和终南山之间。天宝中期，李泌给玄宗上书，直言当时的朝政得失，玄宗才猛然回忆起当年那个“奇童”，随即征召李泌入朝，授予翰林待诏之职，让他到东宫辅佐太子李亨。

就是从这个时候起，李泌和李亨结下了不解之缘。李亨对他非常敬重，常称其为“先生”。从严格意义上讲，翰林待诏只是文学侍从，算不上真正入仕，而玄宗也曾经想授予李泌正式官职，却被他婉拒。所以，李亨和李泌实际上一直是“布衣之交”。

在东宫供职几年后，李泌因看不惯杨国忠的恃宠擅权，写了一首《感遇诗》讥讽朝政，结果得罪了杨国忠，旋即被逐出京师。李泌干脆脱离政治，从此躲到河南嵩山，开始了他的隐居生涯。

此后的几年里，李亨和李泌就断了音信。

当李亨从马嵬北上灵武之时，内心的彷徨和无助是可想而知的，所以他第一时间就想起了李泌，随即派人前往嵩山寻访，希望李泌能出山辅佐他。

山河破碎、国难当头之际，李泌当然没有理由置身世外、袖手旁观。于是，他几乎没有任何犹豫，就跟着使者日夜兼程赶到了灵武。李亨大喜过望，旋即引入内殿，与他促膝长谈。从此，李泌便以一介布衣的身份留在了肃宗身边，“出则联辔，寝则对榻”，就跟当年在东宫的时候一样。肃宗“事无大小皆咨之，言无不从，至于进退将相亦与之议”。（《资治通鉴》卷二一八）

很显然，此时的李泌虽然仍是布衣之身，但他对肃宗的影响力却远远超越了文武百官，甚至超越了宰相，完全称得上是一人之下，万人之上。肃宗多次要任命李泌为宰相，可李泌却坚决推辞。他说：“陛下像朋友一样对待我，说明我的身份比宰相还要尊贵，何必一定要我入仕为官，违背我的心志呢？”肃宗只好作罢。

但是，随着时间的推移，肃宗朝廷的规模越来越大，权威也日渐提升，一切都在朝着正规化的方向快速发展，因而李泌的布衣身份也越来越让肃宗感到尴尬。有一次，肃宗和李泌一起路过军营，士兵们就指着他们窃窃私语，说：“那个穿黄衣服的是‘圣人’，那个穿白衣服的是‘山人’。”所谓“圣人”，意指皇帝；而所谓“山人”，意思就是山野村夫了。肃宗听到这样的话，心里当然是老大不爽，于是下定决心，无论如何也要改变李泌的布衣身份。

肃宗把外面的议论告诉了李泌，然后说：“值此非常时期，我虽然不敢强迫先生当官，但还是请先生换一件紫袍（三品以上官服），以免下面的人说三道四。”李泌不得已，只好接受。可李泌刚刚把紫衣穿上，肃宗就笑容满面地看着他说："既然紫衣都穿了，岂能没有一个名分！"随即从怀里掏出早已准备好的一道敕令，宣布任命李泌为侍谋军国、元帅府行军长史。所谓"侍谋军国"，是李亨的一项特殊发明，也是专门为李泌量身定做的。由此可见，为了让这个死活不肯当宰相的李泌有一个合适的名分，李亨可谓用心良苦。

这下子，李泌才知道自己被肃宗忽悠了，赶紧连声推辞。肃宗一脸正色道："朕不敢封你为宰相，只是暂时给你一个身份，等到叛乱平定，便任你远走高飞。"

皇帝都把话说到这份上了，李泌要是再推辞，就显得太不近人情了。李泌无奈，只好勉强答应。

李泌之所以死活不肯当官，首先当然是因为他那与众不同的个性。他一贯鄙视世间的虚名浮利，尤其鄙视那些为了权力、富贵而不择手段的钻营之辈。因此，即便是为了辅佐李亨而不得不出山，他也希望自己始终保有一种超脱的心态，不愿被世间的功名利禄所捆绑。

不过，这还不是李泌拒不为官的最主要原因。

事实上，李泌的真正动机要比这个深远得多。用明末思想家王夫之的话说，李泌之所以屡辞相位，是因为他心中怀有一种关乎唐室兴亡之"大机"。

众所周知，玄宗执政后期，最严重的问题就是"君轻爵位"而"人觊贵宠"。这两者是一枚硬币的两面。也就是说，皇帝既然滥封滥赏，不珍惜朝廷爵禄，百官当然只求谄媚皇帝，一心博取富贵荣宠。天宝末年，之所以内有杨国忠恃宠擅权，外有安禄山阴谋反叛，正是这一积弊导致的后果。

所以，李泌的"大机"，就是想铲除天宝政治的这种积弊。

具体言之，李泌是想通过自己的实际行动达成两个目的：一、为肃宗朝廷的文武百官树立一个榜样，使得"人不以官位为贵而贵有功，不以虚名为荣而荣有实"（《读通鉴论》卷二三）。也就是让官员们真正为国家和百姓做事，而不是唯上媚上，一门心思只想着升官发财。二、在此基础上，使肃宗朝廷至上而下都能养成一种"珍惜爵赏""不贪荣利"的健康风气，为肃宗的中兴大业创造一个良好的开局。

毋庸讳言，以李泌一人之力，是很难改变一个时代的积习的，但是唯其如此，李泌的努力才更显得难能可贵。

能够得到李泌这种不世出的王佐之才，实在是肃宗李亨的幸运。李泌纵然改变不了一个时代的风气，但在辅佐李亨这件事上，他的智慧和才能还是绰绰有余的。

刚到灵武不久，李泌就曾经及时纠正了肃宗即将犯下的一个严重错误。那是关于天下兵马元帅的人选问题。

起初，肃宗是想把这个重要职位交给三子建宁王李倓，因为李倓生性英勇果敢，善于骑射，且富有才略。比如，李亨与玄宗在马嵬分兵后，北上灵武的主意就是李倓提出来的。后来，在奔赴灵武的一路上，李亨一行"屡逢寇盗"，全靠李倓"自选骁勇，居上（李亨）前后，血战以卫上"（《资治通鉴》卷二一八），李亨才得以转危为安。

这么优秀的儿子，李亨没有理由不把元帅的职务交给他。

但是，肃宗的决定却遭到了李泌的反对。他说："建宁王固然是元帅之才，但广平王李俶是长兄。如果建宁王在平叛战争中立下大功，那将把广平王置于何地？"

肃宗不以为然地说："广平是长子，本来就是未来储君的当然人选，何必一定要居元帅之位？"

李泌说："问题是广平王现在还没有正位东宫！如今时势艰难，人心所向都在于元帅，倘若建宁王大功既成，即使陛下不以他为储君，追随他立功的那些人岂能答应？太宗皇帝和太上皇当年发生的那些事，就是最典型的例子。"

肃宗闻言，不禁悚然一惊。

他一心只想着早日收复长安，却差点造成了一个严重的政治隐患。如果不是李泌及时提醒，他就酿成大错了。肃宗随即改变决定，把元帅的职务给了广平王李俶，命他统御诸将。

事后，建宁王李倓得知此事，马上向李泌当面致谢，说："这正是我的心愿。"

李泌的这次劝谏，化解了一场兄弟阋墙的危机。

紧接着，他又对肃宗进行了一次劝谏，成功避免了肃宗与玄宗之间有可能产生的父子相猜。

有一天，肃宗和李泌在谈话，话题不知不觉扯到了李林甫身上，肃宗咬牙切齿地说，等到克复长安之日，一定要颁布一道敕令，将李林甫的坟墓挖开，焚骨扬灰，以泄心头之恨。李泌却大摇其头，说："陛下方定天下，奈何找死人寻仇！李林甫现在不过是一具枯骨，无知无觉，陛下这么做，只能徒然显示圣德之不弘而已。更何况，天下降贼的人那么多，一旦听到此事，必然心生恐惧，这不等于阻断了他们的自新之途吗？"

肃宗大为不悦，说："此贼过去千方百计要害朕，让朕朝不保夕。朕能够活到今天，全靠上天庇佑！李林甫当时也看你不顺眼，只是未及对你动手就死掉了，难道你想宽恕他？"

李泌道："臣岂不知李林甫当年的所作所为，但臣考虑的不是这些。请陛下想一想，上皇君临天下近五十年，享尽太平欢乐，而今一朝失意，远走巴蜀。南方气候恶劣，而上皇年事已高，若听到陛下敕令，一定会认为陛下是因为当年韦妃被黜一事记恨他（天宝五年，李林甫一手炮制了韦坚谋反案，太子妃韦氏受到牵连，李亨被迫与韦氏离婚，韦氏随后削发为尼）。倘若上皇因此产生不安和愧疚，以致感伤成疾，那么陛下必然会被人指为'以天下之大不能安君亲'，到时候，陛下何以自解？"

肃宗闻言，顿时如梦初醒，当即起身，仰天长拜，说："朕根本没想到这些，是上天让先生进此忠言啊！"然后抱住李泌，涕泣不已。

李亨的表现虽然比较夸张，但也是有感而发的。

毕竟，李林甫是玄宗多年宠信的宰相，有道是打狗也要看主人，你李亨要是真的把他挫骨扬灰，那无异于是在扇玄宗的耳光，你让他老人家的脸往哪里搁？更何况，李亨作为一个自立门户的天子，极力淡化"擅立"的恶名犹恐不及，何苦再招惹世人非议，无端背负"不能安君亲"的骂名呢？假如不是李泌深谋远虑，及时进谏，李亨显然又要犯下低级错误了。

李泌处处以大局为重，知无不言，言无不尽，固然对肃宗有很大的帮助，但有时候也难免因直言极谏而得罪人。

比如肃宗朝廷刚刚从灵武迁至顺化不久，李泌就得罪了一个特殊人物。准确地说，这是一个女人。

她就是肃宗的爱妃张良娣。

## 张良娣：这个女人有心机

张良娣是一个来头不小的女人。

她的祖母和玄宗的生母窦氏是亲姐妹。玄宗年幼时，母亲窦氏被武则天派人暗杀，玄宗就一直由他的姨母，也就是张良娣的祖母照料。为了报答对姨母窦氏的养育之恩，玄宗即位后，把她的四个儿子全部擢为高官。张良娣就是窦氏最小的儿子所生。天宝中期，张良娣被选入东宫为妃。当时太子妃韦氏已于数年前被黜，加上张良娣本人“性巧慧，能得上意”，所以深受李亨宠爱。

玄宗逃离长安时，张良娣与太子随行。此时张良娣已身怀六甲，即将临盆，可她一直表现得非常坚强，默默忍受着颠沛之苦。据《旧唐书·后妃传》所载，当马嵬百姓“遮道请留”，劝太子不要入蜀时，张良娣也态度鲜明地“赞成之”。由此可见，张良娣很可能也事先参与了“父老遮留”这一幕的策划。

从马嵬分兵北上后，由于一路上不断遭遇危险，所以张良娣每晚就寝时，都会主动睡在外侧，把李亨挡在身后。李亨苦笑着说：“抵御寇贼，不是你们女人的事情，你何必睡外面？”张良娣却说：“现在的形势这么乱，殿下的卫兵又太少，万一出现紧急情况，妾身还可以替殿下挡一挡，以便让殿下从后门撤离。”

听到这样的话，李亨不可能不被感动。

到达灵武不久，张良娣腹中的胎儿呱呱坠地。可产后的第三天，张良娣就拖着虚弱的身躯，加入到了为战士缝制衣服的行列。李亨大为不忍，劝她安心静养。张良娣回答得很干脆：“这不是妾身静养的时候。”

李亨再一次被感动得一塌糊涂，从此更加宠爱张良娣。

作为当事人，李亨除了感动，可能不会再有什么想法。可作为旁观者，我们却不能不说，张良娣的表现有些煽情，因此很容易让人产生某些想法。至少，从上面的几则感人小故事中，我们可以得出一个结论——这个女人很有心机。

女人有心机，是很让人头疼的一件事。而作为一个身份特殊、地位显赫的女人，张良娣的心机就更足以让人头疼了。

和这样的女人打交道，势必要万分小心。万一你不小心成了她的对头，那你的麻烦就大了。

不小心惹上这个女人的人有两个，一个是李泌，还有一个就是建宁王李倓。

有一次，太上皇李隆基赐给了张良娣一张七宝装饰的马鞍，相当豪华，相当贵重。李泌一看就有意见了，对肃宗说：“如今四海分崩，应该以俭约示人，张良娣不应乘坐这张马鞍。臣斗胆建议，将上面的七宝珠玉摘下来，上缴国库，以备赏赐给立下战功的人。”

李亨正在思忖该不该把那些珠玉摘下来，屏风后面忽然传出一个女人的声音：“大家乡里乡亲的，不至于这样吧！”

说话的人正是张良娣。

她是京兆新丰人，而李泌也是京兆人，所以张良娣才会酸溜溜地称他为老乡。

就这一句话，我们就有理由怀疑，上面那些感人事迹通通都是在作秀。她之所以口口声声替老公阻挡刀枪，还牺牲坐月子的时间替战士缝制衣服，真正的动机就是要获取李亨的怜爱和信任，而不是为了什么家国社稷。倘若她真的是为家国社稷着想，在听到李泌谏言的时候，就应该舍己为公，牺牲自己的利益，为天下人做表率。可她偏偏没有，而是说了那么一句酸溜溜的话，这说明什么？

这足以说明，张良娣上面的作秀并非出于真心，而是在舍小博大——忍受小痛苦，牺牲小利益，博取政治利益。

张氏的身份毕竟只是一个不高不下的良娣，并非真正的太子妃。所以李亨即位后，她并没有顺理成章地成为母仪天下的皇后。换言之，在正位中宫之前，皇后宝座并不是非她莫属的，因此，她就必须不择手段地巩固并加深肃宗对她的宠爱。

可是，“七宝鞍事件”不也是一个很好的博取宠爱的机会吗？她为何不按照李泌的意见，顺水推舟地再秀一把呢？

原因当然还是出于政治利益。

要知道，这个七宝鞍的最大价值并不在那些闪闪发光的珠玉上，而是在于它是太上皇送的！上面说过，张良娣的祖母对幼年的玄宗有过养育之恩，这层关系对于日后张良娣的正位中宫无疑起着决定性的作用。

所以，张良娣拥有这张七宝鞍，就等于时刻在提醒肃宗、提醒百官、提醒天下人——我和太上皇的关系非同寻常！

现在，李泌居然要把这个七宝鞍拆了，岂不是要拆张良娣的墙角，阻挠她正位中宫？

在此情况下，她当然要挺身捍卫自己的利益。

如果不是出于政治利益，张良娣断然不会说出那么弱智的一句话。换言之，像张良娣这么一个心机深沉的政治女性，是断然不会舍不得那几颗珠玉的。假如这张七宝鞍是别人送的，我们相信，无须等李泌来进谏，张良娣早就主动把它拆了，而且说辞肯定会跟李泌一模一样——时局艰危，当示天下以俭，妾身不应留着它。这么一说，保证再一次把肃宗感动得稀里哗啦的。

“七宝鞍事件”的结局不难想到，肃宗听从了李泌的建议，对屏风后的张良娣解释说：“先生都是为社稷着想啊！”然后就命人把张良娣视为命根的七宝鞍给拆了。

可想而知，张良娣心头的怒火会蹿得多高。

可是，李泌是肃宗亦师亦友的人物，满朝文武、公卿将相的进退都在他一句话，张良娣奈何不了他。

偏偏在这个时候，一个替罪羊出现了。

他就是建宁王李倓。

这个血气方刚的年轻人在廊下听到了肃宗的决定，顿时感动得眼泪哗哗的。肃宗惊闻外面哭声，赶紧把李倓叫了进来。李倓抹抹眼泪，哽咽着说：“臣近来时刻担忧，这场祸乱一时难以平定。今天看见陛下从谏如流，相信用不了几天，就能看到陛下把上皇迎回长安，一时激动，忍不住喜极而泣。”

毫无疑问，这番话一字不漏地落进了张良娣的耳中。

李倓的悲剧就在这一刻注定了。

张良娣紧紧咬着自己的嘴唇，一言不发地拂袖而去。

老娘固然奈何不了李泌，可老娘还奈何不了你一个小小的建宁王？

张良娣觉得李泌是在拆她墙角，阻挠她正位中宫，其实也没有冤枉李泌。因为就在数日之后，肃宗就向李泌流露了立张良娣为皇后的意思，却被李泌不假思索地否决了。

当时，肃宗说：“良娣的祖母，是昭成太后（玄宗生母）的妹妹，上皇对过去的那些事一直念念不忘。朕想让良娣正位中宫，以告慰上皇之心，你认为怎样？”

李泌答：“陛下在灵武，都是因为群臣想得到拥立之功，才不得不登上大位，并不是为了个人的私利。至于像册立皇后这样的家事，最好等待上皇的诰命，相信只是多等个一年半载而已。”

如果说在七宝鞍的事情上，李泌还有一个“示天下以俭”的理由的话，那么在这件事上，李泌就是赤裸裸地跟张良娣唱对台戏了。

李泌为什么这么做？

原因很简单，倘若肃宗自己册立皇后，那就让人有理由认为——你李亨在灵武自立的动机就是为了抢班夺权，否则你刚当上皇帝，为何就急不可耐地要立皇后呢？这难道不足以说明，你所做的一切都是出于私利吗？

换言之，李泌的潜台词就是：太上皇不忘姨母养育之恩，要立张良娣为皇后，那是太上皇自己的事情，一切让他老人家去定夺，你李亨何必越俎代庖，多此一举，让天下人又来嚼舌头呢？

李泌正是不希望给天下人留下这样的口实，才反对肃宗自己册立皇后。严格来讲，李泌并不是冲着张良娣个人去的。然而，张良娣并不会这么认为。在她看来，李泌就是在故意拆她的台！

所以，张良娣迟早要让拆台的人付出代价。

当然，柿子要捡软的捏。张良娣首先要对付的人不是李泌，而是那个口无遮拦、不知天高地厚的建宁王李倓！

## 一个被失望笼罩的冬天

有人说，希望是火，失望是烟，人生总是一边点着火，一边冒着烟。对于至德元年冬天的李亨来说，这句话真是至理名言。

这一年十月三日，肃宗李亨带着文武百官继续南下，从顺化进至彭原（今甘肃宁县）。此地距长安大约只有四百里路。随着肃宗朝廷的不断南移，李唐王朝反攻长安的态势也日益凸显。

对于即将打响的这场收复长安的战役，李亨无疑充满了信心。因为此刻的朝廷人才济济、兵精粮足，而且回纥可汗也已向唐朝派出了使臣，不日将抵达彭原，与他商讨出兵之事。如此种种，都是李亨对未来充满希望的理由。

可他万万没有料到，即将来临的这个冬天，将是一个被失望彻底笼罩的冬天。

首先给他带来失望的人，就是他最赏识的宰相房琯。

自从获得肃宗的信任后，房琯俨然就成了李唐朝廷的第一宰相。由于房琯本来就有“喜宾客，好谈论”的名士做派，所以掌握相权后，马上提拔了一大帮崇尚清谈的朝野名士，而那些来自基层或者起于草莽的文臣武将，则被他视为“庸俗”之辈，纷纷遭到排挤。

房琯这种标榜清流、排斥异己的做法很快引起了大多数朝臣的强烈不满。在那些实干派看来，像房琯这种所谓的名士和清流，往往是成事不足败事有余的，他们口口声声要救国，可到头来非但不能救国，反而极有可能误国！

十月初，北海太守贺兰进明入朝觐见。肃宗因其在河北抗战中表现突出，就让房琯起草敕令，准备任命他为御史大夫，并出任岭南节度使兼南海太守。

在房琯眼中，贺兰进明就是属于没文化的庸俗之辈。对于肃宗的任命，房琯表面上不敢有什么意见，可在起草敕令的时候，却自作主张地把岭南节度使和南海太守这两个职务拿掉了，仅给贺兰进明保留了一个御史大夫之职，而且在官职前面还冠以一个“摄”字，相当于代理之意。贺兰进明一下就跳起来了。

当然，他没有去找房琯，而是直接去找了肃宗。

由于官员被授予新官职一般都要当面叩谢圣恩，所以贺兰进明就揣着严重缩水的任命状入朝叩谢。肃宗大为奇怪，问他怎么回事。贺兰进明直言不讳地说，因为房琯和他有私人恩怨，所以借机报复。

紧接着，贺兰进明就狠狠参了房琯一本。他对肃宗说：“晋朝时，名士王衍贵为三公，但却浮华虚伪，崇尚清谈，结果导致中原板荡，天下不宁。如今，房琯华而不实，仅凭迂阔之谈博取虚名，和王衍简直是一丘之貉，他提拔引荐的那些人，也都是浮华之辈。陛下用他为宰相，恐非社稷之福。此外，陛下应该还记得，上皇不久前曾发布一道诏书，命陛下和诸王分领诸道，将陛下置于这空旷荒凉的边塞。据臣所知，这道诏命就是房琯建议的。房琯还把自己的心腹派到诸道，表面上说是辅佐诸王，实则暗中掌控实权。房琯之所以这么做，就是无论上皇的哪个儿子平定天下，他都不会失去权力和富贵，试问，这是一个忠臣应该干的事情吗?!"

对于贺兰进明的这番话，肃宗当然不会全盘相信。但是，只要肃宗信了三分，房琯的日子就不可能再像过去那么滋润了。

随后，贺兰进明仍旧被肃宗任命为御史大夫，并出任河南节度使。与此同时，房琯则明显感觉到了肃宗对他的冷落和疏远。

为了证明自己不是光说不练的主，房琯随即向肃宗主动请缨，要求率部出征，克复两京。肃宗也正想看看他到底有没有真本事，当即批准，任命他为"招讨西京兼防御蒲，潼两关兵马、节度等使"，同时交给了他六七万兵马。

房琯要求自行挑选将佐，肃宗也一口答应了。房琯随后便从心腹朝臣中挑了三个人：御史中丞邓景山，任副帅；户部侍郎李揖，任行军司马；给事中刘秩，任参谋。其中，房琯最倚重的就是李揖和刘秩，他不但把军事指挥权都交给了他们，而且逢人便说："叛军的精锐虽多，怎能抵挡我的刘秩！"

和房琯一样，李揖和刘秩也都不过是一介书生，根本不懂军事，可房琯却对他们充满了信心。

十月中旬，房琯开始胸有成竹地调兵遣将，把大军分为三路：南路由杨希文率领，自宜寿（今陕西周至县）出发；中路由刘贵哲率领，自武功（今陕西武功县西）出发；北路由李光进（李光弼的弟弟）率领，自奉天（今陕西乾县）出发，浩浩荡荡向长安挺进。

十月二十日，中路军和北路军先行进抵便桥（今陕西咸阳市西南）。次日，二军与燕军的安守忠部在咸阳东面的陈涛斜遭遇。房琯采用古代的兵车战术，出动了两千辆牛车，让步兵和骑兵紧跟在牛车后面，对燕军发起冲锋。

安守忠看着唐军的牛车阵，当场笑喷。正巧这时刮起了东风，安守忠即命士兵在阵地前沿燃起大火，然后擂动战鼓，嘶叫呐喊。一时间，火焰，浓烟，以及震天动地的鼓声和呐喊，顺着风势一齐向唐军袭来。那两千头牛何曾见过这等阵仗，一下子都被吓成了疯牛，当即四处狂奔。于是，唐军还没来得及和燕军交手，自己的人、车、牛、马就开始互相踩踏，乱成一团。燕军趁势发起进攻，唐军大败，死伤四万余人，仅剩数千残兵跟着房琯逃离了战场。

十月二十三日，房琯不甘心失败，又亲自带领南路军与燕军交战，结果再度溃败，士卒伤亡殆尽，将领杨希文、刘贵哲投降燕军。

肃宗朝廷成立以来的第一次反击战，就这样以全军覆没的惨败告终。李亨暴跳如雷。

没想到你房琯的本事这么大，一战就把六七万人全给报销了！

房琯失魂落魄地逃回彭原时，肃宗本想把他一刀砍了，无奈李泌极力劝谏，肃宗才饶了他一命。

这次惨败显然对肃宗造成了相当大的打击。首先，它极大地削弱了肃宗朝廷的军事实力；其次，它充分表明肃宗在用人政策上出现了严重失误；最后，也是最主要的是——肃宗心中刚刚燃起的希望的火焰，被它当头浇下了一盆凉水！虽然还没有完全熄灭，可要重新燃起来又谈何容易?!

有道是福无双至，祸不单行。就在唐军于陈涛斜遭遇惨败的同时，从关外也传来了一个令人震惊的消息——河北全线沦亡了。

自从郭子仪和李光弼撤离后，史思明就重新抖擞了起来。

他先是攻克了九门、藁城、赵郡、常山等地，继而又与另一燕将尹子奇围攻河间。河间太守李奂率当地军民奋勇抗击，坚守了四十余日。颜真卿见河间危急，派部将和琳率一万二千人前去救援，却遭到史思明的强力阻击，士卒溃散，和琳被俘。

得知援军被击溃的消息后，河间军民的最后一丝希望终于破灭。史思明一鼓作气，攻陷河间，生擒李奂，并将其押赴洛阳斩首。紧接着，史思明又攻陷景城（今河北沧州市东南），城破之时，当地太守李暐投河自尽。稍后，史思明派出两名骑兵，携带一封招降信前往乐安（今山东惠民县）。乐安太守几乎连想都没想，就举城投降了燕军。

连下数城之后，史思明接下来的目标，当然就是河北唐军抗燕的大本营——平原郡了。

十月下旬，史思明以部将康没野波为前锋，挥师南下，直逼平原。

颜真卿知道，面对势如破竹的燕军，平原是无论如何也守不住的。

守不住怎么办？投降吗？

绝对不可能。

既不能战，也不能降，那就只能三十六计走为上了。

并不是颜真卿贪生怕死，而是他不想做无谓的牺牲。在乱世之中，死其实很容易，只有顽强地活下去，同敌人进行不屈不挠的抗争，才是真正艰难的事情。

十月二十二日，颜真卿率部撤离平原郡，渡过黄河南下，进入江淮地区。此后，颜真卿又通过荆州、襄阳辗转北上，终于在次年四月抵达凤翔，与驻跸在此的肃宗会合。

颜真卿的南撤，意味着曾经轰轰烈烈的河北抵抗运动就此画上了一个悲凉的句号。

史思明兵不血刃地占据了平原郡，随后接连攻克清河、博平等郡，继而进围乌承恩驻守的信都（今河北冀州市）。此时，乌承恩的麾下还有整整五万人马，其中还有三千朔方精锐，如果坚守城池的话，就算最终战胜不了燕军，至少也能给史思明造成重创。然而，这个当初拥兵自重、拒不援救常山的乌承恩，却在第一时间打开了城门，把手中的城池和军队拱手送给了史思明。

河北诸郡中，坚持最久的是饶阳郡（今河北深州市）。

差不多从安史之乱爆发后，饶阳就受到了燕军的围攻。虽然燕军也曾迫于战场形势几度撤围，但很快便又卷土重来。到这一年十一月，饶阳被围已将近一年之久，却仍然在苦苦坚守。史思明扫平其他郡县后，便调集重兵，对饶阳发起了最后的进攻。

在燕军近乎疯狂的攻击之下，粮尽援绝的饶阳终于被攻破。燕军士兵蜂拥入城的那一刻，一直在第一线浴血奋战的太守李系不愿死于敌手，遂纵身跃入火中，壮烈殉国。

李系麾下有一员勇将叫张兴，据说力大无比，能举千钧。城破后，张兴被俘，史思明命人把他带到马前，说："将军是难得的壮士，愿不愿意和我共享富贵？"

张兴扬起下巴，说："我张兴生是李唐的人，死是李唐的鬼，断无投降之理。现在我的命在你手中，只想说一句话再死。"

史思明道："说来听听。"

"皇上（玄宗）对待安禄山，恩如父子，群臣莫及，可他不知报恩，反而兴兵犯阙，涂炭生灵。大丈夫纵然不能剪除凶逆，也不必面北称臣！在下有一个小小的建议，不知足下能否采纳？”张兴顿了一顿，见史思明闷声不语，便接着说，“足下之所以追随逆贼，不过是为了荣华富贵，可这就像是燕子把巢筑在帐篷上，岂能久安?!为何不乘机诛杀安禄山，当下便能转祸为福，长享富贵，岂非美事一桩！”

史思明勃然大怒，立刻命人把张兴绑在木桩上，然后用锯子一下一下地割他的肉。张兴扯开嗓子破口大骂，自始至终詈不绝口。其死状之惨烈，其意志之坚贞，与当初的颜杲卿如出一辙。

至饶阳陷落，河北诸郡已悉数沦于燕军之手。燕军每破一城，城里所有女人、财帛、衣服首饰，以及一切拿得动的东西，都被洗劫一空；壮年男性全部抓去充当苦力；至于那些老幼病残，则被燕军当成了取乐的对象，一个个抓来施虐玩弄，等玩够了，再一刀劈死，或用长枪把人挑起来，狠狠掷向半空……

占领河北全境后，燕将尹子奇本来还想南下进攻北海（今山东青州市），进而攻掠江淮地区，不料回纥军队此时已经入援唐朝，并且以惊人的速度越过朔方、河东，兵锋直抵范阳城下。尹子奇闻报，慌忙掉头北上，回防范阳。

面对陈涛斜惨败与河北全境的沦陷，肃宗李亨感到了一种无边的失望和沮丧。

强敌如此猖獗，两京何时才能收复？天下何时才能太平？

肃宗怀着无比沉重的心情向李泌提出了这两个问题。

李泌的乐观出乎肃宗的意料之外。他胸有成竹地说：“据臣所知，逆贼所劫掠的财帛子女，全部都运到了范阳，这哪里有雄踞四海之志呢？现在，只有胡人将领仍然效忠安禄山，汉人只有高尚、严庄数人而已，其他全都是被迫胁从的。以臣所见，不过两年，天下无寇矣！”

肃宗半信半疑地看着李泌，说：“先生为何如此自信？”

接下来，李泌综合整个天下的形势，向肃宗提出了一个深谋远虑的战略：“叛军中的骁将，不过史思明、安守忠、田乾真、张忠志、阿史那承庆等数人而已。如今，陛下如果命李光弼从太原出井陉，郭子仪从冯翊（今陕西大荔县）入河东，则史思明、张忠志绝不敢离开范阳和常山，安守忠、田乾真亦不敢离长安，这就等于我们只用两路人马，就锁住了他们四个将领。如此一来，安禄山身边就只剩下一个阿史那承庆。

下一步，陛下命郭子仪不要攻击华阴，让长安和洛阳之间的道路保持畅通，然后陛下再亲自坐镇凤翔，与郭子仪、李光弼遥相呼应，轮流出击。叛军救头，我们就攻其尾，叛军救尾，我们就攻其头，让他们在数千里间疲于奔命。我军以逸待劳，敌至则避其锋，敌去则乘其弊，不攻击他们的城池，也不切断他们的道路。等到明年春天，再命建宁王为范阳节度使，从塞北出击，与李光弼成南北夹击之势，直捣范阳，覆其巢穴。叛军无路可退，原地坚守又无以自安，届时再命勤王大军从四面合围，安禄山必定束手就擒！”

肃宗听完这一席话，连日紧锁的愁眉才终于舒展开来。

一丝希望的火焰又重新在他的心头燃起。

来年春天，一切会不会像李泌所说的那样——唐军高歌猛进、一路奏凯，而安禄山则走投无路，不得不束手就擒？

李亨不知道。

他只能默默地向天祈祷。

## 安禄山之死

公元757年正月初的某个黄昏，一枚落日无力地悬浮在洛阳皇宫的上空。

天色殷红，红得像是要滴血。燕朝的中书侍郎严庄迈着急促的步伐穿行在重重殿宇投下的阴影中。

他不时回头张望。

身后没有人。除了远处偶尔走过的三五个宫女和宦官，身后一个人也没有。

周围甚至连声音也没有。

一片静阒中，严庄只能听见自己沉重的呼吸声。看来到目前为止，今晚的行动计划仍然是隐秘和安全的。可不知为什么，严庄还是感到自己的手心和脚底都有些潮湿和冰凉。

数日前被鞭杖的背部和臀部此刻还在隐隐生疼。严庄一边走，一边在心里对那个肥胖如猪的魔头皇帝不断发出强烈的诅咒。

好在这一切都将在今晚终结。严庄想，最后的时刻，希望安庆绪不要临阵退缩。

这一天终于来了。

安禄山的次子安庆绪望着眼前这个神色凝重的严庄，在心里一遍又一遍重复着严庄刚刚对他说的八个字——事不得已，时不可失!

这八个字就是最后的行动指令。

这一刻安庆绪已经等待了很久。

自从他的长兄安庆宗被杀后，安庆绪就觉得自己的好运来了。因为长兄一死，排行老二的安庆绪就可以顺理成章地继承父亲的一切。不久，安禄山又在洛阳登基，成了大燕王朝的皇帝。那一刻，安庆绪心里别提有多美了。

在他看来，燕朝的太子之位非他莫属。

然而，世界上的很多事情都是螳螂捕蝉，黄雀在后。安庆绪万万没料到，安禄山根本没想把储君之位传给他，而是要传给最宠爱的幼子，也就是安庆绪的异母弟安庆恩。

意识到这一点的时候，安庆绪顿时满心沮丧。随着安庆恩的日渐长大，安庆绪觉得自己成为储君的希望日益渺茫，甚至连身家性命都朝不保夕。随后，惶惶不可终日的安庆绪便与安禄山的心腹重臣严庄走到了一起。

安庆绪知道，自己绝不能坐以待毙！要想成为燕朝储君，就必须主动做点什么；而无论要做什么，都必须和这个位高权重、心机缜密的严庄联手。

此时此刻，当严庄终于向他发出行动讯号，安庆绪觉得自己不能再等，也无须再等了!

许久，安庆绪听见自己的嘴里也蹦出了八个字："兄有所为，敢不敬从！"（《资治通鉴》卷二一九）

也许是过于用力，安庆绪感到自己的话音坚硬得有如铁器撞击时发出的鸣响。

这是一种既兴奋又紧张的鸣响。

也是一种欲望的鸣响。

作为刺杀行动组的成员之一，也是最终执行人，内侍宦官李猪儿也许是三个人中最坦然的。

因为，光脚的不怕穿鞋的。

不，这么说还不够准确。应该说，这是一场只赢不输的赌局。因为，用一个阉人的命赌一个皇帝的命，赔率近乎无穷大——一旦得手就赢得了一切，就算失手也不过赔上贱命一条！

所以，李猪儿不会患得患失。

正因为此，几天之前，当中书侍郎严庄用一种近乎悲壮的神情来劝他入伙时，李猪儿几乎连想都没想就答应了。

严庄说："你这些日子所受的鞭挞和杖打，多得连自己都数不清了吧？不豁出去干他一件大事，你就死定了！"

"好。"李猪儿重重点了一下脑袋。

严庄愣了一下。

他本来还想对李猪儿进行一番苦大仇深的教育，没想到李猪儿的觉悟这么高，还没等他开始动员，这小子居然就答应了。

寝宫的锦帐里，安禄山静静躺在宽大的龙床上，很努力地、接连不断地翕着鼻翼。

他在捕捉一种气息。

这是好几天来一直萦绕在他周遭的一种不祥的气息。

今天晚上，这股气息异常浓烈。安禄山甚至可以清晰地察觉到——这是一股杀机！

可惜自己瞎了。安禄山在心里一声长叹。要是在从前，任何一个人心中暗藏的杀机都逃不过他的眼睛。

自从范阳起兵以来，安禄山就患上了眼疾。这个病来得很突然，也来得没头没脑。安禄山找来了无数的医生，可没有一个治得好他的病。到这一年春天，安禄山起兵刚刚一年多，他的眼睛就彻底瞎了。

此外，更让安禄山痛苦不已的是——恰恰也是从起兵开始，他身上就长出了恶疮，并且越长越多，溃脓的面积越来越大，而那些该死的御医却照旧对此束手无策。

这些突如其来的疾病让志得意满的安禄山遽然陷入无尽的痛苦、绝望和愤怒之中。他的性格变得异常暴躁，动不动就把身边的人抓来泄火。比如内侍宦官李猪儿，挨的鞭挞和杖打最多。又比如他最宠信的大臣严庄——尽管这个精明强干的心腹谋臣鞍前马后跟随他多年，而且历来把军务和政务处理得井井有条，也还是没能逃脱他的鞭子和棍子。至于其他那些朝臣、宫女和侍从，更是经常被他打得遍体鳞伤，有些人甚至被砍掉了脑袋……

自从恶疾缠身后，安禄山就经常在思考一个问题：老天爷既然让我当上了堂堂的大燕天子，让我拥有了想要的一切，为何又要让我恶疾缠身呢？莫非我终究没有当皇帝的命，强行上位的结果就是遭此报应?!

我——不——相——信!

安禄山在心里一遍又一遍地对着苍天怒吼。

然而，苍天无语。

尽管安禄山不断把愤怒发泄到左右的人身上，可他内心的绝望却越来越深……

此刻已经是夜阑人静，安禄山感觉那股杀机更浓了。他继续紧张地翕着鼻翼，可内心的警醒和恐惧终究还是被身体的困乏和疲倦所取代。

很快，安禄山就昏昏沉沉地睡着了。

三条黑影悄无声息地摸进了寝殿。

殿内鼾声如雷。十几个内侍和宫女七倒八歪地靠在黑暗的角落里打盹。宽广的寝殿中只有皇帝的锦帐四周摇曳着微弱的烛光。

三个人径直走到亮光与黑暗的交界处，微微站定。然后交换了一下目光。

严庄神色凝重。

李猪儿面无表情。

安庆绪脸色苍白，呼吸急促。没有人看见一颗晶莹的汗珠正从他的鼻尖悄然滑落，在地上无声地溅开。

片刻后，严庄轻微而有力地对李猪儿点了下头，李猪儿随即掀开锦帐走了进去。

伫立在宽大的龙床前，看着锦衾下那个缓缓起伏的滚圆肚皮，李猪儿全身滚过一阵莫名的战栗。在李猪儿的想象中，这个肥硕的肚子已经被剖开无数次了。所以，此刻李猪儿挥刀的动作显得极为娴熟，并且干脆利落。

一道森寒的刀光闪过，殷红的鲜血与凄厉的号叫同时飞溅而出。

殿内的所有人全都惊醒了。

一瞬间，他们就意识到眼前发生了什么。

可是，无人动弹。与其说他们不敢动弹，还不如说他们不想动弹。

因为，所有人都盼着床上的那个人早点死。

安禄山在挣扎——用尽他一生最后的力量在挣扎。以前他的力量足以掀翻整个大唐帝国，眼下他的力量却不足以保护自己。他一手捂着皮开肉绽的肚子，一手在枕边拼命地抓。

他想去抓那把从不离身的宝刀。

可是，他什么也没有抓到。他只抓到了帐竿。然后他就抓着帐竿疯狂摇晃。

他摇了很久。

所以，他的血流得很多，肠子也流得很长。

咽气之前，安禄山发出了撕心裂肺的一声怒吼——“必家贼也！”（《资治通鉴》卷二一九）

是的，安禄山猜对了，凶手的确是三个家贼。换句话说，这是三个离他最近的人——严庄在政治上离他最近，安庆绪在血缘上离他最近，李猪儿在生活起居上离他最近。

纵横天下的安禄山到头来居然死在家贼手里，他肯定死不瞑目，也肯定觉得很冤。

可是，安禄山本人又何尝不是家贼呢？他这个家贼造了君父李隆基的反，他自己的家贼反过来又要了他的命，这不是很公平吗？安禄山凭什么觉得冤呢？

用普通人的话来讲，这叫活该；用古人的话来讲，这叫“天道好还”；用佛教的话来讲，这就叫“因果报应，丝毫不爽”！

当确定这个杀人不眨眼的魔头已经变成一堆三百多斤的死肉后，三个家贼挪开龙床，掘地数尺，用毡子把那堆死肉一裹、一扔，就地埋了。所有宦官宫女全都一言不发地帮着清理凶杀现场，配合相当默契。

片刻之后，龙床挪回原地，一切就都恢复了原样，看上去好像什么都没有发生过。

最后，严庄冲着在场的所有人做了两个动作：先是一根食指竖着在上唇点了一下，然后那根指头又横着在喉咙抹了一下。

众人相视一眼，心照不宣。

公元757年，是唐肃宗至德二年，也是燕帝安禄山圣武二年。这一年正月初六清晨，中书侍郎严庄在朝会上向文武百官郑重宣布：燕帝安禄山病重，即日册立晋王安庆绪为太子。

第二天，太子安庆绪登基为帝。

第三天，新皇帝尊奉安禄山为太上皇。

第四天，新皇帝发布太上皇驾崩的讣告，旋即举办国丧……

燕朝的文武百官压根还没回过神来，严庄和安庆绪就已联手完成了一连串重大的政治动作。仿佛只在电光石火之间，这个精明过人的严庄已经把燕朝的命运、百官的命运，甚至包括新皇帝安庆绪的命运——不动声色地捏在了手里。

百官们既困惑又不安。

不是我不明白，是世界变化快。

安庆绪终于得到了梦寐以求的天子富贵。他为此深深地感激严庄。在公开场合，他们以君臣相称，可在私下里仍旧称兄道弟。严庄毫不客气地告诉安庆绪，你既没有军事经验也没有政治经验，而且一紧张说话就颠三倒四，恐怕难以服众，还是不要见人的好。

安庆绪乐呵呵地同意了。他马上封严庄为御史大夫、冯翊王，然后一转身跳进深宫的酒池肉林中，把那些让人烦心的军国大事全部扔给了严庄。

这样挺好。安庆绪想，我喜欢享受生活，你喜欢操持政务；我要的是富贵，你要的是权威。咱哥俩各取所需，各得其所，多好！

## 建宁枉死，永王兵变

对于唐肃宗李亨来说，至德二年的春天只能用四个字来形容：悲喜交加。喜的是安禄山终于死翘翘了，悲的是李唐皇室也有两个重要成员在这一年春天死于非命。

一个是李亨的儿子建宁王李倓。

一个是李亨的弟弟永王李璘。

自从“七宝鞍事件”后，李泌和李倓就成了张良娣的眼中钉和肉中刺。对此，李倓当然不会没有察觉。年轻人本来就容易冲动，加之李倓的性格又很刚烈，所以他很快就有了先下手为强的想法。

有一天，李倓私下对李泌说：“先生凡事经常替我着想，我无以报德，想帮先生除掉一大祸害。”李泌莫名其妙，问他什么祸害。李倓报出了张良娣的名字。李泌一听，顿时神色大变，说：“这不是身为人子应该说的话，今后不要再提，也千万别一时冲动干什么傻事。”然而，年轻气盛的李倓根本听不进去。

就在李倓摩拳擦掌的同时，张良娣也正在不动声色地给他下套。

毕竟姜还是老的辣，深谙权术的张良娣不但没有和李倓正面冲突，反而在肃宗面前帮他说“好话”，建议肃宗立广平王李俶为太子，然后把天下兵马元帅的职务交给李倓。

很显然，这是一个离间计，而且是极其阴险、一石三鸟的离间计。

无论哪朝哪代，立储之事最容易挑起皇子间的争端，张良娣怂恿肃宗议立太子，目的就是在广平王和建宁王之间制造矛盾，让他们同根相煎。此外，张良娣知道，议立储君这样的大事，肃宗一定会找李泌商量。这样一来，自然就把李泌扯进了权力斗争的漩涡。在张良娣看来，无论李泌同不同意这件事，他的处境都会很难堪：如果他同意，建宁王李倓肯定不高兴；如果他不同意，广平王李俶肯定不高兴。总之，李泌必定要得罪其中一个。

不出张良娣所料，几天后，肃宗果然向李泌提出了立储之议。他说：“广平当元帅也有些日子了，我现在想让建宁全面负责平叛事宜，又怕像你说的那样，因建宁居功而影响广平的皇嗣地位，所以，不如现在就立广平为太子，你认为如何？”

李泌一听，就知道是什么人在背后搞小动作了。他从容地说：“臣曾经多次讲过，凡是军国大事，陛下必须马上处理，可像册立太子这种‘家事’，最好是交给太上皇去定夺。否则的话，后人如何辨别陛下灵武即位的本意？提出这个建议的人，必定是想借此离间臣和广平王。臣请求，把这件事的来龙去脉告知广平王，臣相信，他也未必愿意当这个储君。”

随后，李泌就把此事原原本本地告诉了广平王李俶，并且解释了自己反对的理由，同时表露了自己的苦衷。李俶也很明智，他知道这个时候当太子绝不是什么好事，于是马上去见肃宗，说：“陛下至今尚未迎回上皇，儿臣又岂敢当这个储君！儿臣现在最大的愿望就是早日迎回上皇，除此别无他求。”

李俶这几句话说得很漂亮、很得体，肃宗听完也觉得很欣慰。册立太子之事就此不了了之。

李泌轻而易举地化解了张良娣的阴招，既避免了一场潜在的兄弟阋墙之祸，又丝毫没有引起广平王的不满和怨恨，真可谓魔高一尺，道高一丈。在这个足智多谋的李泌面前，张良娣真有点黔驴技穷的感觉。

不过，她绝不会就此罢手。

因为，她不是一个人在战斗。自从肃宗灵武即位以来，肃宗的心腹宦官李辅国就跟她结成了政治同盟。张良娣相信，凭借她和李辅国两个人对肃宗的影响力，绝不可能败在李泌的手下。

李辅国，原名李静忠，貌丑，家贫，从小就被净身送进了宫中，一直在宫廷马厩里养马。由于他初通文墨，而且人比较聪明，所以后来就成了高力士的仆从，并被提拔为“厩中簿籍”。天宝中期，年近五十的李辅国才进入东宫，成了太子李亨的贴身侍从。

玄宗逃离长安时，李辅国也跟随太子一同出逃。马嵬驿之变中，李辅国是陈玄礼和太子之间的联络人，也算是兵变的参与者之一。事后，他又和广平王、建宁王一起策划了“父老遮留”，成功促使太子与玄宗分兵，并北赴朔方。抵达灵武后，李辅国极力劝请肃宗即位，从而立下了拥立之功。

肃宗即位后，当即擢升李辅国为太子家令，兼元帅府行军司马，并视他为心腹，“四方奏事，御前符印军号，一以委之”（《旧唐书·李辅国传》）。就是从这个时候起，李辅国开始逐步掌握宫禁大权，并最终成为肃宗朝的一大权宦。

李辅国平生不食荤腥，长期茹素，而且手里经常拿着一串念珠，所以人人都把他当成了善男信女。可事实上，越是热衷于把佛教拿来装点门面的人，内心越有可能藏着一大堆不可告人的东西。用《资治通鉴》的话来说，李辅国实际上是“外恭谨寡言，而内狡险”。

肃宗即位后，张良娣日益得宠，随时有可能登上皇后宝座。面善心险的李辅国见她得势，便主动向她靠拢，“阴附会之，与相表里”。

（《资治通鉴》卷二一九）

李辅国与张良娣相互勾结，沆瀣一气，自然引起了建宁王李倓的嫌恶。于是，这个嫉恶如仇、血气方刚的年轻人每次见到肃宗，都会大骂这两人虚伪阴险，心怀大恶，并称他们内外勾结，企图危害皇嗣。

众所周知，除了李泌之外，李辅国和张良娣都是肃宗最宠信的人，所以，李倓在肃宗面前肆意攻讦他们，非但不能起到任何作用，反而只会暴露出自己的率性、冲动和幼稚，从而遭致肃宗的反感。

冲动是魔鬼。李泌曾经对李倓作出过警告。

然而，他的警告却未能阻止李倓被自己内心的冲动之魔俘获。

李倓的悲剧就此酿成。

张良娣和李辅国本来就和李倓势同水火，如今又天天遭受他的人身攻击，自然是怒不可遏，所以便夜以继日地在肃宗耳边吹风，说："建宁王恨陛下不给他当元帅，企图谋害广平王。"

李倓指控张良娣和李辅国危害皇嗣，指的也是广平王。如今，矛盾双方都以皇长子李俶为焦点，相互发出指控，肃宗该怎么办？他该相信谁呢？

肃宗最后还是相信了张良娣和李辅国，并决然颁下一道敕令，将建宁王李倓赐死。

李倓就这么死了。这个在肃宗分兵北上、即位灵武的过程中立下大功的三皇子，就这样冤死在了张良娣和李辅国的谗言之下。

其实，肃宗之所以不分青红皂白地赐死李倓，并不仅仅是听信了张、李二人的谗言，而主要是因为他本人对这个儿子也抱有强烈的怀疑。因为李倓的个人素质和军事能力太过突出了，远远强于他的兄长李俶，因此肃宗打心眼里不相信李倓会甘心居于李俶之下。他之所以急于要立李俶为太子，就是想彻底断绝李倓的念想，避免一场兄弟阋墙的惨祸。可是，鉴于自己即位的"非正常"性质，他又不得不听从李泌的劝告，暂时放弃册立太子的想法。如此一来，李倓夺嫡的可能性就始终存在。这对于尚未完成平叛大业的李亨而言，不啻于一颗万分危险的定时炸弹。

此刻，叛军仍然占据着两京与河北，万一自己的后院在这个时候突然起火，李亨的皇位还怎么坐得稳呢？所以，当张良娣、李辅国与建宁王李倓的矛盾发展到不共戴天的地步时，当肃宗觉得李倓觊觎储位的嫌疑越来越大时，他就只能抱着“宁可信其有，不可信其无”的态度，对李倓痛下杀手，除掉这颗定时炸弹！

尽管他万般不忍，可身为皇帝的冷酷最终还是战胜了身为父亲的温情。没办法，这就是政治。

建宁王之死是一个不祥的信号，表明肃宗朝廷内部在平叛之初就已经开始了激烈的权力斗争。如果说，建宁王李倓的悲剧还仅仅是发生在宫阙之内，对当时整个天下的形势还不至于产生多大影响的话，那么接下来这场拥兵割地的叛乱，则无异于是在肃宗刚刚受创的伤口上又撒了一把盐，也一度使得当时的平叛形势变得更加错综复杂。

这场叛乱的制造者，就是肃宗的异母弟——永王李璘。

李璘，玄宗第十六子，由于生母郭顺仪早亡，幼时便被年长的李亨抱去抚养。李亨非常疼爱这个年幼的弟弟，夜里经常抱着他入睡，对他的感情既是兄弟，更像是父子。据说李璘相貌丑陋，眼睛还有一点斜视，但因从小聪敏好学，所以长大后还是很受李亨的喜爱。开元十三年（公元725年）三月，李璘与诸兄弟同日封王，两年后遥领荆州大都督，数年后又加开府仪同三司。

毫无疑问，如果没有安史之乱，排行十六的永王李璘这辈子也就这样了。父皇玄宗能给他的，也就是锦衣玉食的生活，外加几个有名无实的荣誉衔而已。他注定只能在长安做一个养尊处优的亲王，连出镇地方、成为封疆大吏的机会都没有，更不用说要觊觎九五之位了。换言之，在太平年月里，永王李璘只能跟所有亲王一样，老老实实享受属于他的那份荣华富贵，绝不敢对皇位生出什么非分之想。

然而，安史之乱改变了这一切。

当玄宗在流亡巴蜀途中发布了那道“命诸王分镇天下诸道”的诏书后，隐藏在永王李璘内心的权力欲望就被不可遏止地撩拨起来了。

在玄宗的诏书中，太子李亨、永王李璘、盛王李琦、丰王李珙分别被授予一人节制数道的大权。其中，李亨为天下兵马元帅，兼任朔方、河东、河北、平卢节度都使；永王李璘任山南东路、岭南、黔中、江南西路四道节度、采访等使，兼江陵郡（治所在今湖北江陵县）大都督；而盛王和丰王虽然各有任命，但因年纪尚轻，没有实际赴任。所以，真正得到封疆大吏之权的，其实只有李亨和李璘。

永王李璘活了半辈子，还是头一次获得这么大的权力。

就像一个被突然吹胀的气球一样，李璘马上有了一种飘起来的感觉、一种凌驾于芸芸众生之上的感觉。

这感觉真好！

接到玄宗的诏命后，李璘就迫不及待地离开巴蜀，于当年九月抵达江陵。由于当时江淮地区收缴上来的财赋都要通过江陵中转，所以江陵的府库中财富山积。李璘到任后，马上动用大量钱粮布帛，招募了数万兵马。他身边的人一看这架势，就知道永王心里在想什么了。随后，以谋士薛镠、永王之子襄城王李瑒为首的文武官员，纷纷怂恿李璘拥兵自立，割据江东。他们说，如今天下大乱，“惟南方完富”，而永王“握四道兵，封疆数千里”，应该趁此机会入据金陵（今江苏南京市），“保有江表，如东晋故事”。（《资治通鉴》卷二一九）

李璘笑了。

就在短短几个月之前，他还只是李唐皇室一个毫不起眼的亲王，可现在，他已经是拥兵数万、坐镇一方的封疆大吏了，而且马上就要将帝国的半壁江山收入囊中，如果运气再好一点，他说不定还能将皇兄李亨取而代之，成为君临天下、富有四海的皇帝！

李璘踌躇满志地笑了。

永王李璘在江陵的异动没有逃过肃宗李亨的眼睛。此时，李亨已经接到玄宗的传位诏书，成了名实相副的大唐天子，他当然不能容忍永王拥兵割地的企图。肃宗随即颁布一道敕令，命永王“归觐于蜀”，让他马上回成都，在太上皇身边乖乖呆着。

李璘当然拒不奉命，继续在江陵秣马厉兵。

肃宗大感不妙，连忙任命高适（唐朝著名的边塞诗人）为淮南节度使，领广陵（今江苏扬州市）等十二郡；以来瑱为淮南西道节度使，领汝南（今河南汝南县）等五郡；命二人与江东节度使韦陟配合，严密监视李璘动向，必要时联手将其剿灭。

至德元年十二月，永王李璘率领舟师沿江而下，军容盛大。吴郡（今江苏苏州市）太守李希言发觉苗头不对，立刻发了一封书信，诘问其为何擅自引兵东下。李希言这封信，采用的是“平牒”的形式。所谓平牒，就是不分上下尊卑，称谓也没什么讲究，所以李希言就在信中对李璘直呼其名。

李璘见信，勃然大怒，马上给李希言回了一封，大意是说：寡人是堂堂皇子，身份尊贵，礼绝百僚，如今你既然无视尊卑，那就别怪寡人不客气了！

李璘此次率兵东下，摆明了就是要袭取金陵、割据江东，而李希言这封“无礼”的平牒信，恰好给了李璘起兵的借口。

此时不反，更待何时?!

随后，李璘兵分三路，命大将浑惟明率一路攻击吴郡，大将季广琛率一路攻击广陵，自己则亲率主力进兵当涂（今安徽当涂县）。

没有人会料到，安禄山点燃的烽烟还在北方和中原滚滚弥漫，尚未平息，永王李璘却在自家后院燃起了新的战火。

惊闻永王起兵的消息，吴郡太守李希言慌忙派遣部将元景曜，会同丹阳（今江苏镇江市）太守阎敬之出兵御敌；同时，广陵长史李成式也派遣部将李承庆发兵抵御。

由于永王蓄谋已久，兵锋甚锐，所以一战就击溃了前来阻击的官军，并斩杀了阎敬之，乘胜进占丹阳。元景曜和李承庆见叛军势大，不敢抗拒，随即双双缴械投降。

两军刚刚接战，唐将便一死二降，江淮地区顿时大为震恐。高适、来瑱和韦陟急忙赶赴安陆（今湖北安陆市）会合，商讨平叛之计。鉴于永王的军队是有备而来，兵精粮足，士气正盛，所以高适等三人决定避敌锋芒，暂且不与叛军正面交战，而是采用双管齐下的战略：一方面沿长江北岸大布疑兵，迷惑对手；一方面积极采取攻心战，力争从内部瓦解叛军。

计议已定，广陵长史李成式随即派遣部将裴茂率部进驻瓜步洲（今江苏六合县东南），“广张旗帜，耀于江津”，摆出了一副严阵以待的架势。

紧接着，高适发挥自己在诗文方面的特长，撰写了一篇《未过淮先与将校书》，命士卒们四处散发，对叛军官兵晓之以理、动之以情，并且诱之以利；同时，世家大族出身的韦陟（前宰相韦安石之子）也利用自己在朝野上下的声望，暗中对叛军的几个高级将领进行策反，并事先上奏肃宗，对叛军大将季广琛许以高官厚禄，答应他一旦反正，便授予其丹阳太守兼御史中丞之职。

这几招相当管用。

面对旌旗招展的北岸官军，永王李璘和儿子李瑒开始发怵了——在他们看来，朝廷军肯定已经在对岸集结了重兵，接下来的仗要怎么打，他们心里根本就没底。

与此同时，面对官军强大的宣传攻势，叛军的军心也不可避免地发生了动摇。其中，季广琛对于朝廷许给他的高官厚禄更是心动不已。

跟着永王造反，目的也不过是为了高官厚禄；如今只要归顺朝廷，这一切便唾手可得，季广琛还有什么理由替永王卖命呢？

季广琛随即秘密召集诸将，对他们说："我们跟随永王到此，至今也看不到成功的希望，不如趁此兵锋未交之时，及早各奔前程，否则不但会死于战阵，还要永远背负逆臣的骂名。"众将闻言，都觉得很有道理，当下各自跑路：季广琛率部奔广陵，浑惟明率部奔江宁，冯季康率部奔白沙（今江苏仪征市）……数万兵马顷刻间逃亡大半。

永王傻眼了，慌忙派一队亲兵去追季广琛。亲兵们好不容易追上，却听见季广琛说："只因我还感念永王恩德，才不和你们交战，只想归顺朝廷；倘若你们定要逼我，我随时可以回头攻杀你们！"

追兵回去禀报，永王只能仰天长叹。

就在永王彷徨无措之际，当天夜里，江北的官军点燃了无数火把，命每个士兵"人执两炬"，火把倒映在水中，"一皆为二"，场面煞是壮观；同时，永王麾下已被官军策反的一部分士兵又举火呼应，于是声势更显浩大。放眼望去，似乎正有千军万马渡江而来。永王李璘吓得魂飞魄散，连夜带着家眷和亲兵逃出了丹阳城。

第二天一早，永王见江面上一个官兵也没有，才知道自己上当了。可是，即便官军尚未渡江，永王也自知守不住丹阳，只好集合城中的残余部众，向南而逃。

得知永王遁逃，李成式立刻命部将赵侃渡江追击。永王仓皇逃至新丰（今江苏镇江市东南）时，见官军紧追不舍，便命其子李瑒率余下的部众回头阻击。双方刚一交战，李瑒就被官军一箭射中肩膀，栽落马下，被乱刀砍杀，叛军当即哗然四散。

至此，永王身边只剩下一个部将高仙琦和四名亲兵。他们拥着永王继续南逃，经鄱阳、余干，企图从大庾岭逃往岭南。至德二年二月下旬，江西采访使皇甫侁派兵阻截，在大庾岭将永王擒获，随即在驿馆中杀了他，然后把他的家眷押赴成都，交由太上皇发落。

得知永王兵败身死的消息后，肃宗心里自然是长长地松了一口气。可表面上，他还是装出了一副“痛失爱弟”的样子，对皇甫侁不仅不加褒扬，反而训斥说：“皇甫侁既然生擒吾弟，为何不送到蜀郡而擅自杀害呢?!”

所以，皇甫侁捕杀永王非但无功，反而有罪。肃宗随即撤除了他的官职，并且永不录用。

当然，对于永王之死，肃宗虽然做足了痛心疾首的样子，但这并不等于他会饶恕那些跟随永王造反的人。

兵变平定后，以薛镠为首的大批永王党羽均被诛杀，其中一个大名鼎鼎的人物也差点被砍了脑袋。

他就是李白。

没有人会否认，李白在文学和诗歌领域的才华独步古今，可我们却不得不承认，他在政治上是一个典型的低能儿。安史之乱爆发时，李白正在庐山隐居。永王李璘入驻江陵后，向他发出了邀请。李白欣然接受，出任其帐下幕僚。在当时的李白看来，永王李璘既是李唐亲王，又是封疆大吏，投到他的麾下，定能实现自己建功立业的抱负，更能救黎民于水火，挽国家于危亡!

“试借君王玉马鞭，指挥戎虏坐琼筵。南风一扫胡尘静，西入长安到日边。”（《永王东巡歌》之十一）

然而，这只是一个诗人一厢情愿的政治幻想。

当永王李璘自江陵引兵东下，其割据江东的野心已经昭然若揭的时候，单纯的李白却仍然沉浸在美妙的幻想中不可自拔。直至永王兵败，李白被肃宗朝廷判处死刑，他才大梦方醒，后悔莫及。所幸郭子仪多方营救，李白才免于一死，被流放夜郎（今贵州桐梓县）。

永王兵变虽然旋起旋灭，并未造成大规模的叛乱，但足以表明肃宗的权力基础并不稳固，加上此前的建宁王事件，更足以让肃宗李亨产生一种强烈的危机感。

也许，正是因为这样的危机感，肃宗李亨才会迫切渴望克复长安，希望凭此盖世功勋巩固自己的天子大权。

事实上，早在建宁王死后不久，亦即至德二年二月十日，李亨就已经率领文武百官进驻凤翔了。此地距长安仅三百多里，且江淮财赋皆集聚于此，无疑是一个理想的前敌指挥部。

同日，郭子仪奉肃宗之命，率朔方军从洛交（今陕西富县）出发，进逼河东郡（今山西永济市），同时另遣一路攻击冯翊郡（今陕西大荔县）。两路唐军与凤翔的肃宗朝廷遥相呼应，至此对长安形成了两面夹攻之势。

帝国反击战的序幕就此拉开……

## 《血腥的盛唐6》即将出版，精彩预告：

唐朝成功收复两京，太上皇李隆基遭权宦李辅国所迫，幽禁而死。史思明被长子史朝义所杀，史朝义旋即又被唐将仆固怀恩所灭，安史之乱宣告终结。不久，仆固怀恩与代宗李豫相互猜忌，进而反叛，引吐蕃、回纥联兵入寇。郭子仪复出，“单骑盟回纥”，大破吐蕃军。建中年间，德宗李适不满于藩镇割据的局面，发动了一场平藩战争，却遭到河北诸镇的顽强抵抗，继而朱泚、李希烈、李怀光等人又先后叛乱。此后，德宗虽在李泌、马燧等文臣武将的辅佐下平定了诸藩之乱，但帝国已无可挽回地走向裂变的深渊……

敬请期待《血腥的盛唐6》。

抗日战争的细节
历史一旦被总结，就会被扭曲；
只有翻开历史的细节，才能看到真相！